シリーズ藩物語

三河吉田藩

久住祐一郎……著

現代書館

プロローグ

三河吉田藩物語

愛知県の南東部に位置する豊橋市。人口約三八万人、面積約二六二平方キロメートルの東三河の中心都市であり、中核市に指定されている。東海道新幹線などが乗り入れる豊橋駅、自動車輸出入の拠点である三河港などがあり、市町村別の農業産出額は全国トップクラスを誇る。そんなこの街が、明治二年（一八六九）まで「吉田」と呼ばれていたことを知っている人はどれほどいるだろうか。

東海道と吉田川舟運、伊勢航路の結節点にあたる吉田は、東三河の政治・経済・文化の中心拠点として栄えてきた。吉田という地名は古くから見られ、平安時代には伊勢神宮領として「吉田御園」という名称が確認できる。中世には今橋《いまはし》と呼ばれた時期もあった。

戦国時代には今橋城（吉田城）が築かれ、国衆の牧野氏と戸田氏、さらには戦国大名の今川氏・松平氏（徳川氏）らによって争奪戦が繰り返された。豊臣秀吉が天下統一を果たすと、東三河は池田輝政に与えられ、吉田城を拠点に領国支配がおこなわれた。

江戸時代になると、三河国は中小の藩領・旗本領・寺社領・天領

藩という公国

江戸時代、日本には千に近い独立公国があった

江戸時代。徳川将軍家の下に、全国に三百諸侯《しょこう》★の大名家があった。ほかに寺領や社領、知行所《ちぎょうしょ》★をもつ旗本領《はたもとりょう》などを加えると数え切れないほどの独立公国があった。そのうち諸侯を何々家《け》家中《かちゅう》と称していた。家中は主君を中心に家臣が忠誠を誓い、強い連帯感で結びついていた。家臣の下には足軽《あしがる》層《そう》★がおり、全体の軍事力の維持と領民の統制をしていたのである。その家中を藩と後世の史家は呼んだ。

江戸時代に何々藩と公称することはまれで、明治以降の使用が多い。それは近代からみた江戸時代の大名の領域や支配機構を総称する歴史用語として使われた。その独立公国たる藩にはそれぞれ個性的な藩風《はんぷう》と自立した政治・経済・文化があった。幕藩体制とは歴史学者伊東多三郎《いとうたさぶろう》★氏の視点だが、まさに将軍家の諸侯の統制と各藩の地方分権が巧く組み合わされていた、連邦でもない奇妙な封建的国家体制であった。

今日に生き続ける藩意識

明治維新から百五十年以上経っているのに、今

などに細分化された。その中にあって、吉田藩は近世中期以降には七万石を領する三河最大の藩であった。城下町でもある吉田宿のほか、今切《いまぎれ》（新居《あらい》）関所を管轄し、東海道の要衝を固める重要な位置にあったため、幕府の信頼が厚い譜代大名が配置された。

吉田藩の政庁が置かれた吉田城は、「出世城」であったため、藩主が幕府の要職に就くたびに転封が繰り返され、藩主家は竹谷《たけのや》松平氏、深溝《ふこうず》松平氏、水野氏、小笠原氏、久世氏、牧野氏、大河内《おおこうち》松平氏、本庄《ほんじょう》松平氏、再び大河内松平氏と入れ替わった。

その中で、大河内松平氏は合計で約百四十年間吉田藩を治めた。大河内松平氏は、「知恵伊豆」の渾名で有名な松平伊豆守信綱《まつだいらいずのかみのぶつな》を祖とし、代々の藩主は伊豆守を名乗った。信綱をはじめ、信祝《のぶとき》、信明《のぶあきら》、信順《のぶより》の四人が老中を務め、最後の藩主信古《のぶひさ》も幕末の政治的混乱期に大坂城代を務めるなど、譜代大名としての重責を担った。

幕末期には藩領内でお札が降り、「ええじゃないか」の発端になったといわれる。鳥羽伏見の戦い後は新政府軍に恭順し、明治二年に豊橋藩と改称した。

廃藩後の豊橋は、養蚕業や製糸業がさかんな「蚕都《さんと》」、あるいは陸軍の連隊や師団が置かれた「軍都」として繁栄した。

でも日本人に藩意識があるのはなぜだろうか。明治四年（一八七一）七月、明治新政府は廃藩置県《はいはんちけん》★を断行した。県を置いて、支配機構を変革し、今までの藩意識を改めようとしたのである。ところが、今でも、「あの人は薩摩藩の出身だ」とか、「我らは会津藩の出身だ」と言う。それは侍出身だけでなく、藩領出身も指しており、藩意識が県民意識をうわまわっているところさえある。むしろ、今でも藩対抗の意識が地方の歴史文化を動かしている。そう考えると、江戸時代に育まれた藩民意識が現代人にどのような影響を与え続けているのかを考える必要があるだろう。それは地方に住む人々の運命共同体としての藩の理性が今でも生きている証拠ではないかと思う。

藩の理性は、藩風とか、藩是《はんぜ》とか、ひいては藩主の家風ともいうべき家訓などで表されていた。

〔稲川明雄（本シリーズ『長岡藩』筆者）〕

諸侯▼江戸時代の大名。
知行所▼江戸時代の旗本が知行として与えられた土地。
足軽層▼足軽・中間・小者など。
伊東多三郎▼近世藩政史研究家。東京大学史料編纂所教授を務めた。
廃藩置県▼幕藩体制を解体する明治政府の政治改革。廃藩により全国は三府三〇二県となった。同年末には統廃合により三府七二県となった。

シリーズ藩物語 三河吉田藩——目次

これも吉田

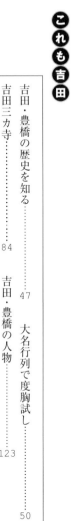

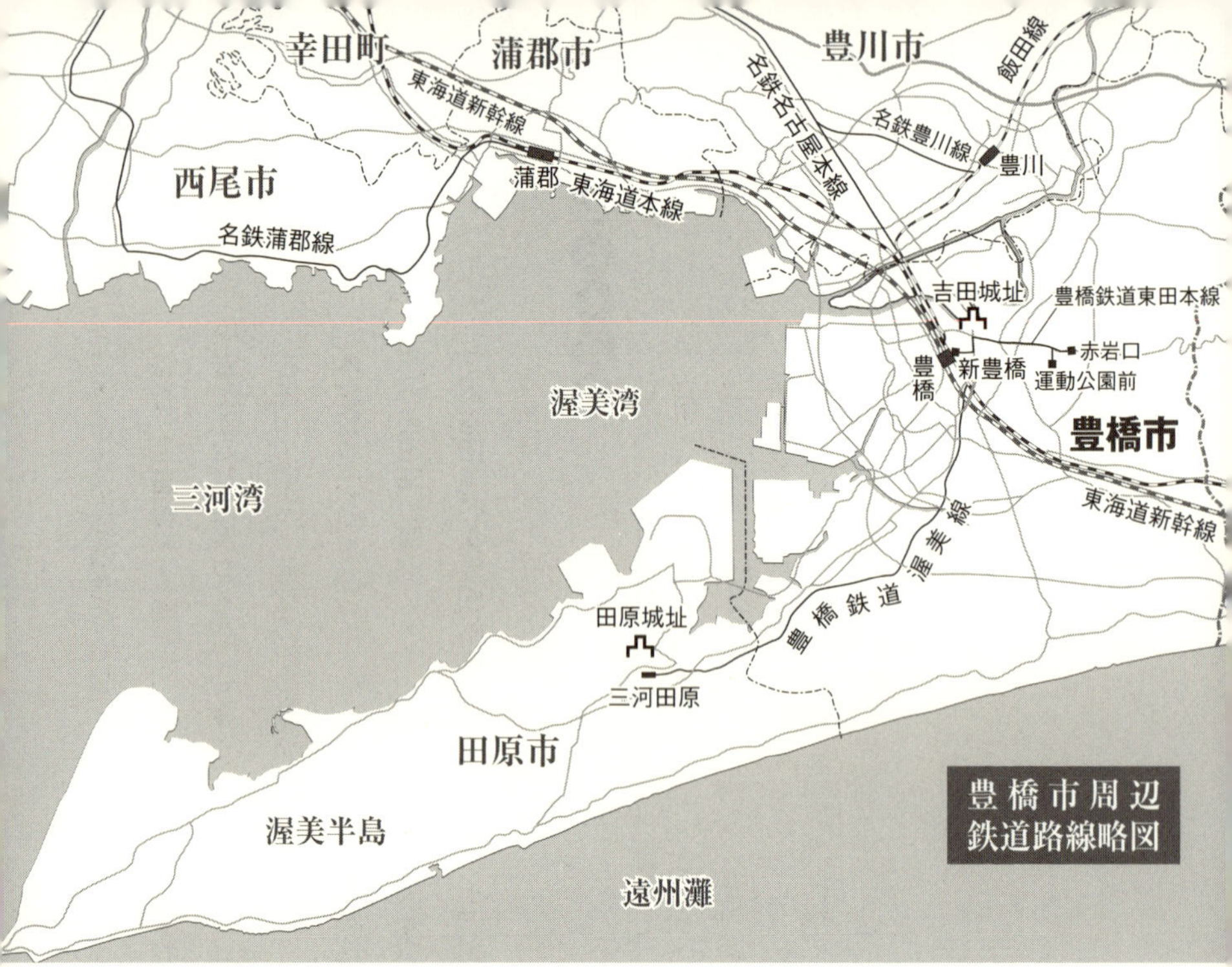
幸田町
蒲郡市
豊川市
飯田線
東海道新幹線
名鉄名古屋本線
名鉄豊川線
豊川
西尾市
蒲郡
東海道本線
名鉄蒲郡線
吉田城址
豊橋鉄道東田本線
赤岩口
豊橋
新豊橋
運動公園前
渥美湾
豊橋市
三河湾
東海道新幹線
豊橋鉄道渥美線
田原城址
三河田原
田原市
渥美半島
遠州灘
豊橋市周辺
鉄道路線略図

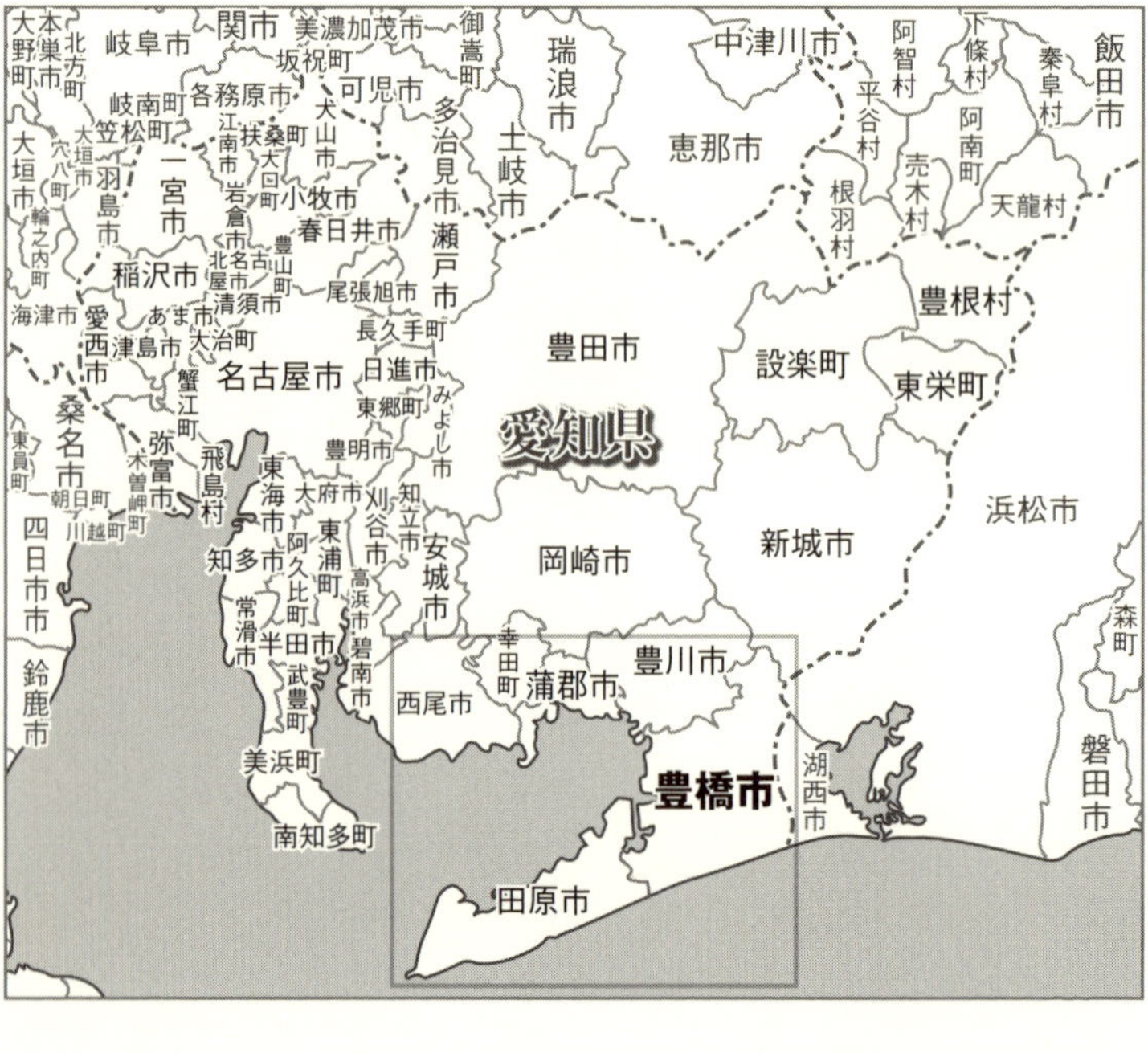
大野町
本巣市
北方町
岐阜市
関市
美濃加茂市
坂祝町
御嵩町
瑞浪市
中津川市
阿智村
下條村
泰阜村
飯田市
岐南町
各務原市
可児市
多治見市
土岐市
恵那市
平谷村
阿南町
大垣市
笠松町
大垣市
一宮市
江南市
扶桑町
大口町
犬山市
根羽村
売木村
天龍村
穴八町
羽島市
岩倉市
小牧市
春日井市
瀬戸市
輪之内町
稲沢市
北名古屋市
豊山町
尾張旭市
豊根村
海津市
愛西市
清須市
あま市
長久手市
津島市
大治町
豊田市
設楽町
名古屋市
日進市
東栄町
蟹江町
東郷町
桑名市
みよし市
東員町
弥富市
愛知県
木曽岬町
飛島村
豊明市
朝日町
川越町
東海市
大府市
知立市
浜松市
四日市市
知多市
阿久比町
東浦町
刈谷市
安城市
岡崎市
新城市
常滑市
半田市
高浜市
碧南市
鈴鹿市
武豊町
幸田町
蒲郡市
豊川市
西尾市
森町
美浜町
豊橋市
湖西市
磐田市
南知多町
田原市

第一章 領国支配から非領国支配へ

池田輝政が去ったあとは、譜代大名による統治へ。

吉田城の石垣と復興鉄櫓

①池田輝政の東三河領有

戦国時代の今橋（吉田）は、国衆や戦国大名による争奪戦が繰り返された。豊臣政権期に東三河を治めた池田輝政は、吉田城の改築や治水事業などを手がけ、吉田が発展していく礎を築いた。

戦国時代の東三河

二〇一五年、「東三河はひとつ」を合言葉に掲げ、広域的な課題に取り組むために愛知県東部の八市町村で構成される「東三河広域連合」が設立された。この広域連合に含まれる地域は、近世までの三河国東部の四郡（設楽《したら》・宝飯《ほい》・渥美《あつみ》・八《や》名《な》郡）に該当し、古くから「東三河」として認識されてきた。

戦国時代以前の東三河は、山岳寺院である財賀《ざいか》寺★・普門《ふもん》寺★、遠州灘に面した東《とう》観音《かんのん》寺★などの大寺院が地域の領主として勢力を有していた。

十五世紀半ばになると武士たちが台頭し、東三河の平野部で勢力を伸ばした牧野氏、渥美半島を統一して三河湾の制海権を握った戸田氏、石巻《いしまき》地域の西郷《さいごう》氏、表浜《おもてはま》地域の畔田《くろだ》氏、奥三河の奥平《おくだいら》氏・菅沼《すがぬま》氏らの諸勢力が存在していた。

▼**財賀寺**
豊川市北辺の山麓にある真言宗の寺院。戦国期には牧野氏、今川氏、徳川氏の庇護をうけた。

▼**普門寺**
豊橋市東端の県境付近にある真言宗の寺院。戦国期には近隣の武士たちの戦乱に巻き込まれた。現在は紅葉の名所として知られる。

▼**東観音寺**
豊橋市南部の小松原町にある臨済宗の寺院。もとは遠州灘の海岸近くにあったが、宝永地震津波で被災し、内陸へ移転。

特に有力な国衆★となった牧野氏と戸田氏は、互いに抗争を繰り広げた。明応二年（一四九三）、戸田宗光《とだむねみつ》が朝倉川沿いに仁連木《にれんぎ》城を築いて入城。駿河の戦国大名今川氏親《いまがわうじちか》の傘下に入っていた牧野古白《まきのこはく》は、宗光に対抗するため仁連木城から二キロメートルほど西方の河岸段丘上に今橋城を築城した。

今橋城の築城年は永正二年（一五〇五）が定説であるが、一説には九年早い明応五年といわれる。今橋城近くの安久美神戸《あくみかんべ》神明社は、明応六年十一月に社殿の造営がなされ、この時の棟札★に「平朝臣古白（牧野古白）」の名が記されており、すでに古白が今橋地域を支配していたことが確認できる。そのため、近年では築城年は定説より遡ると考えられている。

今橋築城から間もなく、牧野氏と今川氏の関係が悪化し、今川氏は戸田氏に加勢する。永正三年、今川の大軍が今橋城を攻め、古白は百日余り持ちこたえたが討ち死にし、今橋城は落城した。

その後も東三河の覇権をめぐって牧野氏と戸田氏の間で抗争が続き、そこへ今川氏と松平氏という大きな勢力が介入することで、複雑な状況が生まれた。特に交通の要衝でもあった今橋城は、激しい争奪戦が繰り返された。なお、今橋城は大永二年（一五二二）に吉田城と改称されたとされる。一五四〇年代後半に今川《いまがわ》義元《よしもと》が三河へ進出してくると、吉田城は東三河の支配拠点となった。

義元が桶狭間《おけはざま》の戦いで討たれると、徳川家康による三河統一が進められた。永

▼国衆
守護大名の領地に土着し、地域に拠点を持った領主。

▼棟札
建物の新築や修理、屋根の葺き替えにともなって作られた木札。建物の名称・日付・施主・職人などを記し、棟木や梁に打ち付けた。

『三河国名所図絵』に描かれた「牧野古白吉田城縄張之図」（古橋懐古館蔵）

禄七年（一五六四）に家康の重臣酒井忠次《さかいただつぐ》が吉田城主となった。間もなく家康が三河を統一すると徳川軍は東西に二分され、東三河は酒井忠次、西三河は石川家成《いしかわいえなり》がそれぞれの旗頭★となった。徳川家臣団の筆頭である忠次が配置されたことからもわかるように、家康にとって最重要拠点である岡崎城と浜松城の中間に位置する吉田城は、それに匹敵する重要拠点であると認識されていた。

▼旗頭
軍団を統率する長。

輝政の吉田入封

池田輝政は、織田信長の乳兄弟である池田恒興《いけだつねおき》の次男として、永禄七年（一五六四）に尾張国清洲で生まれた。実名（諱《いみな》）は初め「照政《てるまさ》」を名乗り、一般的に知られる「輝政」に改名するのは晩年の慶長十二年（一六〇七）である。

天正十年（一五八二）に本能寺の変で信長が亡くなると、恒興は剃髪して勝入《しょうにゅう》と号し、豊臣秀吉とともに山崎の戦いで明智光秀《あけちみつひで》を破った。翌年、恒興が美濃大垣城主になると、長男の元助は岐阜城、次男の輝政は池尻《いけじり》城に在城した。

同十二年三月、信長の次男信雄《のぶお（のぶかつ）》が秀吉と対立して徳川家康と結ぶと、池田家は秀吉方に加わった。四月九日、家康の本拠地である三河を攻めようとしていた秀吉方は、長久手《ながくて》で徳川軍の急襲を受け、恒興・元助らが討死した。輝政は自らも敵中に突入しようとしたが、家臣に諫められて辛くも戦場を脱した。戦後、輝政

池田輝政画像写
（東京大学史料編纂所蔵）

は父の遺領を継いで大垣城主となり、翌十三年には岐阜城に移された。

同十八年に秀吉が小田原北条氏を滅ぼすと、七月十三日に小田原攻めの論功行賞がおこなわれ、家康が関東へ移されることになった。家康の旧領は諸将に分け与えられ、輝政は三河吉田城主として東三河四郡および西三河と西遠江《にしとおとうみ》の一部など十五万を与えられた。同二十年には、在京領★として伊勢国小栗栖庄《おぐるすのしょう》（三重県四日市市）に二千石余を与えられた。

この時期の輝政は、秀吉の甥で尾張清洲城に入った秀次に付属していたとみられる。秀次の正室は、輝政の妹若御前である。吉田以外の旧徳川領の東海道諸城には、岡崎に田中吉政《たなかよしまさ》★（五万七千石余）、浜松に堀尾吉晴《ほりおよしはる》★（十二万石）、掛川に山内《やまうち》一豊《かつとよ》★（五万一千石）、駿府に中村一氏《なかむらかずうじ》★（十四万石）といずれも秀次の宿老★たちが入った。この中で、吉田の輝政は最大の石高を領した。

文禄三年（一五九四）、輝政は秀吉の命によって家康の次女督姫《とくひめ》（良正院《りょうしょういん》）を継室に迎えた。督姫は小田原の北条氏直《ほうじょううじなお》に嫁いでいたが、死別して実家に戻っていた。この婚姻により、輝政は家康と結び付くことになった。婚姻にあたって輝政が徳川家を訪れた際、父恒興を討った家康の家臣永井直勝《ながいなおかつ》と対面した輝政が「直勝の身上はいかほどか」と尋ねたところ五千石と聞き、不愉快そうに「勝入が首は殊のほか小身」と述べたため、即座に直勝に加増がなされたという。

天正十八年九月から十月にかけて、三河国でも太閤検地がおこなわれた。検地

▼在京領
地方の大名が上方で滞在するために必要な費用を賄うための領地。在京賄料。

▼田中吉政
豊臣秀次の筆頭家老。関ヶ原の戦い後に筑後柳川三十二万石へ転封。

▼堀尾吉晴
豊臣秀吉の家臣から出世。関ヶ原の戦いの前年に隠居。戦後、長男忠氏が出雲松江二十四万石へ転封。

▼山内一豊
豊臣秀吉の家臣から出世。関ヶ原の戦い後に土佐一国を与えられる。

▼中村一氏
豊臣秀吉の家臣から出世。関ヶ原の戦いの約一カ月前に病死。戦後、長男一忠が伯耆米子十七万五千石へ転封。

▼宿老
武家の重臣。家老。

は豊臣政権から派遣された検地奉行がおこない、同国の検地は東部を亀井茲矩《かめいこれのり》★、西部を宮部継潤《みやべけいじゅん》★が担当した。豊橋市内に残る太閤検地の史料は少なく、小松原村の検地帳の写が知られるのみである。

　太閤検地により石高が確定すると、輝政は十月十八日付けで家臣へ知行宛行《ちぎょうあてがい》状を発給した。吉田時代の輝政の知行分けは、家臣一人ひとりの知行地が分散していることが特徴である。そうすることで家臣は知行地の一円支配ができず、吉田城下へ集住することになる。これは兵農分離を徹底し、同時にまだ脆弱であった主従関係を強化することが目的であった。一方、田原《たはら》★城に伊木忠次《いぎただつぐ》★、牛久保《うしくぼ》★城に荒尾成房《あらおなりふさ》★、新城《しんしろ》★城に片桐半右衛門《かたぎりはんえもん》★を城代★として配した。領内の要地に重臣を配置する手法は、後に池田氏が岡山藩主や鳥取藩主になっても引き継がれた。

吉田城の改築

　輝政は領国支配の拠点となる吉田城を大規模に拡張整備した。その縄張《なわば》りは、吉田川（豊川）を背後の守りとし、本丸を中心に二の丸、三の丸を同心円状に配した半円郭式で、総面積は約三万八〇〇〇坪であった。川に面してはいるが、河岸段丘上に立地しているため、堀に水を引くことはできず、空堀であった。

　この時期は城郭に石垣が積極的に導入された頃であり、輝政は豊臣政権の威

▼亀井茲矩
出雲の戦国大名尼子氏の家臣の子。豊臣政権を行政面で支えた。江戸時代初期には、幕府の朱印状を得て南蛮貿易をおこなった。

▼宮部継潤
もとは比叡山の僧侶。北近江の戦国大名浅井氏の家臣から豊臣秀吉に仕え、豊臣政権を行政面で支えた。

▼田原
愛知県田原市田原町。

▼伊木忠次
池田輝政の筆頭家老。輝政の姫路転封後は播磨三木城主。子孫は岡山藩家老。

▼牛久保
愛知県豊川市牛久保町。

▼荒尾成房
池田輝政の母の弟で、池田家重臣。輝政の姫路転封後は龍野城代。子孫は鳥取藩家老、米子城代。

▼新城
愛知県新城市新城。

▼片桐半右衛門
池田輝政の重臣。輝政の弟長政を養子とする。子孫は岡山藩家老（片桐池田家）。

信を視覚的に示すために石垣の普請を実施した。本丸西側の鉄櫓《くろがねやぐら》下の石垣は、輝政時代に築かれたといわれる。

近年の発掘調査により、この石垣は通常と異なる基礎構造を持っていることが判明した。一般的な胴木★は用いられておらず、石垣のために堀底をさらに一段深く掘り下げた「掘り方」を設け、石を積む際に外側からも土を叩き締めることで強固な基礎を築いていたことがわかった。この土木技術に支えられ、輝政時代の石垣はその後たびたび襲った大地震を耐えぬき、現在までその姿を残している。

輝政時代の吉田城の遺物としては、豊臣家の家紋である桐紋があしらわれた鬼瓦や軒平瓦《のきひらがわら》が見つかっており、豊臣系の要の城として重要視されていたことがうかがえる。それまで土づくりであった吉田城は、輝政時代に石垣と瓦葺の建物を兼ね備えた近世城郭へと変貌を遂げたのである。

輝政の領国支配

輝政は、吉田城の拡張にともない、吉田川に架かっていた土橋《どばし》★を下流に移して板橋に改めた。この橋は吉田大橋と呼ばれ、後に東海道を代表する橋となった。大橋の手前には町並みが形成されて船町《ふなまち》が誕生した。船町は、その後吉田川や伊勢湾へつながる湊町として発展し、人や物資を運ぶ拠点として賑わった。

▼城代
大名に代わって城の管理を任された重臣。

▼胴木
丸太を梯子状に組んで敷き、石垣の基礎とした。

吉田城で使用された桐紋鬼瓦
（豊橋市文化財センター蔵）

▼土橋
木で造られた橋の一種。路面に土を敷いて平らにした橋。

吉田川は、頻繁に洪水を繰り返し、たびたび流路も変わっていた。そこで輝政は霞堤《かすみてい》（鎧堤《よろいつづみ》）という不連続な堤防を築造し、増水時には堤防の切れ目から水を流すことで、下流の吉田城下や吉田大橋を洪水の被害から守ることにした。霞堤を築造したのは元禄期の小笠原氏ではないかという説もあるが、一般的には大規模な土木工事を実行できたのは東三河全体を領有していた輝政以外にいないと考えられている。霞堤はもともと九カ所存

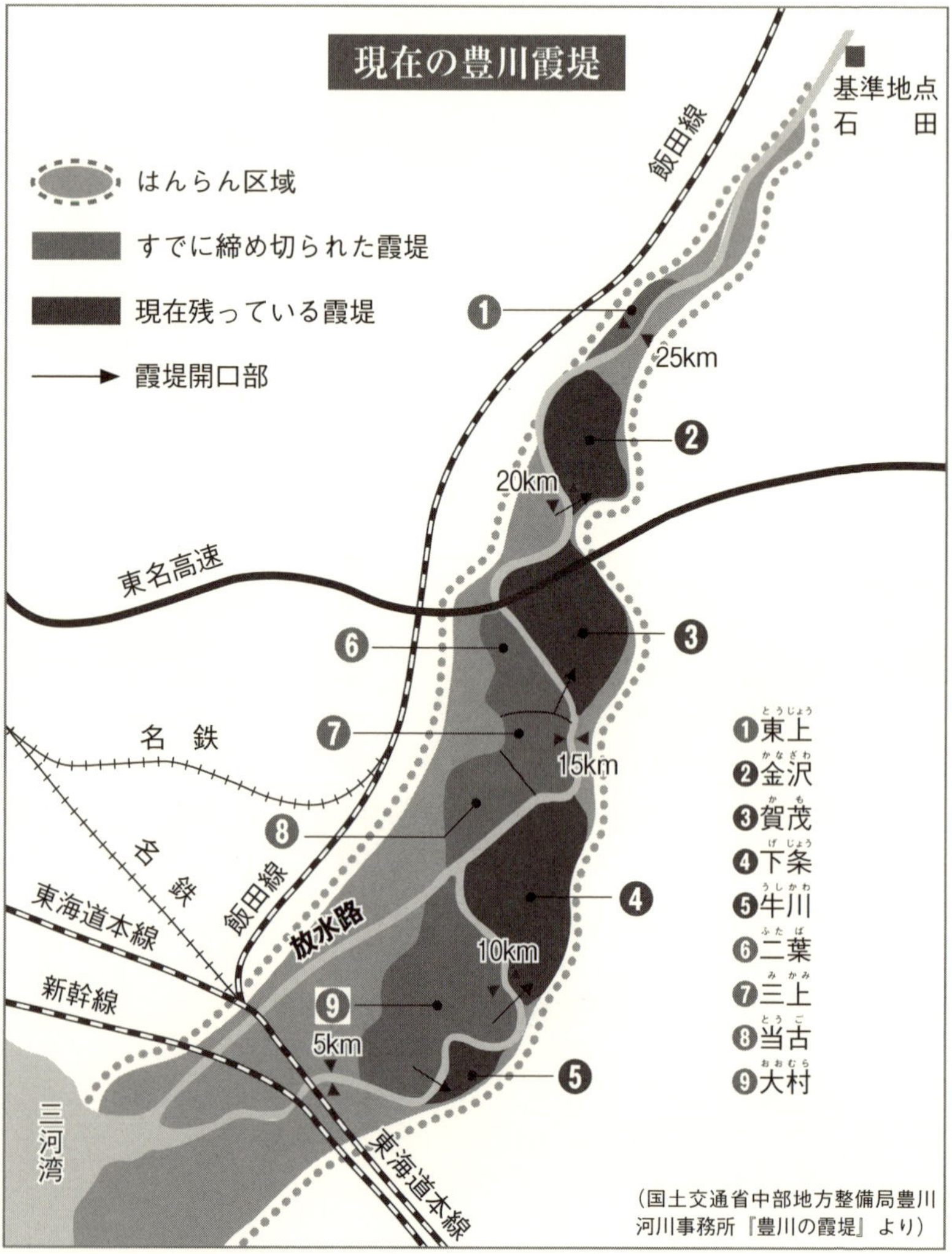

（国土交通省中部地方整備局豊川河川事務所『豊川の霞堤』より）

在したが、現在でも左岸の四カ所が残っている。

また、交通政策として今川・徳川両氏と同様に領内に伝馬制度★を敷いた。天正十九年（一五九一）に赤坂町へ出された定書では、馬四六疋を常備させ、規定の印判を持つものに利用させていた。文禄四年（一五九五）には、輝政領である遠州新居の今切渡船を保護するため、舟守中《ふなもりちゅう》★へ屋敷地十町二段を与えて諸役を免除した。今切渡船の重視も、今川・徳川両氏の政策を継承したものである。

寺社政策としては、文禄二年に吉田城下に妙立寺《みょうりゅうじ》（後に妙円寺）を建立した。これは輝政が信頼を寄せていた遠州吉美《きび》の延兼山《えんけんざん》妙立寺住職のために建てたもので、後に姫路に移ってからも同地に妙立寺を建立している。そのほかの寺社に対しても、寺社領の寄進や社殿の造営などをおこなった。

輝政の吉田在城は十年という短期間であったが、その後の吉田が城下町・宿場町として発展していく礎を築いた。

▼伝馬制度
幹線道路の宿駅に馬を常備し、人や荷物を継ぎ送る制度。

▼舟守中
舟の番人たち。

関ヶ原の戦いと輝政

慶長三年（一五九八）に秀吉が亡くなり、豊臣政権内の争いが激化した。同五年、会津の上杉景勝《うえすぎかげかつ》を討伐するため家康が出陣すると、輝政は六月二十二日に吉田城で家康を迎えて従軍した。この隙に大坂で石田三成らが挙兵したため、家康は軍を引き返した。この際、先鋒に指名されたのが輝政と福島正則《ふくしままさのり》であった。

八月二十一日、輝政はかつての居城で織田秀信★が守る岐阜城を攻め、正則と激しく先陣を争い、二十三日に落城させた。九月十五日には関ヶ原で両軍が激突したが、輝政は後方の垂井に陣を張って南宮山《なんぐうさん》の毛利勢と対峙していたため、目立った戦功はなく、勝敗が決した後に南方へ退却した安国寺恵瓊隊・長束正家隊らを追撃したのみであった。

戦後、論功行賞がおこなわれた。輝政は岐阜城攻めの功績などにより播磨五十二万石を与えられ、姫路城を大改築して居城とした。慶長八年二月、輝政は正四位下左近衛権少将に叙任された。その後、輝政と督姫の子である忠継《ただつぐ》・忠雄《ただお》にも所領が与えられ、輝政の弟長吉《ながよし》の所領も合わせると、池田氏は一族で約九十二万石を領する大大名に成長。輝政は慶長十七年に参議に任じられ、「播磨宰相」「西国の将軍」と呼ばれ、翌十八年一月二十五日に姫路城で五十年の生涯を終えた。

▼**織田秀信**
織田信長の嫡孫。岐阜落城後は改易されて高野山へ送られた。

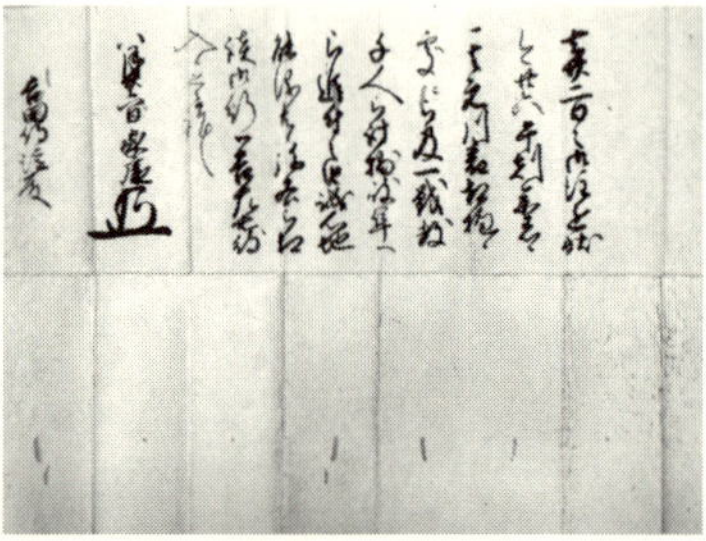

岐阜城攻めにおける池田輝政の戦功をねぎらう徳川家康の書状
（岡山大学附属図書館蔵）

② 三河吉田藩の成立

関ヶ原の戦い後の東三河は、小藩や幕府領が点在する非領国地域になった。
吉田藩には、家康や於大の方とゆかりの深い譜代大名が入れ替わり配置された。
将軍の上洛時には、吉田城の本丸御殿が宿泊所になった。

三河国の非領国化

池田輝政が去った後の東三河四郡（総石高は十三万二千石余）は、細分化して徳川譜代の家臣たちに分け与えられた。

江戸時代を通じて一国全体が尾張徳川家の所領であった尾張国（愛知県西部）とは異なり、関ヶ原後の三河国は、異なる領主が治める土地が錯綜する非領国地域★を形成した。その後、大名の立藩・廃藩・転封や、旗本知行所の変化など、所領支配図は目まぐるしく遷り変わったが、十八世紀後半以降は藩の転封がない時期が続き、三河諸藩は吉田（大河内松平氏）・田原（三宅氏）・西尾《にしお》（大給松平氏）・岡崎（本多氏）・刈谷《かりや》（土井氏）・挙母《ころも》（内藤氏）などに固定された。

三河諸藩は、同じ国の領主であるという「御同国意識《ごどうこくいしき》」を持っていた。三河国

▼非領国地域
幕府・大名・旗本など、多くの領主の所領が複雑に入り組んだ状態の地域。

では、関所の通行手形の発行者を東三河と西三河に分け、藩主が幕府の要職に就いていない藩が担当していた。参勤交代も、岡崎藩主の参勤を待って吉田藩主が帰国するなど、三河国内の藩主同士で交代していた。手形発行や参勤交代は幕府の政策であるが、これらを通じて藩同士のつながりが生まれた。田原藩では、正月や参勤交代などの節目ごとに三河諸藩へ挨拶状を出していたことが知られる。

江戸時代後期から幕末にかけては、内外の危機に触れてさらに「御同国」が強く意識された。天保七年（一八三六）の加茂一揆《かもいっき》★や、たびたび起こった異国船騒ぎでは、各藩が情報を交換しながら対処にあたった。慶応四年（一八六八）一月に新政府が出した会津や桑名《くわな》に加担することを禁じた通達は、京都にいた吉田藩士から三河諸藩へ伝達された。このように、中心となる大藩が存在していなくても、「御同国」同士協力して危機を乗り越えようとしていた。

▼加茂一揆
天保七年に加茂郡で発生した、三河最大の百姓一揆。

竹谷松平氏

戦国時代に三河国加茂郡松平郷（愛知県豊田市）から勢力を拡大した松平一族は、十八松平と称される数多くの分家を創出し、三河国内各地に置いた。分家の中で最も古い家が竹谷《たけのや》松平氏である。三河松平氏三代当主信光《のぶみつ》の長男とされる守家《もりいえ》が、三河国宝飯郡竹谷（愛知県蒲郡市）に進出したことにはじまる。

松平家清画像
（天桂院蔵、蒲郡市博物館提供）

竹谷松平氏は三河に進出してきた今川氏の支配下に入ったが、四代清善《きよよし》は桶狭間の戦い後に離反して徳川家康に従った。その際、今川方の人質になっていた清善の娘は、吉田城下の龍拈寺口《りゅうねんじぐち》で処刑された。五代清宗は、家康の家臣として各地の戦いに参加して戦功をあげた。

天正十八年（一五九〇）の家康関東移封にともない、六代家清《いえきよ》は武蔵国児玉郡八幡山（埼玉県本庄市）で一万石を与えられた。家清の正室は、久松俊勝《ひさまつとしかつ》★の娘天桂院《てんけいいん》（於きんの方）で、家康の異父妹にあたる。当時身籠っていた天桂院も八幡山へ移ることになったが、道中の小田原で女児を出産して間もなく亡くなってしまった。

関ヶ原の戦い後の慶長六年（一六〇一）二月、家清は三河吉田三万石を与えられ、吉田藩の初代藩主となった。

この年は家康が五街道を整備しはじめた年であり、吉田も東海道の宿場町に指定された。当時は家康・秀忠父子が毎年のように上洛を繰り返していた時期であり、家康に縁の深い浜松と岡崎の中間に位置する吉田は、毎回宿泊地に指定された。家清は、吉田城主として家康・秀忠の接待に精を出した。

吉田藩主時代の家清は、慶長七年暮に家康に従って上洛し、翌年の将軍宣下では供奉《ぐぶ》した。同十一年に駿府城の手伝い普請を命じられ、翌年には回答兼刷還使《かいとうけんさつかんし》★（朝鮮通信使）を接待するために一時吉田へ戻っている。

▼**久松俊勝**
尾張阿久比城主。徳川家康の生母である於大の方（伝通院）の再婚相手。

▼**回答兼刷還使**
朝鮮から江戸幕府へ派遣された使節のうち、はじめの三回は、国書への回答と、文禄・慶長の役で日本へ連行された朝鮮人の送還を目的としたため、回答兼刷還使と呼ぶ。

三河吉田藩主の変遷

代数	家名	氏名	受領名	石高	在封期間	前封地	移封地
1	松平（竹谷）	松平家清	玄蕃頭	3万	慶長6年（1601）2月～慶長15年（1610）12月21日	武蔵八幡山	
2		松平忠清	民部大輔 玄蕃頭	3万	慶長15年（1610）～慶長17年（1612）4月20日		無嗣除封
3	松平（深溝）	松平忠利	主殿頭	3万	慶長17年（1612）11月12日～寛永9年（1632）6月5日	三河深溝	
4		松平忠房	主殿頭	3万	寛永9年（1632）8月11日～寛永9年（1632）8月11日		三河刈谷
5	水野（沼津）	水野忠清	隼人正	4万 →4万5千	寛永9年（1632）8月11日～寛永19年（1642）7月28日	三河刈谷	信濃松本
6	水野（山形）	水野忠善	大監物	4万5千	寛永19年（1642）7月28日～正保2年（1645）7月14日	駿河田中	三河岡崎
7	小笠原	小笠原忠知	壱岐守	4万5千	正保2年（1645）7月14日～寛文3年（1663）7月29日	豊後杵築	
8		小笠原長矩	山城守	4万	寛文3年（1663）10月9日～延宝6年（1678）2月8日		
9		小笠原長祐	壱岐守	4万	延宝6年（1678）3月晦日～元禄3年（1690）6月17日		
10		小笠原長重	佐渡守	4万	元禄3年（1690）10月10日～元禄10年（1697）4月19日		武蔵岩槻
11	久世	久世重之	讃岐守 大和守	5万	元禄10年（1697）6月10日～宝永2年（1705）10月晦日	丹波亀山	下総関宿
12	牧野	牧野成春	備前守	8万	宝永2年（1705）10月晦日～宝永4年（1707）3月26日	下総関宿	
13		牧野成央	備後守	8万	宝永4年（1707）5月13日～正徳2年（1712）7月12日		日向延岡
14	松平（大河内）	松平信祝	甲斐守 伊豆守	7万	正徳2年（1712）7月12日～享保14年（1729）2月15日	下総古河	遠江浜松
15	松平（本庄）	松平資訓	図書頭 豊後守	7万	享保14年（1729）2月15日～寛延2年（1749）10月15日	遠江浜松	遠江浜松
16	松平（大河内）	松平信復	左衛門佐 伊豆守	7万	寛延2年（1749）10月15日～明和5年（1768）9月19日	遠江浜松	
17		松平信礼	甲斐守 伊豆守	7万	明和5年（1768）11月16日～明和7年（1770）6月16日		
18		松平信明	伊豆守	7万	明和7年（1770）7月12日～文化14年（1817）8月16日		
19		松平信順	駿河守 伊豆守 刑部大輔	7万	文化14年（1817）10月16日～天保13年（1842）12月13日		
20		松平信宝	隼人正 伊豆守	7万	天保13年（1842）12月13日～天保15年（1844）10月17日		
21		松平信璋	伊豆守	7万	弘化元年（1844）12月29日～嘉永2年（1849）7月27日		
22		松平信古	伊豆守 刑部大輔	7万	嘉永2年（1849）11月15日～明治4年（1871）7月14日		

慶長十五年十二月二十一日、家清が四十五歳で急死したため、長男の忠清《ただきよ》が後を継いだ。忠清の母は天桂院である。

忠清の時代にも家康の上洛が二度あり、往路復路ともに吉田城に泊まった。慶長十六年の復路では、家康一行は熱田から船に乗ったが、強風のため牟呂《むろ》湊《みなと》に着船し、吉田で宿泊した。海上で荒波にもまれたため、家臣はみな船酔いしていたが、家康だけは平然としていたという。

同十七年四月二十日の夜、忠清も二十八歳の若さで急死した。発病してからわずか一時《いっとき》（約二時間）後の死去であり、父家清と同じ容体であったという。その日帰った忠清が、家臣に向かって「我、今日毒を喰いたると覚えたり」と語って間もなく急死したという逸話もあり、二代続けての急死は様々な憶測を呼んだ。

忠清には後継ぎがなく、通常であれば無嗣断絶となるところ、松平一門の名家である竹谷松平氏が絶えることを惜しむ声があり、忠清の異母弟清昌《きよまさ》が宝飯郡内で五千石を拝領し、西郡《にしのこおり》（愛知県蒲郡市）に陣屋を構えた。子孫は代々四千五百石を領する帝鑑間詰《ていかんのまづめ》★の交代寄合《こうたいよりあい》★として存続した。

松平忠利による統治

竹谷松平氏の後に吉田藩主となったのは、深溝松平氏五代当主の松平忠利《ただとし》であ

松平忠清画像
（天桂院蔵、蒲郡市博物館提供）

▼帝鑑間詰
大名や旗本は、江戸城に登城した際に詰める部屋が決められていた。帝鑑間には主に譜代大名や一部の交代寄合が詰めた。

▼交代寄合
上級の旗本のうち、参勤交代をおこなった家。

る。深溝松平氏は、松平信光の孫忠定を初代とする十八松平の一つである。武勇で名を馳せた家柄であり、二代好景《よしかげ》・三代伊忠《これただ》・四代家忠《いえただ》と三代続けて戦死を遂げている。家忠は、慶長五年（一六〇〇）に関ヶ原の戦いの前哨戦である伏見城の戦いで鳥居元忠《とりいもとただ》らとともに討ち死にしたため、関ヶ原後に嫡男の忠利へ先祖ゆかりの地である三河深溝一万石が与えられた。さらに慶長十七年に三万石に加増され、吉田藩主となった。

吉田藩主時代の忠利の動向は、『忠利日記』★で知ることができる。忠利は東海道を往来する公家や大名への挨拶や接待をこなす一方で、夏には川漁、秋には鷹狩を楽しんだ。それ以外にも牟呂での船遊び、赤岩での花見、祭礼の見物、鳳来《ほうらい》寺《じ》★への参詣など様々な楽しみがあった。また、寛永八年（一六三一）には領内のキリシタンを捕らえて火あぶりにしたことが記されている。

忠利時代におこなわれた最大の事業は、領内の惣検地である。寛永五年に検地が実施され、翌年に検地帳が各村へ渡された。その際、前回検地を実施した慶長九年の検地帳は回収された。

この検地結果をもとに、忠利は家臣へ土地を給与する知行宛行を実施し、寛永六年六月十五日付けで、知行五十石以上の家臣に対して知行目録を発給した。この時の知行宛行の詳細は不明だが、二十年後の深溝松平氏家臣団の知行高を見ると、知行取の家臣は七八名、知行高の合計は一万四千石余であり、藩領の約半分

松平忠利画像
（本光寺蔵、幸田町教育委員会提供）

▼『忠利日記』
元和八年（一六二二）から寛永九年（一六三二）に至る松平忠利の日記。

▼鳳来寺
愛知県新城市の鳳来寺山にある真言宗の寺院。境内に徳川家康を祀る鳳来山東照宮が造営されたが、明治以降は神仏分離により独立した。

が家臣に割り与えられていたことがわかる。

将軍上洛と吉田城

忠利が吉田藩主であった時期は、大御所★や将軍の上洛が頻繁におこなわれてい

竹谷・深溝松平家略系図

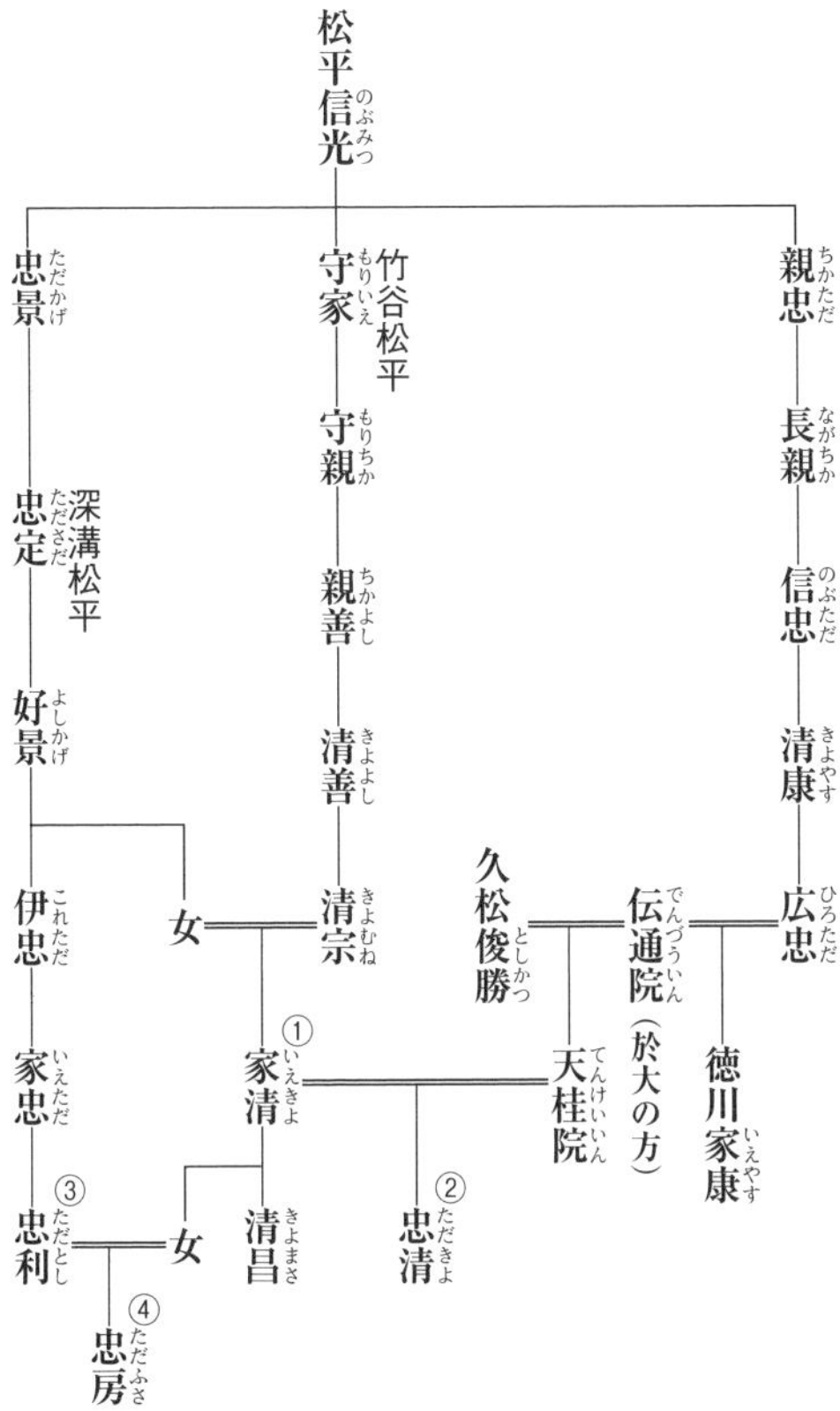

※丸数字は三河吉田藩主になった順番

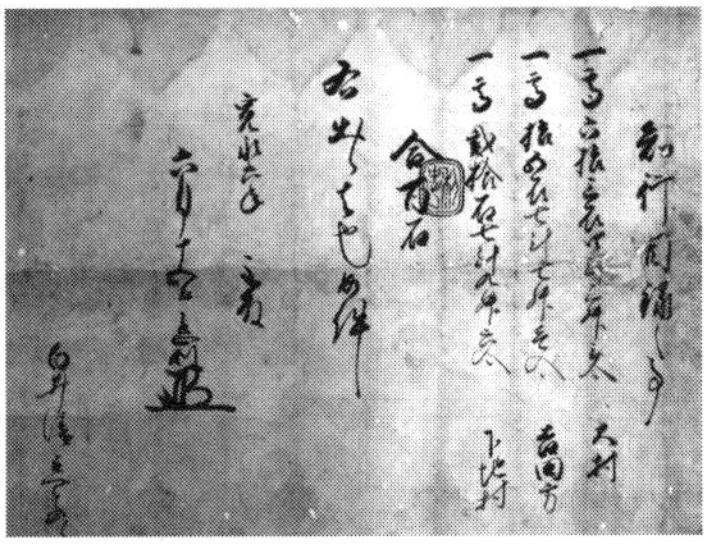

松平忠利が家臣へ発給した知行目録
（豊橋市美術博物館蔵）

▼大御所
将軍職を退いた人物の尊称。

た時期であった。吉田城は繰り返し家康・秀忠・家光の宿泊地に指定された。

そうした事情から、忠利は御成御殿★を吉田城本丸に構えた。元和八年（一六二二）八月、名古屋から材木を取り寄せて普請がはじめられ、十一月に本丸御殿が完成した。翌年六月に秀忠、七月に家光が将軍代替わりのために上洛する途中で相次いで宿泊しており、この一大行事のために建てられたと思われる。

忠利は各地の城郭や河川の土木工事を担当した経歴を持っており、本丸御殿以外にも吉田城の整備を進めた。

吉田城の石垣には刻印のある石が多く用いられており、現在でも本丸の南北御多門（出入口）付近と北側の腰曲輪の石垣で確認することができる。こうした刻印は幕府による天下普請の城に見られるものであるが、吉田城は天下普請の城ではない。それにもかかわらず刻印が見られるのは、名古屋城築城の際に使われずに残った石を忠利が貰い受け、吉田城の石垣に転用したためと考えられている。

吉田城の総堀（総構え）普請は織豊期まで遡ると考えられていたが、最近では形状が城下を通る近世東海道と合致することや、他の城郭の事例から、忠利時代に設けられたのではないかと指摘されている。

松平忠房の刈谷転封

▼**御成御殿**　徳川将軍家の宿泊所とするために造営された御殿。

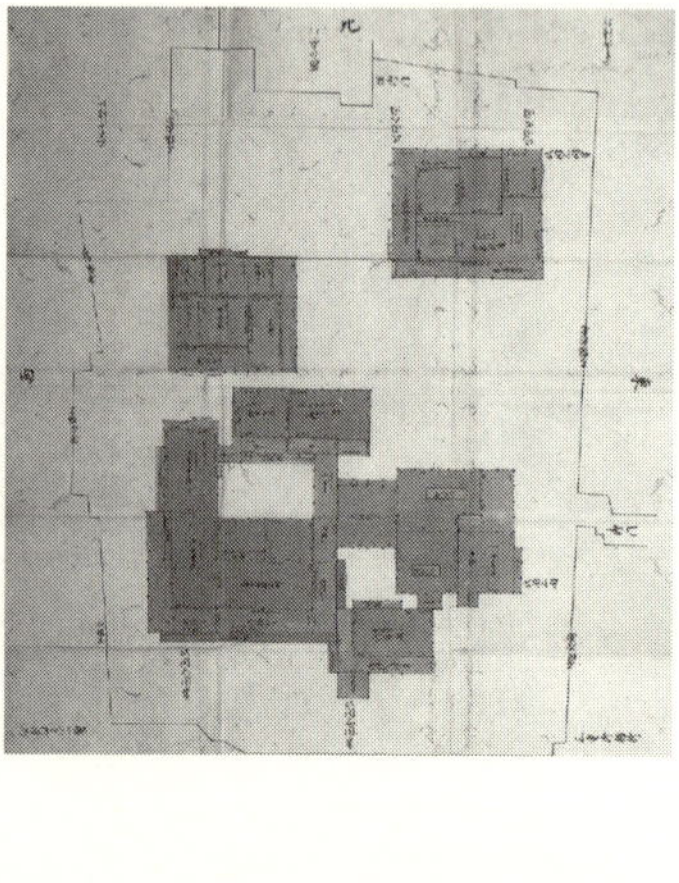

吉田城本丸御殿の平面図（笠間稲荷神社蔵）

寛永八年（一六三一）四月、かねてから健康状態が優れなかった忠利は、有馬へ湯治に出かけて約二十日間滞在した。しかし快方には向かわず、閏《うるう》十月には病気療養のために帰国を許され、十三泊十四日という通常の二倍のゆっくりとした旅程で吉田へ戻り、翌九年六月五日に五十一歳で病死した。

跡を継いだ長男の忠房はまだ十四歳であり、八月に跡目相続を許されると同時に三河刈谷藩三万石へ転封された。転封の理由は忠房が若年のためであり、吉田という土地の重要性を考慮してのことであった。

その後成長した忠房は、幕府からの信任を得て肥前島原《ひぜんしまばら》藩へ加増転封され、九州の外様大名や長崎を監視する役割を与えられた。その後の深溝松平氏は、一時下野《しもつけ》宇都宮藩主となったが、再び島原藩主となって明治を迎えた。

水野忠清と水野忠善

松平忠房の後は、刈谷藩主であった水野忠清《ただきよ》が忠房と入れ替わりで吉田藩主となった。水野氏は、戦国期に刈谷を中心に勢力を拡大した豪族であった。松平氏とも関係が深く、家康の生母於大《おだい》の方は水野氏の出である。

忠清は、於大の方の甥にあたり、家康とは従兄弟である。兄に「鬼日向《おにひゅうが》」と恐れられた水野勝成《かつなり》がいる。関ヶ原の戦いでは家康本陣に従って出陣した。その後

吉田城の石垣に残る刻印
（豊橋市文化財センター提供）

秀忠に仕えて書院番頭《しょいんばんがしら》★・奏者番《そうじゃばん》★を務め、上野小幡《こうずけおばた》藩一万石の大名になった。

慶長二十年（一六一五）の大坂夏の陣では先陣を争って奮戦して戦功を挙げたが、論功行賞の際に口論に及んだため、閉門を命じられた。翌年四月、駿府で病床に伏していた家康に呼び出され、閉門を解かれて刈谷藩二万石を与えられた。

寛永九年、忠清は二万石を加増され、四万石で吉田藩主となった。同十一年には、将軍上洛時に宿泊所となる東海道諸城に対して加増があり、吉田藩も五千石の加増を受けた。

吉田藩主時代の忠清の様子がわかる資料に、『大野治右衛門定寛《さだひろ》日記』がある。忠清の中小姓★を務めた大野定寛が、寛永十八・十九年に記した日記である。忠清は気性が荒く、感情の赴くままに行動する性格であったらしく、日記には「御機嫌悪しく」という表記がしばしば登場する。十八年の日記は、「元日に新年の御礼のため未明から登城したが、午後になっても忠清の機嫌が悪かったので御礼ができないまま帰った」という記述からはじまる。その後も「機嫌が悪くて小姓たちを追い帰した」「足軽を縛った」「刀を抜いて侍衆を追い回した」などの記事が登場する。また、七月十四日に吉田城内で相撲を催したが、どうしたわけか機嫌が悪くなり、担当の家臣を追放して、以後は相撲を厳禁とさせた。さらにその翌日には、吉田の町方へも相撲禁止の触書を出させる有様であった。

寛永十九年、忠清は信濃松本藩七万石に加増転封となった。子孫は一時領知を

▼書院番頭
将軍の身辺を警護する部隊の指揮官。

▼奏者番
幕府の典礼をつかさどり、大名や旗本が将軍に拝謁する際に取り次ぎする役職。

▼中小姓
徒歩で主君に随行し、警固する小姓。

没収されるも大名に返り咲き、駿河沼津《するがぬまづ》藩主となった。

忠清の後には、忠清の従兄弟忠元《ただもと》の長男である水野忠善《ただよし》が、駿河田中藩から同じく四万五千石で入封した。

忠善の性格も忠清と同じく荒々しかったようだが、武芸に励み、常に軍備を怠らなかったことから幕府の信頼を得ていた。しかし一方では「忠善は己の武勇を誇り、人を侮り、失礼過言をかえりみず、言いたい放題の大言を吐くため、近隣の領主と不和になり、その上領民まで信服するものは一人もいない。忠善の大言は無益のみならず、かえって害を求めるものである」という批判を浴びた。その他にも、単身で仮想敵国である尾張藩の居城名古屋城に忍び込んで偵察した話や、城の太鼓を三つ打つと即座に百騎の武者が戦闘配備についた話など、物々しい逸

水野家略系図

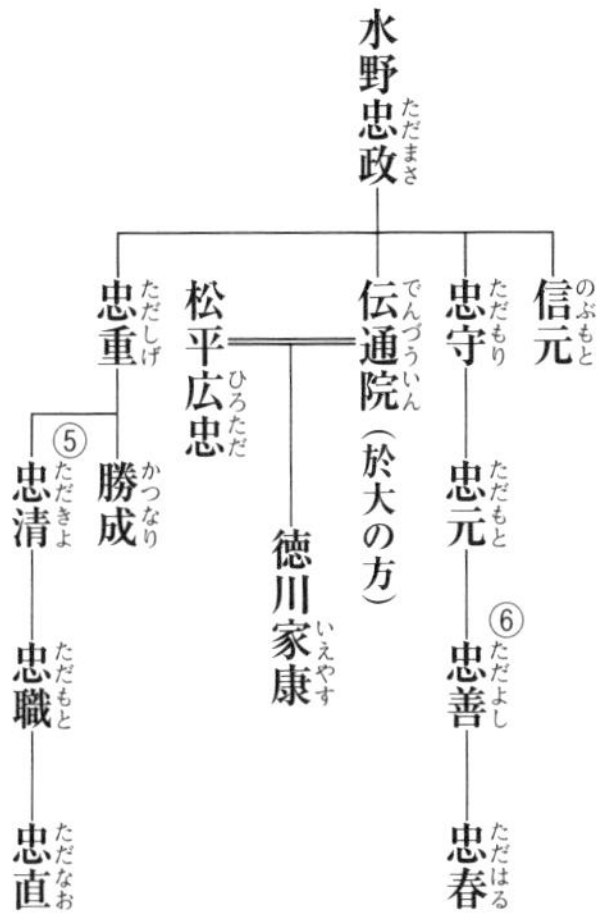

※丸数字は三河吉田藩主になった順番

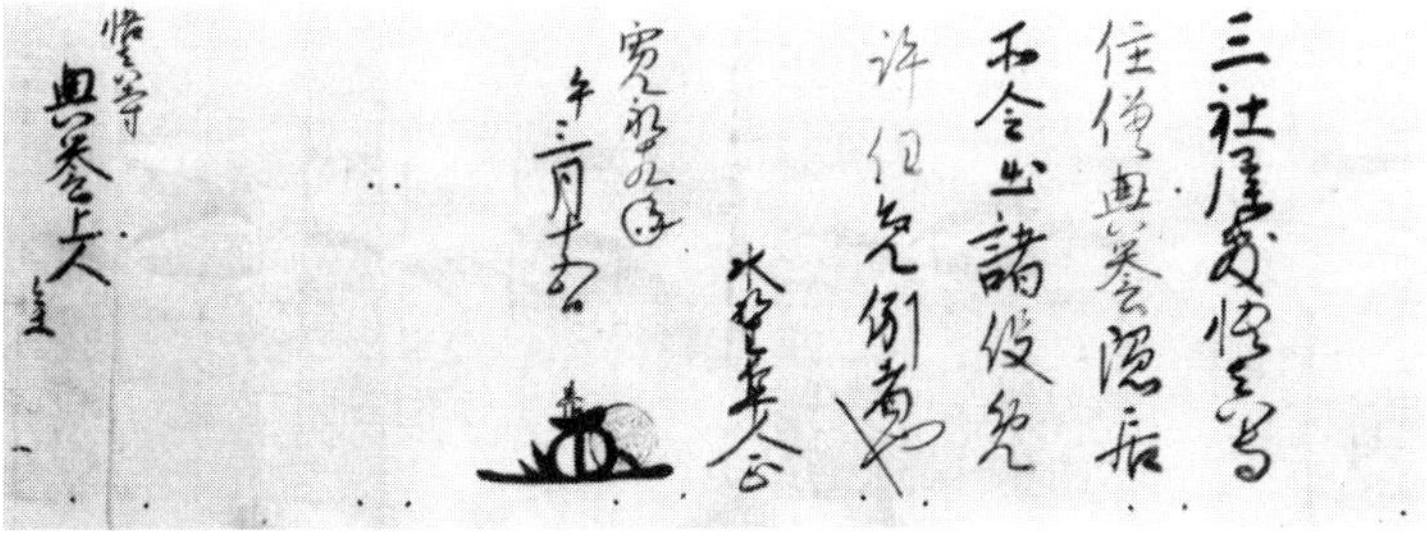

悟真寺住職の隠居所に対する年貢免除を約束した水野忠清の判物
（悟真寺蔵）

話が伝えられている。

忠善は在城わずか三年で、正保二年（一六四五）に五万石に加増されて三河岡崎藩主となった。子孫は岡崎藩から肥前唐津藩へ移り、天保の改革で有名な水野忠邦の代に遠江浜松藩主となった。その後、出羽山形藩で明治を迎え、明治三年（一八七〇）に近江朝日山藩へ移って廃藩となった。

水野忠善座像
（東浦町郷土資料館提供）

③ 城下町と宿場町

江戸時代の吉田は、吉田藩の城下町、東海道の宿場町として賑わった。浮世絵の題材にも使われた吉田大橋は、吉田のシンボルとして知られた。河川舟運と海運の結節点である吉田湊は、物資や旅客輸送の拠点として栄えた。

吉田二四町

吉田城下町は、総堀によって内側の武家地と外側と町人地に区切られており、その姿は小笠原氏が藩主であった時代（一六四五～九七）にほぼ完成した。

町人地である吉田町は、総堀の周りに沿って通っていた東海道に面した表一二町（船町・田町《たまち》・坂下町《さかしたちょう》・上伝馬町《かみでんまちょう》・本町《ほんまち》・札木町《ふだぎちょう》・呉服町《ごふくまち》・曲尺手町《かねんてちょう》・鍛冶町《かじまち》・下町《しもまち》・今新町《いましんまち》・元新町《もとしんまち》）と、その背後の裏一二町（天王町《てんのうちょう》・萱町《かやまち》・指笠町《さしかさちょう》・御輿休町《みこしやすみまち》・魚町《うおまち》・抱六町《ほうろくまち》・下り町《くだりまち》・利町《とぎまち》・紺屋町《こんやまち》・元鍛冶町《もとかじまち》・手間町《てまちょう》・世古町《せこまち》）の二四町に分かれており、江戸時代を通じて戸数は千軒前後、人口は五五〇〇人ほどであった。

城下を通る東海道の東西にはそれぞれ惣門が設置され、番所が併設された。東惣門は下町に、西惣門は坂下町にあった。開門は明け六つ（午前六時頃）から夜

『三河国吉田名蹤綜録』に描かれた魚町の賑わい（個人蔵）

四つ（午後十時頃）とされ、一般的にこれ以外の時間の通行は禁止されていた。また、総堀沿いには武家地と町人地を隔てる門が六カ所あり、それぞれ番所が設けられていた。町人が城内へ出入りするためには鑑札が必要であった。

吉田町の中心は札木町である。町の東端北側に高札場★があったことが町名の由来とされる。札木町の東隣の呉服町には水野忠善時代の正保元年（一六四四）に設置された「御馳走屋敷（対客所）」があり、徳川御三家★や勅使★、御茶壺★などの「重き御通行」があった場合の接待場として使用された。吉田藩主が在城の際は、藩主自ら出向いて接待した。

鍛冶町の起源は古く、今橋城を築いた牧野古白が牛久保村から呼び寄せた鍛冶職人を八町付近に住まわせたことにはじまるという。池田輝政時代に南の方へ移住させられ（元鍛冶町）、さらに松平忠利時代に現在地へ移った。住人の過半を占めた鍛冶職人は、株仲間を結成していた。東海道沿いに鍛冶屋が並んでいたことから、鉄を打つ音が街道に響き渡り、旅人の耳に残った。ここで生産された「吉田鎌★」は名品として知られていた。

札木町の南にある魚町は、魚問屋が集まり、藩によって保護された魚市場が開かれて栄えた町である。町の規模は二四町の中で最大であった。遠州灘で獲れた魚の集積地であり、昼夜を問わず荷を運ぶ馬の音が絶えることがなく、魚を売る人々の声は雷鳴のように耳をつんざいたという。魚の多くは早馬で信濃や尾張に

▼高札場
幕府や領主の法令を書いた木の札（高札）を掲示した場所。

▼徳川御三家
徳川家康の子を祖とし、将軍を補佐する家柄で、尾張・紀伊・水戸の三家。東海道を往来したのは尾張と紀伊。

▼勅使
天皇の意思を伝達するために派遣された使者。

▼御茶壺
宇治から徳川将軍へ献上される新茶を入れた茶壺。

▼吉田鎌
吉田鍛冶町で製作された薄手の鎌。

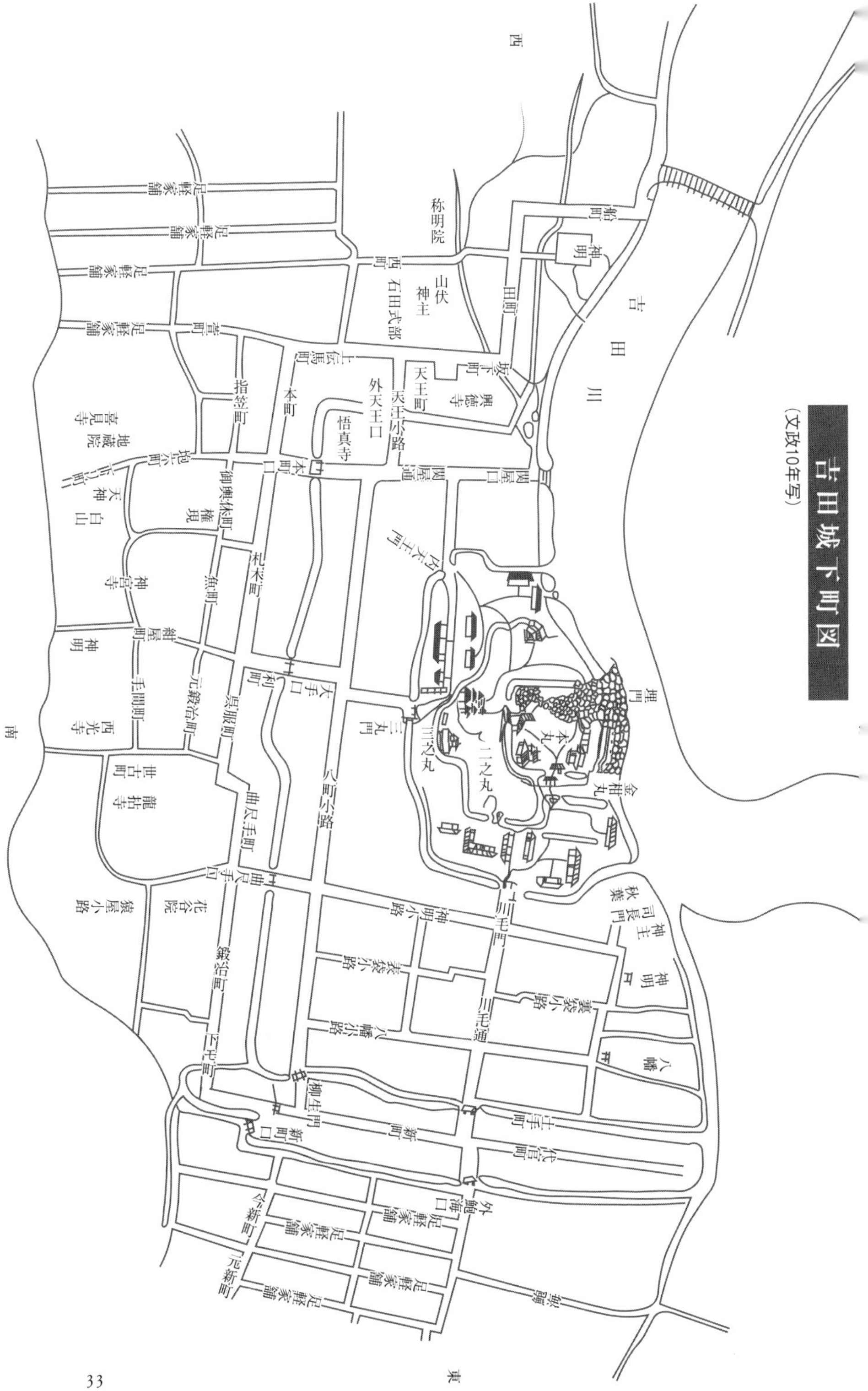

吉田城下町図
（文政10年写）

運ばれ、塩漬けにした魚も諸国へ送られた。

二四町には含まれない新興の町もあった。水野忠清時代の寛永十四年（一六三七）、幕府から水戸・仙台など八カ所に対し寛永通宝の鋳造が命じられた。この中に吉田も含まれており、下り町の南に隣接する地域の白山権現社★境内に銭座を設けて寛永通宝を鋳造したことから、新銭町と呼ばれた。この銭座で鋳造されたとされるものに「吉田駒引銭」がある。これは実際の通貨ではなく、「絵銭」と呼ばれる玩具の一種で、「吉田」の文字と、馬か牛と思われる動物を牽く神官らしき人物が描かれている。

吉田町には多種多様な商家が存在したが、なかでも特徴的なものが「火口屋《ほくちや》」である。「火口」とは、火打石に火打金を打ち付けて起こした火を燃え上がらせるために用いる綿状のもので、吉田の名物として知られていた。

木造家屋が密集する町では、一度火災が発生すると延焼して被害が拡大することが多い。吉田町でも数十軒以上を焼く火災がたびたび発生している。なかでも最大の火災が、安永八年（一七七九）の「宗淳《そうじゅん》火事」である。十一月三日の未明、本町の医師藤井宗淳方から出火し、吉田町の中心部など一一町三八四軒（四三七軒とも）が焼失した。武家屋敷にも延焼し、翌朝に至ってようやく鎮火した。当時の落首に次のようなものがある。

▼白山権現社
魚町の安海熊野社の脇宮として祀られた神社で、現在の白山比咩（しらやまひめ）神社。

葛飾北斎が描いた浮世絵に見える火口
（豊橋市二川宿本陣資料館蔵）

吉田駒引銭
（豊橋市美術博物館蔵）

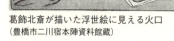

不治医（藤井）から　水（薬）を出さぬに
火を出して　吉田の町を宗淳（掃除）する

この大火が契機となり、天明三年（一七八三）二月には城下四カ所に火消組が設けられ、藩から毎年米二俵が支給され、火消道具が貸与された。

町人地で起きる犯罪については、町奉行の配下である町同心が担当したが、それ以外にも「青木の者」と呼ばれる人々が従事した。彼らは権蔵《ごんぞう》を頭とする十人余りの集団で、吉田町を中心に藩領内で活動し、不法者の取り締まり、犯罪者の捕縛、事件の捜査、見回りなどを任務とした。また、藩主から与えられた土地を所有し、吉田町から毎年末に世話料として銭四貫文が支払われていた。

東海道吉田宿

近世の吉田は、城下町であるとともに東海道の宿場町でもあった。吉田宿は、江戸の方から数えて三四番目の宿場町で、日本橋からは約七三里（約二八七キロメートル）離れていた。徳川家康が近世の東海道を整備して宿場町を設置した慶長六年（一六〇一）に発給された伝馬朱印状が現存し、同年に開設されたことがわかる。

蒲の穂でつくった火口

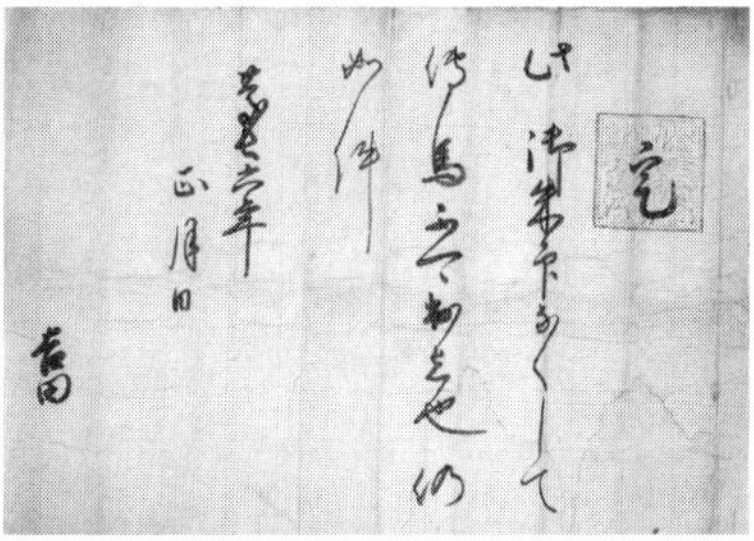
吉田宿の伝馬朱印状
（豊橋市美術博物館蔵）

各宿場町は、物資を宿場町から宿場町へリレー形式で継ぎ送る継立業務のために、人馬を用意しておかなければならなかった。東海道の場合は、人足一〇〇人・馬一〇〇疋を常備することが義務付けられており、吉田宿では二四町がこれを負担した。継立業務は札木町に設置された問屋場でおこなわれ、宿役人の長である問屋役が差配した。

人馬を負担する各町の役割は、伝馬役町・平役町・船役町・無役町の四つに区分されていた。伝馬役は馬を提供することで、田町・上伝馬町・本町・札木町・呉服町・曲尺手町の六町が馬一〇〇疋を負担した。六町のなかには、伝馬役を負担しない家があり、その家は歩行役を務め、昼夜三人ずつ交代で継飛脚御用に従事した。平役は人足を提供することで、上伝馬町・札木町・船町・下り町・元鍛冶町・手間町を除く一

吉田二四町の戸数・人口一覧

	町名	本門戸数（軒）	人口（人）		
			男	女	合計
表十二町	船町	113	279	232	511
	田町	76	165	161	326
	坂下町	30	53	46	99
	上伝馬町	77	162	155	317
	本町	36	130	90	220
	札木町	71	196	302	498
	呉服町	40	134	122	256
	曲尺手町	68	221	166	387
	鍛冶町	62	168	159	327
	下町	24	70	57	127
	今新町	61	132	146	278
	元新町	43	66	77	143

	町名	本門戸数（軒）	人口（人）		
			男	女	合計
裏十二町	天王町	15	28	25	53
	萱町	53	140	118	258
	指笠町	31	108	111	219
	御輿休町	11	26	21	47
	魚町	119	302	306	608
	垉六町	17	49	52	101
	下り町	26	55	56	111
	利町	19	41	58	99
	紺屋町	21	70	84	154
	元鍛冶町	26	83	104	187
	手間町	41	83	75	158
	世古町	7	24	22	46
	合計	1,087	2,785	2,745	5,530

※寛延3年（1750）『吉田弐拾四町指出張』より作成

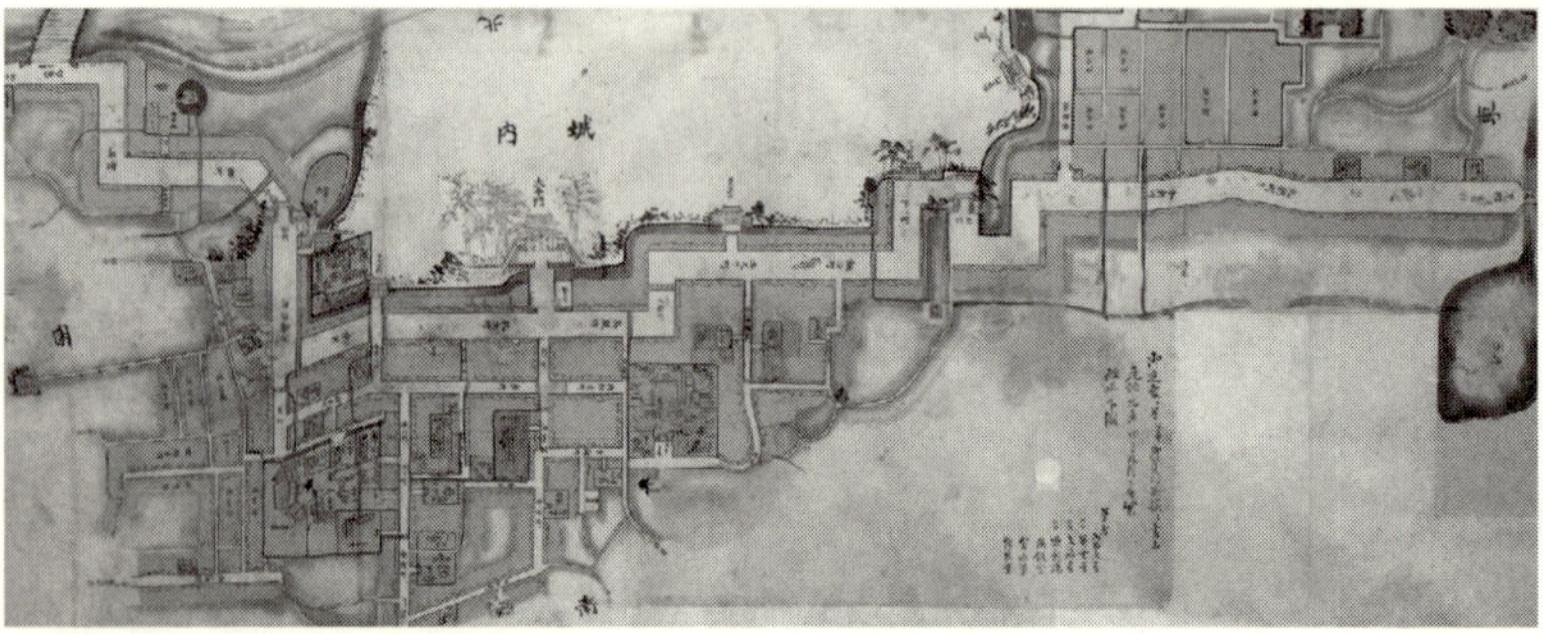

吉田宿絵図（豊橋市美術博物館蔵）

八町が負担した。船役は文字通り船を提供するもので、船町が負担した。無役は下り町・元鍛冶町・手間町の三町で、常時の負担はなかったが、大規模な通行の場合は人足を提供した。

宿場町には旅人が宿泊するための施設があった。天保十四年（一八四三）の記録によれば、吉田宿には本陣二軒・脇本陣一軒・旅籠屋六五軒があり、その多くが吉田宿の中心である札木町にあった。

本陣は、大名や幕府役人・公家などの貴人が利用する宿で、各宿場町に一軒以上置かれていた。吉田宿の場合は中西与右衛門《なかにしよえもん》（清須屋《きよすや》）と山田新右衛門《やまだしんえもん》（江戸屋）の二軒が務めた。脇本陣は、常時は旅籠屋として営業したが、本陣の利用が重なった場合などに貴人の宿泊所とされた宿で、鈴木庄七郎《すずきしょうしちろう》（枡屋《ますや》）が務めた。旅籠屋《はたごや》は一泊二食付きの宿で、通常は庶民が利用したが、参勤交代の大名行列などが本陣を利用する場合は、お供の宿として提供された。

当時の吉田宿に関する有名な唄に「吉田通れば二階から招く、しかも鹿の子の振り袖が」というものがある。また、『誹風柳多留』★には「吉田宿皆あをむいて通るなり」という川柳が収録されている。これらは、旅籠屋の二階から飯盛女《めしもりおんな》が客を招いており、旅人がそれを見上げている様子を表したもので、浮世絵にも描かれている。飯盛女とは、旅人を接客するために旅籠屋で働いていた女性のことで、娼婦として客の相手をすることもあった。飯盛女は吉田宿以外にも多くの

旅籠屋の二階から旅人に声をかける飯盛女が描かれた浮世絵「東海道　吉田其二」（豊橋市二川宿本陣資料館蔵）

▼『誹風柳多留』　川柳集。明和二年（一七六五）の初篇刊行以降、天保十一年（一八四〇）の一六七篇まで続刊。

宿場町にいたのだが、唄や浮世絵と相まって、吉田宿のイメージとして定着していった。

吉田大橋

東海道は平野部を通ることが多いため、大きな河川をいくつも越えなければならなかった。しかし、橋が架けられていない川も多く、川越人足や船によって渡る必要があった。特に大井川《おおいがわ》は、東海道第一の難所として知られた。

そんな中で、吉田川（豊川）には吉田大橋（吉田橋）が架けられており、武蔵《むさし》の六郷橋《ろくごうばし》・三河の矢矧橋《やはぎばし》・近江《おうみ》瀬田《せた》の唐橋《からはし》と並んで東海道の四大橋に数えられた（後に六郷橋が流失して三大橋）。浮世絵にも数多く描かれており、吉田宿のランドマークとして著名であった。

吉田川への架橋は、十三世紀にはあったとされるが、確実なものは元亀元年（一五七〇）の酒井忠次による土橋の架橋である。その後、池田輝政により下流へ移され、板橋に架け替えられた。

吉田大橋の規模は、貞享五年（一六八八）の記録によれば、長さは九五間半（約一八八メートル、一間＝六尺五寸で計算）、幅は四間（約七・二メートル）、橋脚は二八組であった。

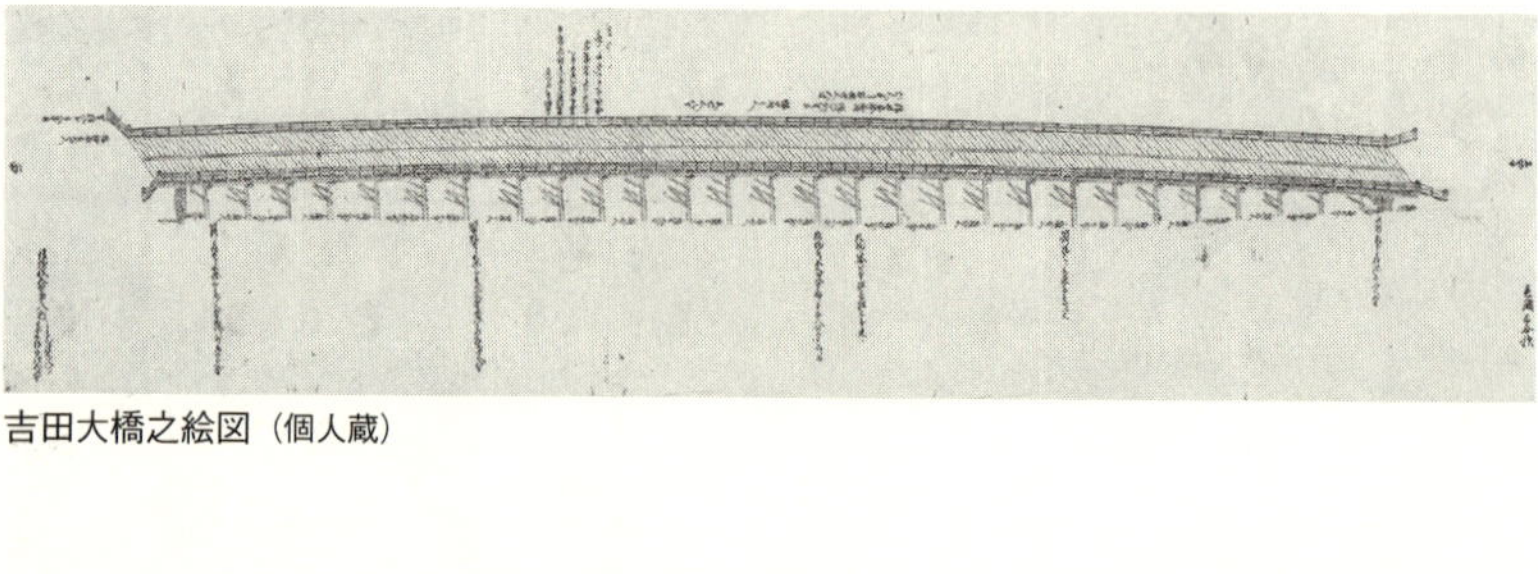

吉田大橋之絵図（個人蔵）

橋は天災や老朽化により修理、時には掛け替えが必要になった。吉田大橋の普請回数は、江戸時代を通じて三〇回ほどに及んだ。通常の橋の管理や簡易な補修は吉田藩がおこない、吉田町に橋の掃除が割りあてられていたが、修理や掛け替えは幕府から役人が派遣されて現場の指揮監督にあたった。手伝普請として諸大名に担当させることもあった。普請終了後は、幕府役人による見分がおこなわれた後に吉田藩へ引き渡された。

橋の架け替えは、当初は古い橋の横に新しい橋を架け、新橋完成後に古橋を撤去する方法が採られたが、十八世紀以降は臨時に渡船を出して川を渡らせる方法に変わった。

現在の国道一号線の「吉田大橋」は、昭和三十四年（一九五九）に新たに架けられた別の橋である。本来の吉田大橋は、明治十二年（一八七九）に七〇メートルほど上流に掛け替えられ、同時にそれまでの通称であった「豊橋《とよばし》」に改称された（正式には「とよはし」だが、地名と区別するため「とよばし」と呼称される）。

吉田川舟運と吉田湊

東三河の中心を流れ、氾濫を繰り返しながらも豊かな実りをもたらした吉田川（豊川）は、奥三河と吉田を結ぶ輸送の大動脈でもあった。上流の新城は、吉田

明治初年に撮影された吉田大橋（池戸清子氏蔵）

川を往復する川船と、伊那街道で荷物を運ぶ馬が絶え間なく出入りし、物資の集散拠点として繁栄した。新城の庄屋太田金左衛門は、水運と陸運の結節点であるこの町を「山湊馬浪《さんそうばろう》」★と表現した。

新城よりさらに上流では、寒狭川《かんさがわ》と宇連川《うれがわ》が合流する牛ヵ淵左岸の八名郡乗本《のりもと》村と右岸の設楽郡長篠《ながしの》村から、下流の吉田・下地《しもじ》・前芝《まえしば》へ荷物を運ぶ川船が出ており「鵜飼舟」と称した。荷物が集積される請払会所は乗本村に一カ所、長篠村に三カ所あったが、最大規模のものは菅沼八左衛門（為屋《ためや》）が運営する乗本村の羽根《はね》荷物請払会所であった。鵜飼舟は二六艘あったが、為屋はそのうち一〇艘を持つ大舟主でもあった。

鵜飼舟が下流まで往復する日数は、一月十五日から十月十五日までは二日間、十月十六日から一月十四日までは三日間と定められていたが、天候によっては足止めされることもあった。安永二年（一七七三）の記録によれば、為屋所有のうち七艘の就業回数を平均すると、一艘につき年間で吉田へ三五回、前芝へ四六回往復している。仮に二六艘が同じような頻度で就業していたとすれば、年間で二〇〇〇回以上も鵜飼舟が往復していたことになる。

吉田川中流の宝飯郡東上村（愛知県豊川市）には、幕府により番所が設置され、奥三河から下る荷物に対してのみ運上金を徴収していた。課税額は品目ごとにその価格の一〇分の一から一〇〇分の一に設定されていたことから、この番所を

▼山湊馬浪
山中に川船が発着する湊があり、荷物を運ぶ馬の背が浪のように見えることから、新城の賑わいを表現したことば。

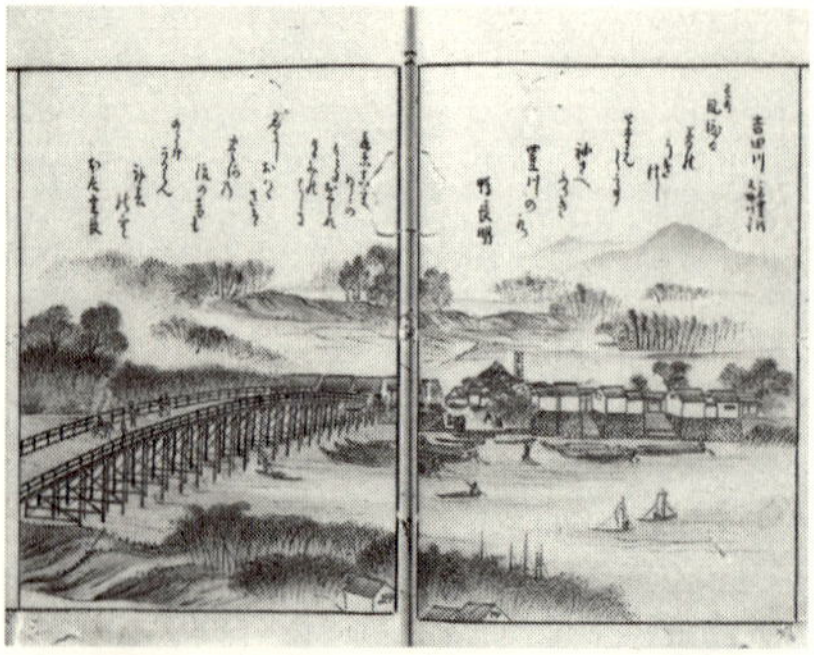

『三河国吉田名蹤綜録』に描かれた吉田川を往来する川船（個人蔵）

「東上分一番所」と呼ぶ。文政十年（一八二七）から天保七年（一八三六）までの運上取立額の年平均は金五九五両余という高額であり、それだけ多くの荷物が運ばれていたことがわかる。

船町に面した吉田川の川岸一帯は、吉田湊と呼ばれる繁華街であった。満潮時には大型の帆船が入港することもできたため、江戸・伊勢・尾張へ通じる航路が開かれ、吉田川舟運と海運の結節点として栄えた。

吉田湊で特に繁盛したのは、伊勢参りの旅人を乗せる参宮船であった。吉田から伊勢へは陸路であれば四日かかるところ、海路は天候さえ良ければわずか半日で着いた。船町から伊勢へ渡航した人数は、享保十四年（一七二九）から寛政九年（一七九七）までの記録が残り、年平均で四五〇〇人以上が利用していた。江戸時代の旅行ガイドブックである道中記にもこの航路が記され、諸国の旅人から認知されていた。吉田近在の者が利用することも多く、行きは海路、帰りは陸路を通るというルートで伊勢参りをすることができた。

船町は公用のための船を提供する船役を負担する代わりに、吉田湊に集まる荷物や旅客から上前銭（手数料）を徴収する権利を独占していた。近隣の村々との間では、この特権をめぐる争論がたびたび発生したが、いずれも船町側が勝利している。伊勢へ渡航する客船を出す村もあったが、これも船町側の訴えにより差し止められた。しかし禁止されてもなお船を出す事例が相次ぎ、参宮船に相当の

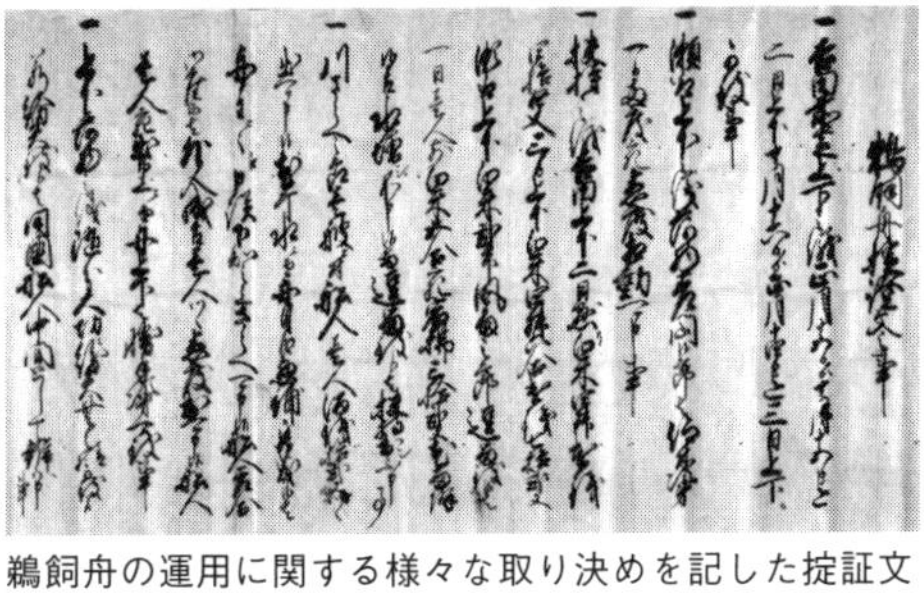

鵜飼舟の運用に関する様々な取り決めを記した掟証文
（豊橋市美術博物館蔵）

旨味があったことが想像される。

一方で、船町が訴えられることもあった。寛政九年、東海道の宮《みや》（熱田）宿と佐屋路《さやじ》★の佐屋宿が、船町から伊勢への渡航禁止を幕府へ訴えた。伊勢への旅客を船町が奪っているため、吉田以西への旅客が減少して困っているというものであった。この争論の裁定は同十一年に下され、その内容は「佐屋宿の通行量は減少していない。宮宿の宿泊者数は減少しているが、それは参宮船の影響ではない。吉田船町から伊勢への渡航は以前からの仕来りである。ただし今後は船町からの渡航者は三河国内の住民に限る」というものであり、条件付きながら船町側の一方的な勝利に終わった。船町の参宮船運営権は吉田藩から認められていたが、この裁定により幕府公認のものとなった。裁定に至る過程で船町側が不利な情勢になることもあったが、このような結果になったのは、当時の老中首座が吉田藩主の松平信明《のぶあきら》であったことから、何らかの政治的圧力があったためという見方がある。

▼佐屋路
宮（熱田）から佐屋（愛知県愛西市）を経て桑名に至る東海道の脇往還。

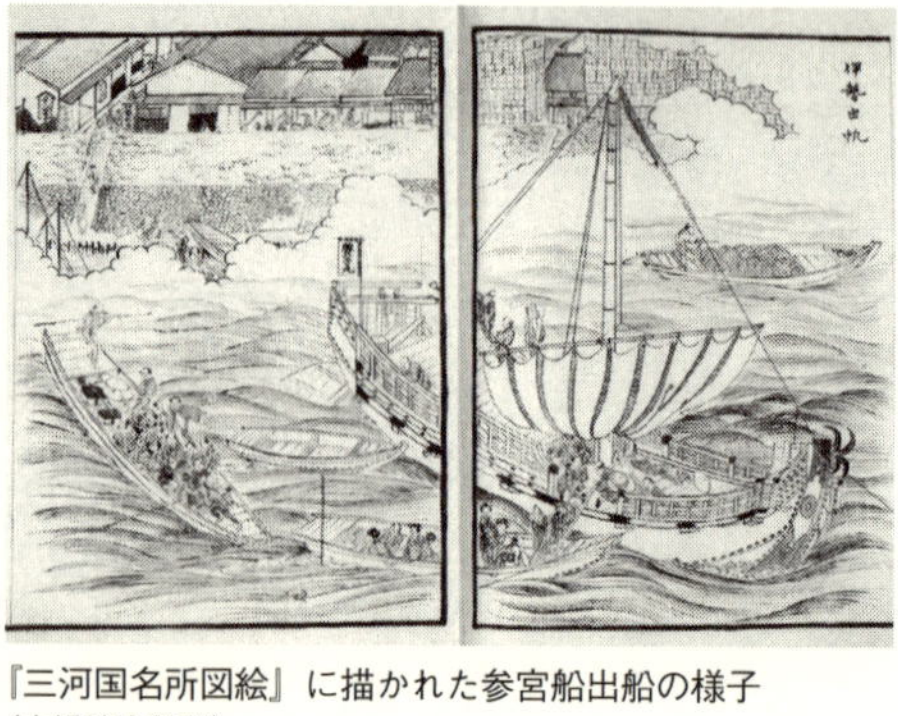

『三河国名所図絵』に描かれた参宮船出船の様子
（古橋懐古館蔵）

姫街道と嵩山宿

東海道には浜名湖の北側を通る付属街道（脇往還）があり、本坂峠《ほんざかとうげ》を越えたことから「本坂通」と呼ばれ、江戸時代後期以降は「姫街道」とも俗称された。

本坂通は、東海道の見附《みつけ》宿から市野《いちの》を経て三方ヶ原《みかたがはら》を横断し、気賀《きが》・三ヶ《みっか》日《び》を通って本坂峠を越える。ここから三河国に入り、嵩山《すせ》を経て当古《とうご》の渡しで吉田川を渡り、御油《ごゆ》宿で再び東海道に合流する。この他、浜松宿から気賀へ通る道や、嵩山から和田辻《わだつじ》を南下し吉田宿へ通る道など、いくつかの別ルートがあったが、気賀・三ヶ日・嵩山を通る点は共通している。このうち、嵩山は江戸時代を通じて吉田藩領であった。また、気賀には関所が設けられていた。

本来、本坂通は東海道の本道であったが、浜名湖南岸の往来が盛んになると交通量が減ったといわれる。しかし、南海トラフ地震や津波で浜名湖南岸が被災するたびに迂回路として利用され賑わった。特に宝永四年(一七〇七)の宝永地震以降は本坂通の交通量が激増した。継立荷物や大名行列の通行も増えたため、沿道の百姓は農業に専念できなくなった。地震の翌年、こうした状況に堪えきれなくなった嵩山村は、本坂通の通行を止めることができないなら、百姓は残らず山奥へ移住したいと道中奉行へ願い出た。一方、地震の影響で交通量が激減した東海道の宿場町からは、大名行列の本坂通通行を禁止してほしいという願い出があった。被災した今切の渡しの航路改修後の宝永七年になって、大名行列の本坂通通行禁止令が出されたが、やむを得ない事情があれば幕府へ届け出をして通行することができた。

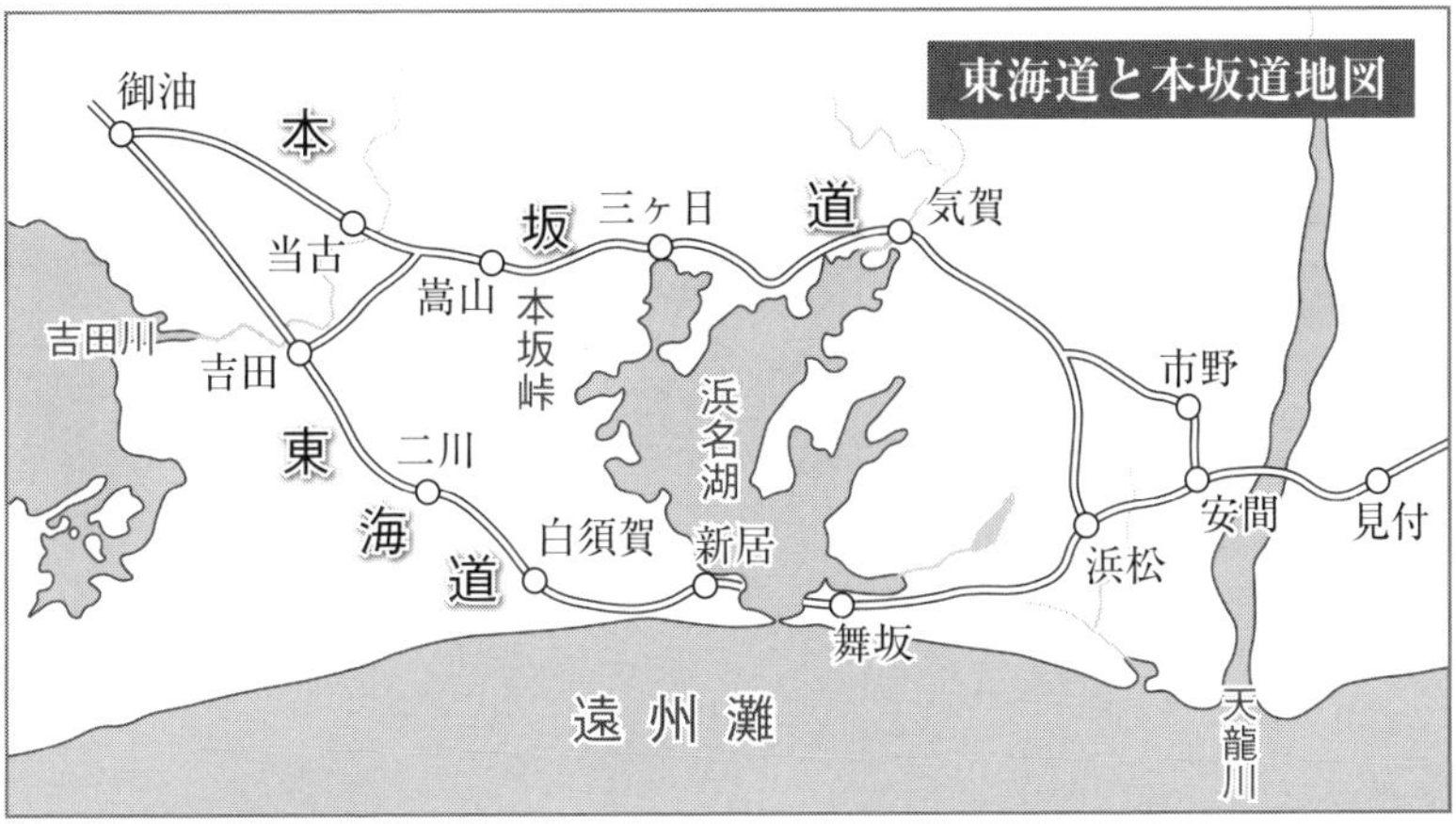

明和元年（一七六四）、本坂通は道中奉行の管轄下に入り、東海道の付属街道として位置付けられた。これにより、気賀・三ヶ日・嵩山の三カ村は宿場町に指定された。しかし本坂通通行禁止令は強化され、本坂通では人馬を徴発せずに自前の人馬で通行すること、行列の荷物は東海道を通すことなどの規制があった。

本坂通を通った主な大規模通行としては、享保三年（一七一八）の浄円院《じょうえんいん》★、同十四年の象★、嘉永六年（一八五三）の篤姫《あつひめ》★の行列がある。

吉田藩では、徳川御三家や公家などの「重き御通行」が嵩山宿を通行する際には、接待マニュアルをもとに、街道の掃除が行き届いているかを確認し、本陣の状態を調べ、街道の要所に休憩所を設置するなどして行列を接待した。

本坂通が「姫街道」と呼ばれるようになった由来は諸説ある。今切関所での煩わしい女改めや、危険な今切の渡しを避けたお姫様の華々しい行列が通ったためという説が良く知られている。それ以外にも、本来東海道の本道であったものがひなびたことから「ひね街道」が転じて「ひめ街道」になったという説、大きな東海道と比較して「小さく、かわいらしい」という意味から「姫街道」と呼ばれたという説などがある。

東海道二川宿

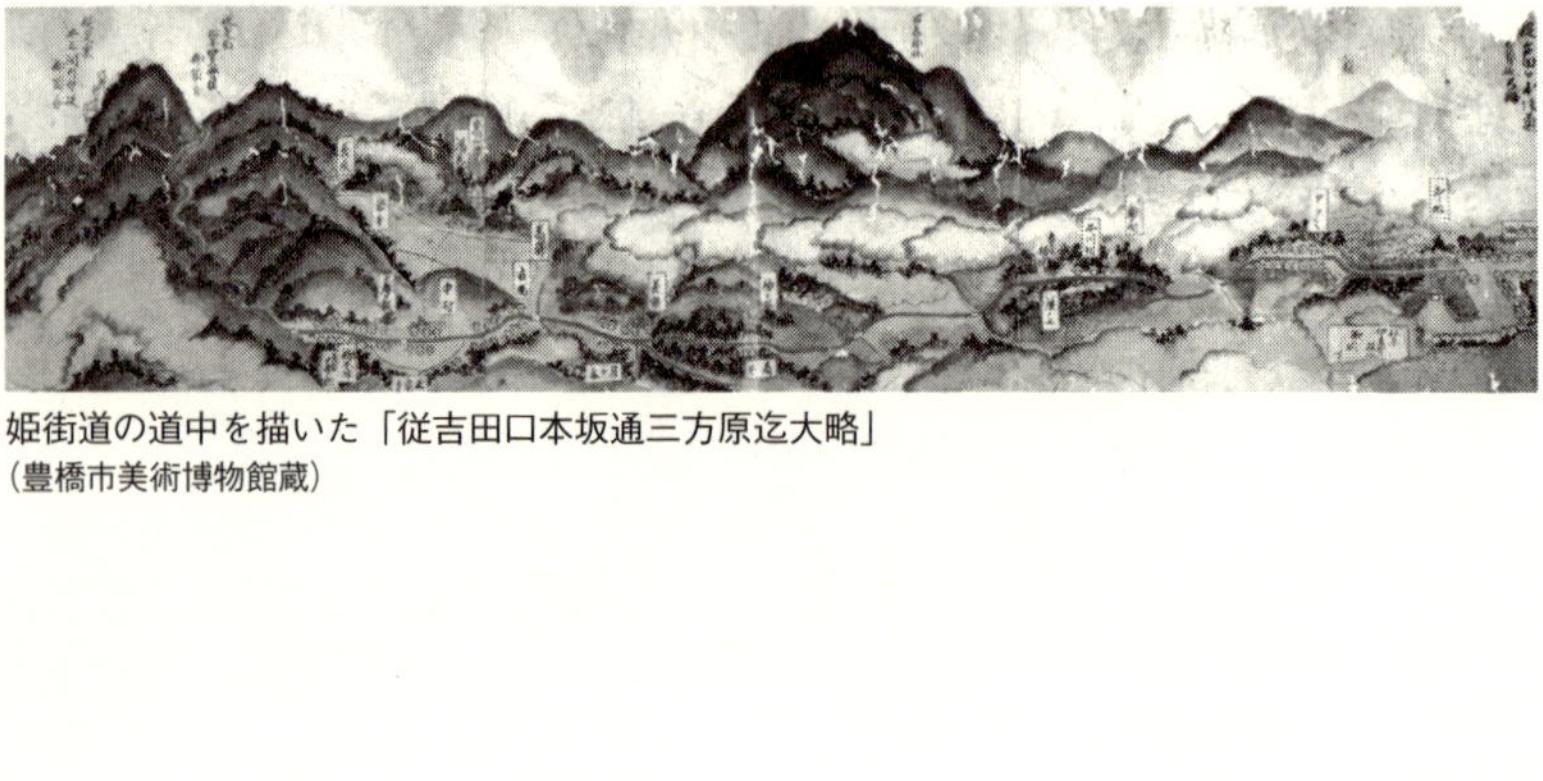

姫街道の道中を描いた「従吉田口本坂通三方原迄大略」
（豊橋市美術博物館蔵）

現在の豊橋市域には、東海道の宿場町として吉田宿のほかに二川宿があった。二川宿には伝馬朱印状が現存しないが、あとから宿場町に指定されたという記録もないため、慶長六年から指定されていたと考えられる。当初は、二川村と大岩村の二ヵ村で一宿としての継立業務を負担していた。

寛永九年（一六三二）、水野忠清の吉田藩入封とともに幕府領から吉田藩領に組み込まれたが、同二十年には人馬役の負担による疲弊を理由に再び幕府領となった。その後、天和元年（一六八一）から享保十年（一七二五）までは志摩鳥羽藩領、それ以降は幕府領に戻って明治維新を迎えた。

二川村と大岩村はもともと約一・三キロメートル離れた場所にあったが、離れていては不都合が多いとして、幕府領に戻った翌年の正保元年（一六四四）に現在地へ移転して地続きとなり、中町・新橋町・東町からなる二川町と、茶屋町・中町からなる大岩町となった。二川町が二川宿として人馬役を負担し、宿泊施設である本陣・脇本陣・旅籠屋は全て二川中町に置かれた。大岩町は、加宿として二川宿の人馬役の三分の一を負担した。そのため、狭義の二川宿は二川町のみを指すが、加宿大岩町を含めて二川宿と呼ぶこともあった。継立業務を担う問屋場は、一時期を除き二川と大岩に一カ所ずつ設置された。

文化四年（一八〇七）以降、二川宿の本陣は馬場彦十郎が務めた。本陣の建物は明治になって一部が取り壊されたものの現存している。東海道で現存している

▼浄円院
徳川吉宗の生母。吉宗の出身地である和歌山で暮らしていたが、享保三年（一七一八）に江戸城へ移った。

▼象
将軍吉宗へ献上されるため、ベトナムから運ばれてきた象。姫街道の急な坂では、象が鳴いたことから「象鳴き坂」という名称が付けられた。

将軍吉宗に献上される象を描いた『日本年歴一覧』（豊橋市二川宿本陣資料館蔵）

▼篤姫
十三代将軍家定の正室。薩摩島津家から京都の近衛家の養女となって嫁いだ。家定没後は天璋院。

本陣は、草津宿（滋賀県）と二川宿の二カ所のみである。

馬場家には『二川宿本陣宿帳』（愛知県指定有形民俗文化財）として、文化四年から慶応二年（一八六六）まで六十年間の本陣利用記録が三三冊残っており、幕府役人や公家、大名たちの本陣利用の詳細を知ることができる。

二川宿は幕府領の時期が長いが、経済面では吉田藩領と密接に関係していた。十九世紀に入ってから台頭し、幕末期には二川宿で飛び抜けた額の金融資産を保有した田村善蔵（駒屋）は、米穀商と質屋を兼ねていたが、商売で最も大きなウエイトを占めていたのは吉田藩の蔵米（年貢米）取引であった。俳諧や書などの文化面でも吉田の町人と頻繁に交流していた。

市街地化や戦災で昔のおもかげがほとんど残っていない吉田宿に比べ、二川宿は今でも格子戸の古い家屋が建っており、宿場町の風情を感じることができる。ちなみに、現存している本陣・旅籠屋・商家をそろって見学できる宿場町は、二川宿が日本で唯一である。

二川宿絵図（豊橋市二川宿本陣資料館蔵）

これも吉田

吉田・豊橋の歴史を知る

豊橋市美術博物館

豊橋公園（吉田城址）の一角、三の丸址に建つ美術博物館は、赤レンガ調の外観が特徴的な建物である。豊橋ゆかりの美術、歴史資料などを収蔵、展示しているほか、国内外の名品を紹介する企画展も開催している。

また、一階の企画展示室は市民ギャラリーとしても活用している。

美術資料は、中村正義や星野眞吾など郷土ゆかりの画家の作品を中心に、約一八〇〇点を収蔵している。陶磁器では、司忠氏から寄贈された九五〇点以上の司コレクションがある。

歴史資料では、吉田藩主の末裔である大河内家から寄託された史料、地域に伝わった古文書、浮世絵や近世の郷土画人の作品などを数多く収蔵している。

（豊橋市今橋町三－一　〇五三二－五一－二八八二）

吉田城 鉄櫓《くろがねやぐら》

吉田城本丸の鉄櫓跡に建つ模擬櫓。昭和二十九年（一九五四）に開催された産業文化大博覧会にあわせて建てられた。

内部は平成二十八年（二〇一六）にリニューアルされ、吉田城および城下町・宿場町・湊町としての吉田町の歴史を紹介するパネルや複製資料、吉田城の復元模型などが展示されている。

（豊橋市今橋町三）

豊橋市二川宿本陣資料館

江戸時代後期の姿に改修・復元された本陣馬場家と旅籠屋「清明屋」、東海道や二川宿の歴史を紹介する資料館の三つの建物が見学できる。

五節句ごとに季節を感じられる催しを開催しており、特に「ひなまつり」の時期は数多くの雛人形やつるし飾りで彩られ、多くの見学者で賑わう。

資料館では、東海道などを題材にした浮世絵、交通関係の歴史資料、二川地区ゆかりの古文書などを収蔵し、企画展示室で様々なテーマの企画展を開催している。

また、毎年十一月には「二川宿本陣まつり大名行列」を開催しており、吉田城主松平伊豆守の大名行列をモデルにした約三〇〇人の行列が旧東海道を練り歩く。

（豊橋市二川町字中町六五　〇五三二－四一－八五八〇）

商家「駒屋」

二川宿本陣資料館から東へ約三〇〇メートル離れた場所にある駒屋田村家の遺構。田村家は米穀商と質屋で財を成し、宿役人

豊橋市二川宿本陣資料館

を務めた有力者であった。

間口が狭く奥行きが長い敷地に、江戸から大正期に建てられた八棟の建物が残っており、豊橋市の有形文化財に指定された。

改修復元工事を経て、平成二十七年（二〇一五）より無料で一般公開されている。古い建物や広場を利用した様々なイベントを開催しており、土蔵を利用したカフェや雑貨店も楽しめる。

有料で施設を借りることも可能で、展示会、体験講座、演奏会などに利用できる。

（豊橋市二川町字新橋町二一　〇五三二－

商家「駒屋」

四一－六〇六五）

豊橋市民俗資料収蔵室

豊橋市内に唯一残る木造校舎である旧多米小学校の校舎を利用した施設。そのロケーションを活かして、映画「早咲きの花」の撮影で使用された。「ふるため」の愛称で親しまれ、市内および東三河地区から集められた民俗資料を収蔵、公開している。

五つに分かれた展示室では、養蚕・製糸・生活・漁撈・農耕山樵をテーマに、生活に根ざした道具、近世・近代を通じて東三

豊橋市民俗資料収蔵室

河で発展した産業などを紹介している。
（豊橋市多米町字滝ノ谷三四－一－一）

豊橋市中央図書館

大正二年（一九一三）に開設された豊橋市図書館は、豊橋市の市制施行後に初めて建てられた公共施設であるとともに、愛知県で最初の公立図書館であった。昭和五十七年（一九八二）に現在地へ移転し、豊橋市中央図書館として開館した。

いくつもの個人文庫を所蔵しているが、特に重要なものが羽田八幡宮文庫である。

豊橋市中央図書館

同文庫は、嘉永元年（一八四八）に国学者の羽田野敬雄が羽田八幡宮内に設置したものである。敬雄没後に蔵書が売却されたが、その後多くの人々の努力により大部分が買い戻され、豊橋市図書館の所蔵となった。

文庫の内容は、神道や国学が多いが、農業・医学・天文・語学・異国情報など多岐にわたり、『解体新書』『蘭学階梯』等の貴重書、敬雄自身の著作や見聞記録など約九六〇〇冊がある。

なお、図書館の二階には「羽田八幡宮文庫常設展」のコーナーが設けられている。

新居関所史料館

（豊橋市羽根井町四八　〇五三二－三一－三一三一）

新居関跡・新居関所史料館・紀伊国屋資料館

吉田藩が管轄した新居関所（今切関所）は、全国で唯一建物が現存する関所であることから、「新居関跡」として国の特別史跡に指定されている。

現存する建物は安政東海地震後に再建されたものである。関所廃止後は取り壊しを免れ、小学校の校舎や役場の庁舎として使用されていた。

関所の隣に建つ新居関所史料館では、関所ゆかりの資料や江戸時代の交通関係の資料を展示している。

関所から西へ約一七〇メートル進んだ所には、紀州藩の御用宿であった旅籠屋「紀伊国屋」があり、紀伊国屋資料館として一般公開されている。

（新居関所史料館　静岡県湖西市新居町新居一二二七－五　〇五三－五九四－三六一五）

これも吉田

大名行列で度胸試し

江戸時代のメインストリートである東海道は、多くの大名行列が通行した。その前を横切ることは極めて失礼な行為とされ、「無礼討ち（切捨御免）」として斬り殺されても仕方なかった。とはいえ、頻繁に無礼討ちがおこなわれたわけではなかった。

「無礼討ち」に関しては、次のような有名な逸話がある。天保末年（一八四〇年代前半）頃、尾張領内を通行中の明石藩主松平斉宣の行列を幼児が横切ってしまい、村人たちによる命乞いもむなしく殺されてしまった。これに激怒した尾張藩は、今後明石藩の領内通行を禁止すると通告した。その後、斉宣は猟師であった幼児の父親に射殺されたともいわれる。

この逸話の真偽はともかく、明石藩の大名行列にまつわる無礼討ちの逸話は他にも伝えられていることから、何らかの事件があったと思われる。事実として人々の間で「明石藩の大名行列は恐ろしい」という印象が広まっていた。そして、

幕末の頃、吉田宿を明石藩の大名行列が通行するという知らせが届いた。それを聞いた町の若者たちは「明石のお殿様は無礼討ちをする恐ろしい方だというが、だれかその行列の前を横切る威勢のいいヤツはいないか」と噂しあっていた。すると負けん気の強い左兵衛という男が、賭けならばやっても良いと名乗りをあげ、見事に横切ることができれば金三両をもらえるという話になった。

いよいよ明石藩の行列が吉田宿を通行する当日。若者たちは札木町北西角の桔梗屋横の小路に身を隠した。行列の進み具合を見にいった者もおり、「吉田大橋に差し掛かった」「上伝馬まで来た」と伝えにきた。行列の先頭が本町の角を曲がっても、まだ左兵衛は姿を現さなかったので、若者たちは「左兵衛は臆病風に吹かれたのだろう」と思っていた。

そして、行列が本町から札木町に入ろうとしたその瞬間、南側の御輿休町方面から、三度笠を目深にかぶった一人の飛脚が、手を高く挙げながら「金柑丸様御用！　金柑丸様御用！」と叫んで行列の先頭を横切り、関屋口方面へ駆け抜けていった。

行列のお供の侍は、いったん刀の柄に手をかけたものの、何かを叫びながら走る飛脚の素早さに呆気にとられ、どうすることもできず、結局そのまま何事もなかったかのように先へ進んだ。

行列が通ったあと、若者たちが「左兵衛の意気地なし」と嘲り笑っていると、先ほどの飛脚がぬっと現れ「どうだ、行列はもう瓦町の坂を下っていっただろう。約束の三両をよこせ」と手を出した。飛脚姿のその男は、誰あろう左兵衛であった。

若者たちが「金柑丸様御用とはどういうことだ？」とたずねると、左兵衛は「ご城内の守り神、金柑丸稲荷のことさ。そのお稲荷さまの用事で通ったことにしたのさ」といって、まんまと金三両を受け取ったという。

第二章 入れ替わる譜代大名

幕閣への登竜門として、近世中期までは頻繁に領主が交代した。

牧野氏と大河内松平氏の藩主交代時に作成された吉田城絵図。屋敷地には双方の家臣の氏名が記されている。(「牧野・大河内所替絵図」豊橋市美術博物館蔵)

1 小笠原氏の時代

十七世紀後半は、小笠原氏が四代五十二年にわたり吉田藩を治めた。この時期に吉田城下町の姿が完成し、文化面では宗徧流茶道が広まり、吉田川河口付近を中心に新田開発が活発におこなわれ、生産力が増大した。

小笠原四代

正保二年（一六四五）に水野忠善が三河岡崎藩へ移った後は、豊後杵築《ぶんごきつき》藩から小笠原忠知《ただとも》が入封した。石高は忠善と同じ四万五千石である。その後、四代五十二年間にわたって小笠原氏が三河吉田藩を治めた。

小笠原氏は代々信濃国（長野県）の守護に任じられた名門であり、儀式典礼に明るい家柄である。戦国時代の当主小笠原長時《ながとき》は、武田信玄の信濃侵攻により敗れて各地を流浪し、最後は家臣に殺害されたと伝えられている。長時の三男貞慶《さだよし》は、徳川家康の家臣となって信濃深志《ふかし》城（松本城）を奪還した。その後豊臣秀吉の家臣となるも改易され、再び家康に仕えて下総古河《しもうさこが》三万石を与えられた。貞慶の長男秀政《ひでまさ》は、小笠原氏の旧領である松本八万石の領主になったが、元和元年

(一六一五)の大坂夏の陣で重傷を負って死去した。この時、長男の忠脩《ただなが》も戦死したため、家督は次男の忠真《ただざね》が継いだ。

秀政の三男忠知は旗本となり、慶長十九年(一六一四)に信濃国井上《いのうえ》・川中島《かわなかじま》で五千石を与えられた。寛永二年(一六二五)に書院番頭、翌年に大番頭《おおばんがしら》★に任命され、同九年からは奏者番を兼任した。同年、兄忠真が豊前《ぶぜん》小倉《こくら》藩主となったことにともない、豊後杵築藩四万石を与えられて大名に列した。同十四年に島原天《しまばらあま》草一揆《くさいっき》(島原の乱)が起こると出陣し、鎮圧後は島原城の在番を務めた。

正保二年、忠知は五千石を加増されて吉田藩主となった。この転封は、小笠原一族がみな九州の豊前・豊後にいるのに、忠知だけが東海道の要地である吉田に移されるのは異例であると認識された。将軍家光の側近からは、忠知に対し「貴殿は家柄も良く、将軍が幼少の頃から仕えているので、何度も取り立てられ、所領も東海道の良い地を選んで与えられた。これからも将軍のことを第一に思って万事に心を配り、然るべき事は進言しなさい。」と伝えられた。

寛文三年(一六六三)に忠知の跡を継いだ二代目の長矩《ながのり》は、相続時に弟の長定《ながさだ》に三千石、長秋《ながあき》に二千石を分与したため、吉田藩領は四万石になった。同六年に寺社奉行に就任し、延宝六年(一六七八)に死去する直前まで務めた。

三代目の長祐《ながすけ》(死去の半年前に長教《ながなり》と改名)は病気がちであり、幕府の要職に就くことはなかった。元禄三年(一六九〇)五月下旬に病を押して参勤し、六月十

▼大番頭
旗本を編成した常備軍(大番)の指揮官。

小笠原忠知筆　竹に虎図(臨済寺蔵)

小笠原家略系図

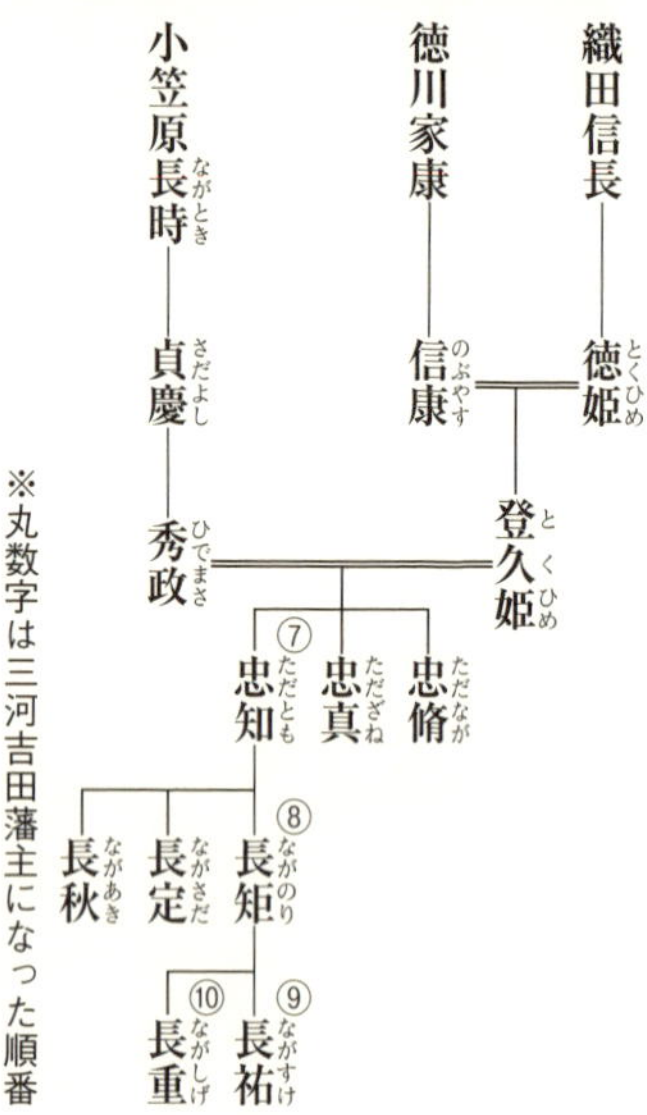

一日にようやく江戸に着いたものの、十七日に帰らぬ人となった。

長祐の弟長重《ながしげ》は、旗本に取り立てられて順調に出世していたが、貞享二年（一六八五）に長祐の養子となって本家に戻った。長重は病弱な長祐に変わって参勤交代をおこない、実務も執りおこなったため、長祐は実質的な隠居状態であった。家臣たちも長祐を「大殿様」、長重を「殿様」と呼んでいた。

元禄三年十月に家督を相続した四代目の長重は、十二月に奏者番と寺社奉行の兼任を命じられた。翌年には京都所司代となり、約六年間京都に赴任した。同十年四月に老中を拝命し、同時に一万石加増の上で、江戸に近い武蔵岩槻《いわつき》藩へ転封となった。長重は相続前に参勤交代で二度吉田に帰国したが、相続後は幕府の要職を歴任したため、吉田には京都への行き帰りに立ち寄っただけである。

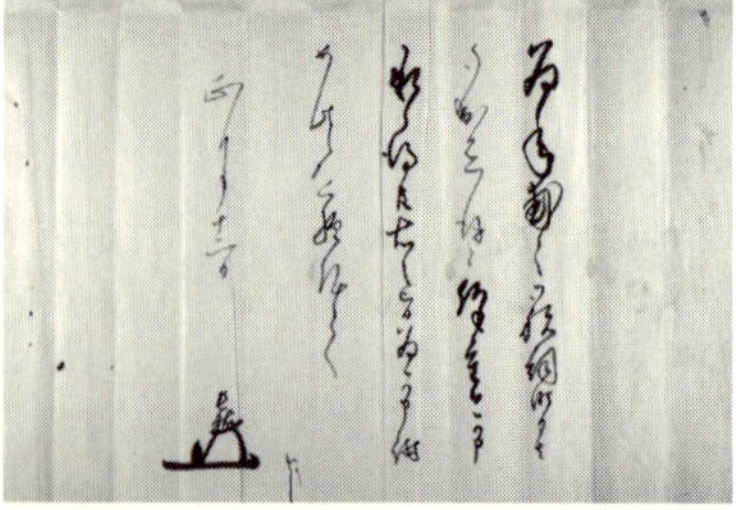
小笠原長祐が東観音寺へ出した年始の書状
（東観音寺蔵）

長重は宝永七年（一七一〇）まで老中を務めて隠居し、長亮《ながあきら》と改名した。隠居後も八代将軍吉宗から酒井忠挙《ただたか》・稲葉正往《まさゆき》とともに幕府のご意見番として優遇され、享保十七年（一七三二）に八十三歳で没した。

その後の小笠原氏は、遠江掛川《かけがわ》藩、陸奥《むつ》棚倉《たなくら》藩を経て肥前唐津藩に移り、明治維新を迎えた。

向山大池の築造と城下町の整備

吉田城下町の姿は、小笠原氏の時代にほぼ完成した。

小笠原忠知が藩主であった時期の承応三年（一六五四）、郡代の長谷川太郎左衛門の考えにより、吉田の東方約二キロメートルの台地に大きな溜池（向山大池《むかいやまおおいけ》）を築いた。さらにそこから堀割を造り、高低差を利用して吉田城の総堀に水を流入させ、城下町の下水道や、その先の吉田方《よしだがた》方面の灌漑用水として利用した。

吉田城下を潤した向山大池は、明治二十一年（一八八八）に牟呂用水が完成するとその役目を終え、付近の水田に利水されるだけとなった。かつての面積は約十ヘクタールもあったが、戦後に一部が埋め立てられたことにより、約四ヘクタールに縮小された。現在では、桜やツツジの名所、渡り鳥の飛来地として知られ、豊橋市民の憩いの場になっている。

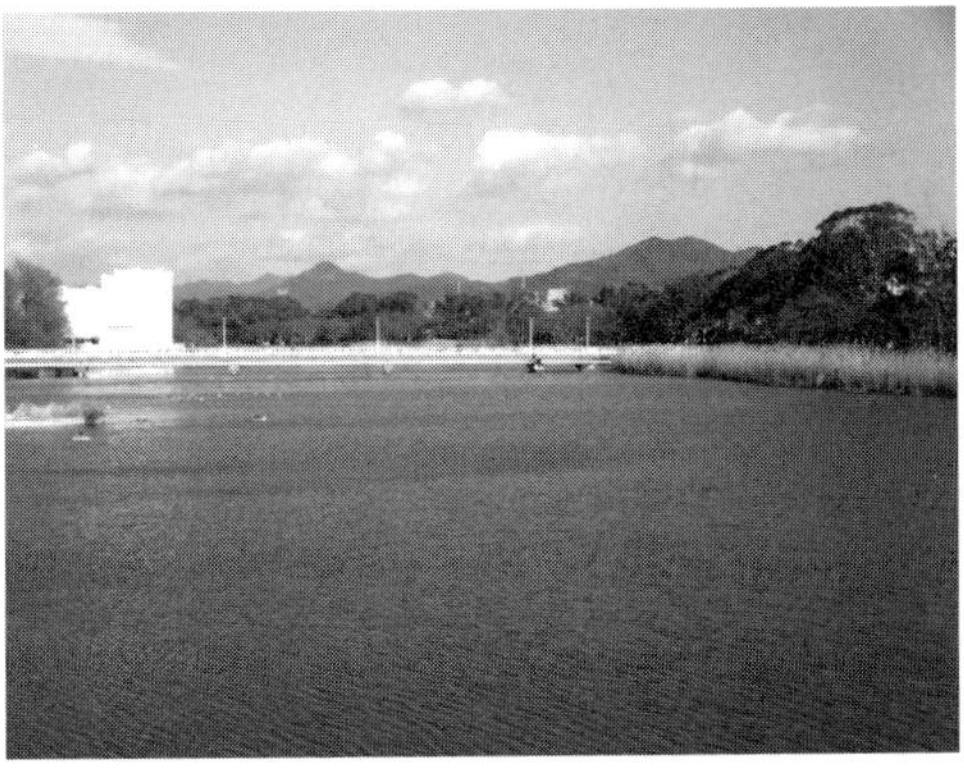

向山大池

長矩時代の寛文四年（一六六四）には、仁連木村の弥八郎の願い出により吉田城下町東方の東海道沿いに瓦町（河原町）が開発された。当初移住したのは二〇軒ほどであったが、後に百軒を超える家が並んで町場を形成した。

吉田城の正門である大手門は、池田輝政時代に札木町と呉服町の境に移されていたが、寛文十一年に改築工事がはじめられ、延宝元年（一六七三）に竣工した。狭間を持つ築地塀を左右に控え、屋根には鯱瓦を上げた堂々たる櫓門であった。東海道からは約六〇メートル離れていたが、真正面から望むことができたので、旅人たちにとっては、吉田大橋とともに吉田宿のランドマークになっていた。

遠州鷲津《わしず》（静岡県湖西市）の本興寺には、吉田城から移築されたという惣門と奥書院がある。惣門はもともと吉田城の大手門であったとされ、元禄十一年（一六九八）に当時の吉田藩主久世《くぜ》重之《しげゆき》により移築されたと伝わっていたが、解体修理により延宝二年に移築されたことが判明した。新しい大手門竣工の翌年であり、年代的には齟齬がないが、大手門以外の門であった可能性も指摘されている。

“殿様寺”臨済寺

歴代の三河吉田藩主家の中で、吉田に墓所があるのは小笠原氏だけである。

小笠原忠知は、豊後杵築藩主時代に父秀政《ひでまさ》の菩提を弔うため、杵築に宗玄寺《そうげんじ》を

吉田藩家老深井清華が撮影した吉田城大手門古写真（豊橋市美術博物館蔵）

吉田城大手門を移築したと伝わる本興寺の惣門

創建していたが、吉田転封後の承応二年（一六五三）に吉田城の東の飽海《あくみ》村へ移して小笠原氏の菩提寺とした。忠知が没した翌年の寛文四年（一六六四）、寺域が手狭であったためか、長矩によって仁連木村へ移され、寺号も萬年山臨済寺《まんねんさんりんざいじ》と改称された。同時に、長矩から寺領として百石を寄進された。

この時、代官から仁連木村に対して「村内に殿様の菩提寺が建てられたので、願い事があれば何でも叶えてやる。」という申し出があった。実は先述の瓦町開発願いは一度却下されていたが、この時に再度願い出て許可された。

臨済寺には歴代藩主の墓があり、殿様寺として親しまれている。藩主が先祖の菩提を弔い、一門の繁栄を祈願して奉納した自筆の経典八点（全九帖二七巻）が残されており、「小笠原家奉納経典」として豊橋市有形文化財に指定されている。

山田宗徧と吉田の茶道

小笠原忠知は、華美で名器を競い合う大名茶（武家茶道）を嫌い、千利休の流れをくむ侘び茶（町人茶）を好んだ。そのため、利休の孫である千宗旦《せんそうたん》★を吉田に招こうとしたが、権勢を嫌って生涯仕官しなかった宗旦からは、老齢を理由に断られた。代わりに宗旦から推挙されたのが、門弟の山田宗徧《やまだそうへん》であった。

宗徧は京都二本松の東本願寺《ひがしほんがん》末寺長徳寺《ちょうとくじ》に生まれ、同寺の住職を継いだ。生

▼千宗旦
千利休の孫。千家流茶道を確立した。

臨済寺の小笠原家廟所

小笠原家奉納経典（臨済寺蔵）

来茶を好んでいたことから小堀遠州《こぼりえんしゅう》に師事し、後に千宗旦に入門した。承応元年（一六五二）に宗旦から皆伝を受けると、茶人として生きる道を選び、還俗して洛西の鳴滝《なるたき》村に茶室を構えた。

明暦元年（一六五五）、宗徧は三河吉田藩に仕官して茶道方となり、三十石五人扶持を給され、吉田城下に屋敷を与えられた。以後四十三年にわたって吉田に住み、吉田藩士のみならず、町方にも多くの門人を抱え、茶道を教授した。

利休流の茶書を著し、『茶道便蒙鈔《ちゃどうべんもうしょう》』『茶道要録』『茶道具図絵』は宗徧三部作と呼ばれている。

茶事に関する自作の道具も多く、茶杓《ちゃしゃく》・花入・茶碗などを遺しているが、なかでも臨済寺所蔵の花入「黒塚《くろづか》」は名作として知られる。その他、琵琶《びわ》や阿弥陀《あみだ》如来《にょらい》の木像も作製している。作庭としては、臨済寺の枯山水《かれさんすい》・草庵式露地《そうあんしきろじ》の庭園、湊神明社の池泉回遊式蓬莱庭園《ちせんかいゆうしきほうらいていえん》がある。

元禄十年、宗徧は小笠原氏の転封とともに吉田を去り、仕官は養子の宗引《そういん》に譲り、自身は江戸本所《ほんじょ》に居を構えて侘び茶を広めた。同じ本所の吉良上野介義央《きらこうずけのすけよしひさ》邸にたびたび招かれていたことから、素性を隠した赤穂浪士《あこうろうし》の大高源吾《おおたかげんご》に「十二月十四日に吉良邸で茶会がある」と伝え、その情報をもとに討ち入りの日が決まったとされている。なお、十四日の茶会の主賓は旧主の小笠原長重《ながしげ》であった。

宗徧が去った後も、吉田では宗徧流茶道が受け継がれた。

山田宗徧作の木造阿弥陀如来立像
（豊橋市美術博物館蔵）

湊神明社の池泉回遊式蓬莱庭園。池の中の島には湊築島弁天社が建立された。

新田開発の広がり

現在の豊橋市域の新田開発は、小笠原氏が吉田藩主であった寛文年間から元禄年間（一六六一～一七〇四）にかけて精力的におこなわれた。

吉田川（豊川）河口付近は、戦国時代の終わり頃に吉田方・横須賀《よこすか》などが開発されていたが、数十年をかけてその先に干潟が形成されていた。町人・豪農層は、この干潟を干拓することで、新田開発を進めた。

寛文三年には吉田宿本陣中西与右衛門が、藩からの資金援助を受けて清須新田《きよすしんでん》を開発した。同七年に検地が実施され、高四百六十二石余と決定された。石高は少しずつ変化が見られ、江戸時代後期以降は四百八十石余で固定された。

清須新田が完成して間もない寛文十一年、大雨で吉田川が増水したため、馬見塚《まみづか》村の孫平次が清須新田の堤防を切るという事件が発生した。この時は孫平次が詫びを入れることで決着したが、今後吉田川が決壊する恐れがある時は、付近の村々が相談して新田の堤防を切り、折り合いが付かなかった場合は藩当局の許可を得て堤防を切るという取り決めがなされた。元からある付近の村々を水害から守るために、こうした手法が採られたのである。吉田川河口の沖積地にある清須新田はたびたび水害に見舞われ、その都度年貢の減免がおこなわれている。

寛文五年には、吉田町人の高須久太夫ら五人により、吉田川河口の左岸に高須新田と土倉《とくら》新田が開発された。石高は合わせて千二百三十三石余であった。こちらの新田もたびたび水害に襲われ、十八世紀初めには地震津波や台風によりほとんど水没するという状況になった。その後再開発がおこなわれ、享保十四年（一七二九）には吉田藩御用達の植田喜右衛門の所有となった。

元禄・宝永年間（一六八八～一七一一）にも、規模は小さいながらも藪下新田・青木新田・加藤新田などが次々と開発されていった。

柳生川の河口付近では、寛文七年に小笠原忠知の家臣野部《のべ》与次右衛門《よじえもん》・堀惣助《ほりそうすけ》と馬見塚村の孫平次により、松島新田が開発された。野部・堀の開発分は元禄五年に善次郎という者に譲渡され、東松島新田と呼ばれた。孫平次開発分は西松島新田と呼ばれるようになった。後年、両新田とも吉田町人の所有に変わった。

梅田川の下流域では、水野忠清の時代に新田開発が計画されたが、洪水などで頓挫していた。明暦二年（一六

吉田川・柳生川河口の新田開発

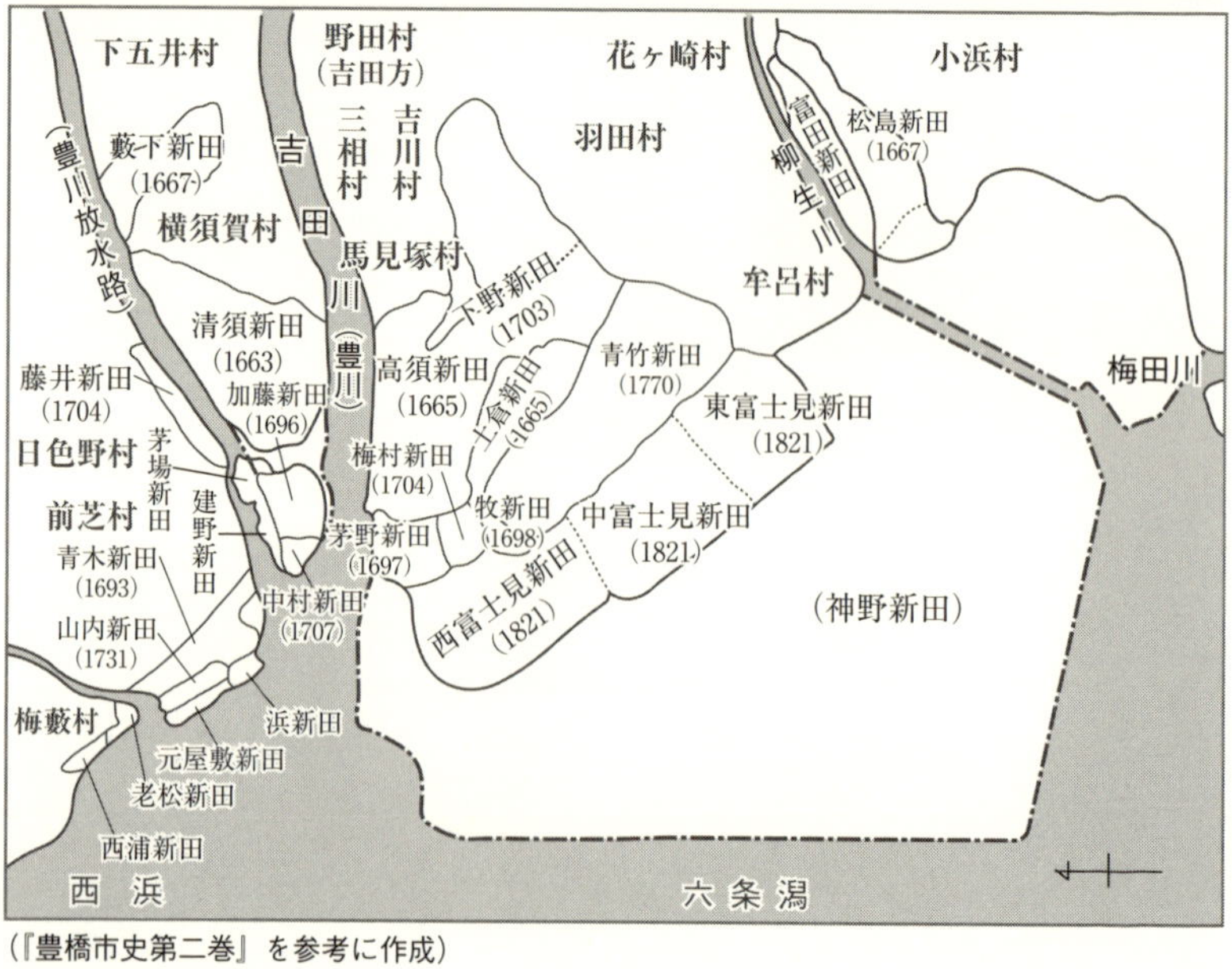

（『豊橋市史第二巻』を参考に作成）

五六）、遠江国敷知《ふち》郡の吉原弥次右衛門が小笠原忠知の許可を得て開発に着手し、翌年完成した。開発当初の石高は百九十八石余であったが、正徳二年（一七一二）には三百三石余となっている。寛文年間には、梅田川下流域で松井新田・津田新田、中流域で藤並新田が開発された。

内陸部では、吉田の東方の洪積台地上にある田尻原《たじりはら》と呼ばれていた原野が、寛文七年に平川新田として開発された。石高は六百七十石余で、新田村落としては大規模であった。

以上のように、小笠原氏時代に活発な新田開発がおこなわれたことにより、吉田藩領の生産力が増加した。一方で、無理を押して河口付近の干拓を進めたことにより何度も水害に見舞われ、その復興に追われることにもなった。そのため、全国的に新田開発が盛んになった享保年間には、吉田藩領の新田開発は停滞することになった。裕福な町人たちは、新たな新田開発を進めるのではなく、既存の疲弊した新田の所有者から土地を譲り受けて新田を運営した。

◇2 久世重之と牧野氏の時代

左遷された経験を持つ久世重之は、徳川綱吉の信頼を得て今切関所の管理を任された。牧野成貞の功績により、約百七十年ぶりに牧野氏が吉田城主に返り咲いたが、短期間で転封。牧野氏時代には、宝永の大地震で甚大な被害が発生した。

久世重之

小笠原氏の後に三河吉田藩主となったのは、久世重之である。

旗本の分家であった久世広之は、三代将軍家光の信任を得て、慶安元年（一六四八）に一万石の大名に列した。四代将軍家綱《いえつな》に代替わりしても将軍の側近として出世を続けて老中に進み、下総関宿藩《しもうさせきやど》五万石を領した。

広之の後は三男の重之が相続した。徳川綱吉が五代将軍に就任すると、天和元年（一六八一）に越後騒動★の再審がおこなわれた。初めの裁定を下した幕府関係者には処罰が下り、責任者の一人である広之はすでに死去していたため、重之に逼塞が命じられ、奏者番を罷免された。同三年に備中庭瀬藩《びっちゅうにわせ》へ転封となるが、明らかな左遷であった。貞享二年（一六八五）に奏者番に復職し、翌年には丹波《たんば》

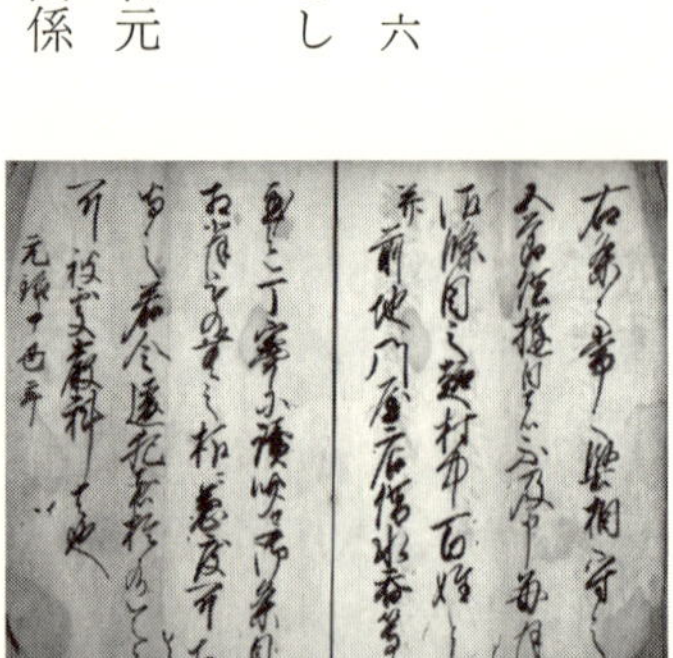
元禄10年（1697）に久世重之が領内に触れた法度（加藤隆章氏蔵）

▼**越後騒動**
越後高田藩のお家騒動。将軍綱吉による再審の結果、双方が処分され、藩主松平光長は改易された。

亀山《かめやま》藩へ移ったが、綱吉からの覚えは必ずしも良くはなかった。
転機が訪れたのは、元禄八年（一六九五）九月である。綱吉が老中戸田忠昌《ただまさ》邸を訪問した際、重之が学問好きな綱吉の御前で論語《ろんご》を講じた。忠昌は重之の伯父であるため、綱吉に近づけるように配慮したのであろう。

同十年六月、重之は三河吉田藩五万石への転封を命じられ、入封後に三五カ条からなる法度を領内に触れた。この時期は綱吉により「生類憐みの令」が出されており、二条目から四条目はそれを反映した内容で、捨て子の禁止や行き倒れ人の保護、犬・牛・馬などの動物を大切にすることが謳われている。この条目は毎月村役人が村民一同に読み聞かせ、順守させていた。

同十五年には、それまで幕府が管轄していた東海道の今切関所（新居関所）を引き渡された。これ以降、関所の管理は吉田藩がおこなうことになった。

出世コースに乗った重之は、宝永元年（一七〇四）に寺社奉行、同二年に若年寄に任命された。若年寄就任と同時に、下総関宿藩主に返り咲いたため、吉田藩主であった期間は足かけ九年に過ぎない。

正徳三年（一七一三）に老中に昇進した重之は、新井白石《あらいはくせき》★の良き理解者として正徳の治を支えた。享保三年（一七一八）に一万石を加増されて六万石となり、同五年に六十一歳で死去した。久世氏はその後転封されることなく、代々関宿藩を治めた。

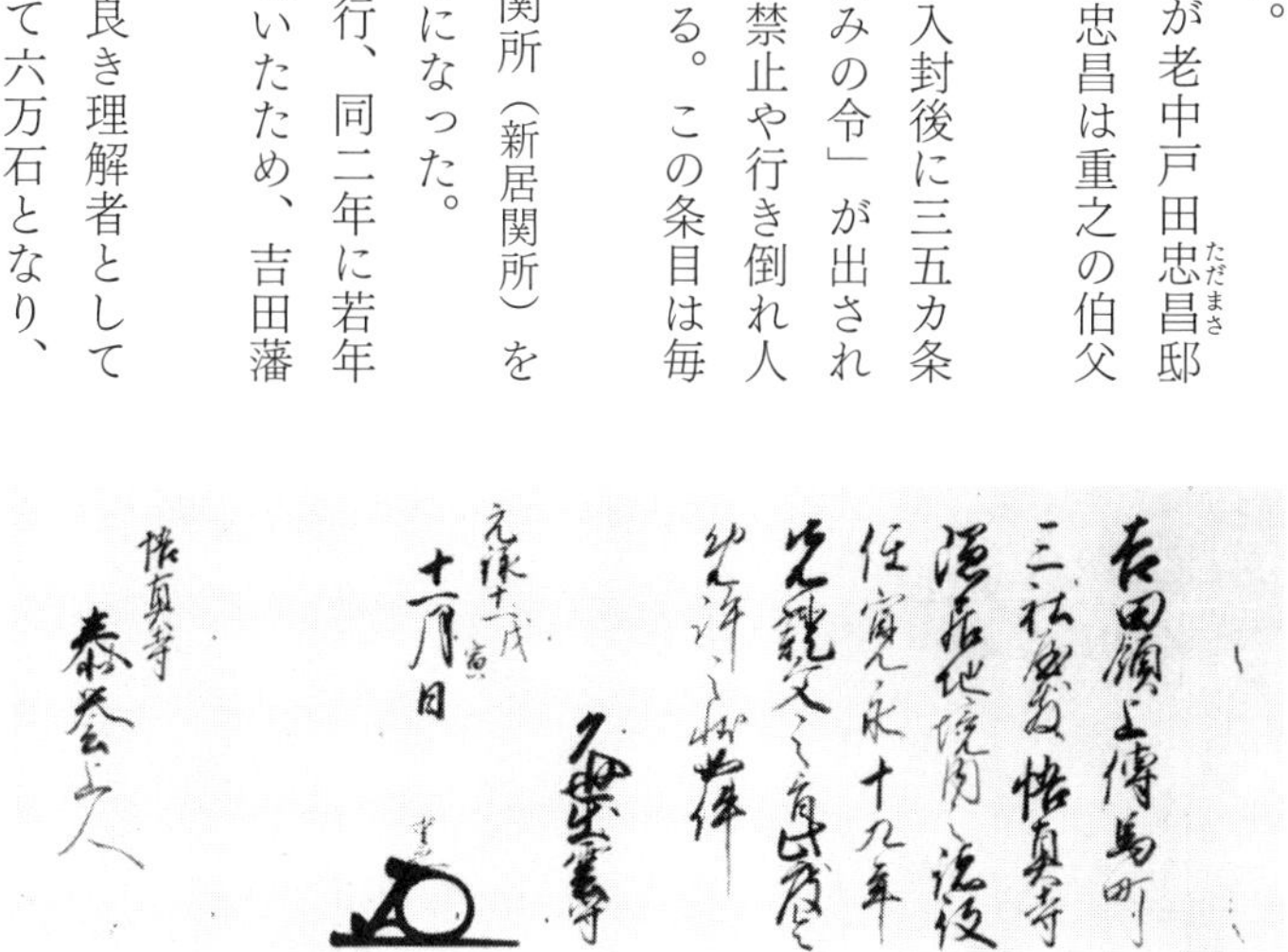

悟真寺住職の隠居所に対する年貢免除を約束した久世重之の判物
（悟真寺蔵）

▼新井白石
朱子学者。正徳の治と呼ばれる政治改革を主導。

綱吉と牧野成貞

後に五代将軍となる徳川綱吉は、家光の四男であったため、初めは上野館林《こうずけたてばやし》藩二十五万石の大名であった。この館林藩の家老が牧野成貞《なりさだ》である。

成貞は、戦国時代に吉田城を築いた牧野古白の同族である。牧野氏は、牛久保城主であった成定の時に徳川家康に従い、その子康成は家康の関東移封牧野氏は、時に上野大胡《おおご》二万石を与えられて大名になった。康成没後は長男の忠成《ただなり》が継ぎ、越後長岡藩主となった。康成の三男成儀《なりのり》（儀成）は、旗本に取り立てられて家光に仕え、後に綱吉に付けられた。

成儀の次男成貞は、父の没後に綱吉の側近となり、館林藩の家老として三千石を与えられた。延宝八年（一六八〇）に綱吉が将軍に就任すると、成貞は一万三千石の大名に取り立てられた。翌天和元年（一六八一）からは、側用人として将軍の命令を老中に伝える役割を果たし、綱吉の寵愛を背景に大きな権力を手に入れた。綱吉の成貞邸訪問は三二回に及んだ。同三年、久世重之に代わって下総関宿藩五万三千石を与えられ、後に七万三千石に加増された。

元禄六年（一六九三）、成貞は病を理由に隠居を願い出る。綱吉の寵愛が柳沢《やなぎさわ》吉保《よしやす》★に移ったことによる苦悩もあったといわれる。この時は慰留されたが、同

牧野成貞画像（笠間稲荷神社蔵）

▼柳沢吉保
甲府藩主。将軍綱吉に寵愛され、元禄時代の幕政を主導。

八年に再度願い出て隠居を許され、大夢《だいむ》と号した。

　成貞には男子がいなかったため、娘の安《やす》に黒田用綱《くろだもちつな》★の四男成時《なりとき》を娶せて養子にしていた。しかし、成時は貞享四年に二十五歳で亡くなった。一説には、安が綱吉のお手付きになったため切腹したとされる。そこで、綱吉の命により、成貞の正室の甥で、出家して隆光《りゅうこう》★の弟子となっていた成春《なりはる》を還俗させて養子に迎えた。

　元禄八年に家督を継いだ成春は病弱で、綱吉が自ら薬を調合して与えたことも

▼黒田用綱
上野館林藩主時代の徳川綱吉の家老。子孫は上総久留里藩主。

▼隆光
新義真言宗の僧侶。徳川綱吉とその生母桂昌院が帰依した。

牧野家略系図

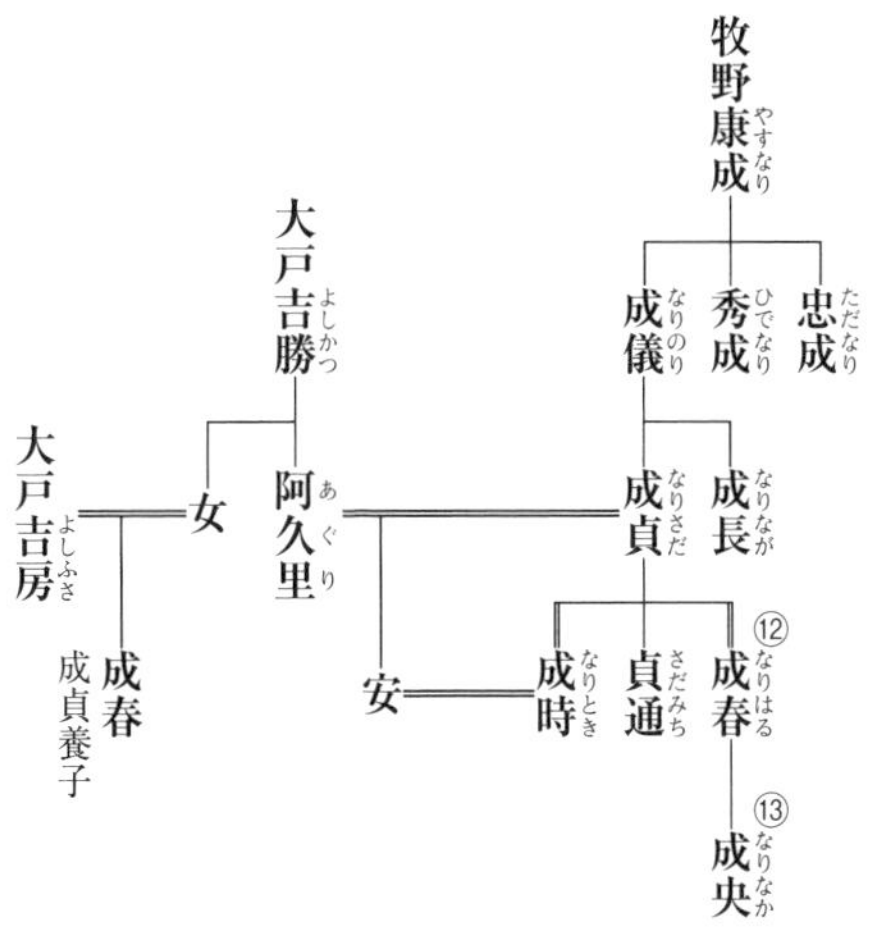

※丸数字は三河吉田藩主になった順番

あった。宝永二年（一七〇二）、久世重之と入れ替わりで三河吉田藩に転封された。牧野氏としては、約百七十年ぶりの吉田城主復帰である。石高は七千石を加増されて八万石となり、これは吉田藩としては江戸時代を通じて最大であった。

若年でこれといった功績もなく、しかも病弱な成春に加増がなされたのは、綱吉が成貞の労に報いるためであり、実質的には成貞に対する加増であった。

吉田転封後も成春は病床にあったため、藩政は成貞や家老たちに委ねられた。宝永四年、成春は一度も吉田に帰国することなく、二十六歳で没した。跡を継いだ成央《なりなか》はわずか九歳であったため、祖父である成貞が引き続き後見した。

宝永の大地震

牧野氏時代の吉田藩にとって最も大きな出来事は、宝永の大地震である。宝永四年（一七〇七）十月四日、南海トラフ沿いを震源域とする巨大地震が発生した。その被害は甚大で、吉田城は本丸・二の丸の御殿が全壊し、櫓や門も多くが倒壊し、石垣や土塀も崩壊した。武家屋敷も過半が倒壊した。

吉田町は当時総戸数一〇一一戸であったが、全壊三二三戸、半壊二六二戸、破損四二六戸と、すべての家が何らかの被害を受け、死者も一一人を出した。

藩は直ちに被害状況を調査し、吉田町へ金一〇〇〇両、本陣と旅籠屋へ金一〇

牧野成春書「忠孝」（笠間稲荷神社蔵）

〇〇両をそれぞれ無利息十年賦で貸し与えた。また、領内の被災地に対しては年貢を減免し、被災者へは救済措置を講じた。

吉田城の修復も進められたが、本丸御殿は将軍の上洛が途絶えて使用されなくなっていたため、以後再建されることはなかった。

今切関所がある海沿いの新居町は津波に襲われ、二四一軒が流失、六〇〇軒以上が損害を被るなど、ほぼすべての家屋が被災し、旅行者を含む二三名の死者を出した。さらに町の西側が寸断されて町全体が島のようになってしまったため、町の移転を余儀なくされた。

少年藩主の転封

宝永六年（一七〇九）、牧野氏の大きな後ろ盾であった将軍綱吉が亡くなった。さらに正徳二年（一七一二）六月五日に隠居の成貞が亡くなると、七月十二日には藩主成央に対して日向延岡《ひゅうがのべおか》藩への転封が命じられた。成貞という後見を失った十四歳の少年藩主では、吉田と今切関所という東海道の要衝を任せるには心許ないという判断であった。

代わりに吉田藩主となったのは、下総古河藩主であった松平信祝《まつだいらのぶとき》で、正徳二年十一月二日に吉田城の引き渡しがおこなわれた。牧野氏は二代約七年間しか吉田藩を治めず、しかもその間藩主が帰国して城に入ることは一度もなかった。ただし、成貞は宝永七年に有馬温泉へ湯治に出かけた際に吉田を訪れている。

城の瓦には城主の家紋が付けられるため、城主が変わると家紋瓦も葺き替えられた。葺き替え後の家紋瓦は廃棄して埋められたようで、吉田城址からも歴代城主家の家紋瓦が発掘されている。その中で、牧野氏時代の吉田城の家紋瓦だけは、牧野氏の「丸に三つ柏」紋が奇麗に剝ぎ取られている。写真の鬼瓦は出土品ではなく伝世品で、家紋以外に欠損はないが、出土品からも同様の瓦がいくつか見つかっている。なぜ牧野氏の瓦だけ家紋が剝ぎ取られたのかは謎である。

その後の牧野氏は、成央が二十一歳で亡くなり、成貞が七十四歳の時の子である貞通《さだみち》が継いだ。貞通は常陸笠間《ひたちかさま》藩へ転封となり、代々相続して明治を迎えた。

牧野氏の家紋が剝ぎ取られた鬼瓦
（豊橋市文化財センター蔵）

③ 松平信祝と松平資訓の時代

「知恵伊豆」の血を引く大河内松平氏の信祝が入封するが、大坂城代に就任して転封。代わって本庄松平氏の資訓が入封するが、今度は京都所司代に就任して転封した。再度大河内松平氏が入封し、ようやく藩主家が固定化される。

知恵伊豆の家系

牧野氏の次に吉田へ入封したのは、大河内松平氏の松平信祝《のぶとき》である。大河内氏は、源頼政《みなもとのよりまさ》★の末裔を称する家である。平家に対し挙兵した頼政が敗れたため、孫の顕綱は三河国額田郡大河内郷（愛知県岡崎市）へ落ち延び、大河内氏を名乗ったとされる。その子孫は足利一族の名門三河吉良氏《きら》★に仕え、寺津《てらつ》城主となった。大河内秀綱《ひでつな》は、吉良家没落後に徳川家康に仕え、関東で代官として活躍した。

秀綱の孫である信綱《のぶつな》は、松平姓を名乗って将軍家の側で奉公することを望み、長沢《ながさわ》松平氏の分家を継いでいた叔父松平正綱《まさつな》の養子となった。ただし『寛政重修諸家譜』の正綱の項に「清和源氏義家流長沢の松平甚右衛門正次に養われ、その

▼源頼政
平安時代末期の武将、公卿。後白河天皇の皇子以仁王とともに平家を打倒するため挙兵したが、敗れて自害した。

▼吉良氏
清和源氏足利氏の庶流。

家号を継いで代々松平を称す。しかれどもなお大河内の世系を改めず」とあるように、松平姓を名乗っていても、系図上はあくまでも大河内氏であったため、この一族を大河内松平氏と呼ぶ。

望み通り松平姓を得た信綱は、慶長九年（一六〇四）に生後間もない竹千代（後の家光）の小姓となった。元和六年（一六二〇）には、養父正綱に実子が生まれたため別家を興した。寛永四年（一六二七）に一万石の大名に列し、最終的には武蔵川越藩七万五千石を領した。幕政では家光・家綱の二代の将軍に仕えて老中を務め、島原天草一揆や慶安の変★の鎮圧、明暦の大火への対応にあたり、それまでの武断政治から文治政治への転換を推進し、幕府の体制確立に重要な役割を果たした。

信綱は幼少期から才智あふれる有能な人材として知られ、官職名の「伊豆守」にちなんで「知恵伊豆」と渾名された。後代の当主も信綱にあやかり、二代目の輝綱を除くすべての当主が「伊豆守」に任官されたことから、同家のことを「松平伊豆守家」とも呼ぶ。

信祝の出世

松平伊豆守家は、信綱・輝綱《てるつな》・信輝《のぶてる》と相続した。信輝は弟輝貞《てるさだ》に五千石を分与

▼慶安の変
由井正雪や丸橋忠弥を首謀者とする幕府に対する反乱計画が発覚した事件。

松平信祝筆　人麻呂像（部分）（個人蔵）

したため石高は七万石となり、以後は明治維新まで変わらなかった。信輝は元禄七年（一六九四）に下総古河藩へ転封され、宝永六年（一七〇九）に隠居した。

　信輝は、将軍綱吉に取り立てられた柳沢吉保と懇意にしていた。宝永六年に綱吉が死去すると、吉保も隠居を余儀なくされたため、信輝もこれに関連して隠居したという説がある。信輝の弟輝貞は、綱吉に重用されて側用人を務め、吉保とも親しかった。たびたび加増され、本家を凌ぐ上野高崎藩七万二千石を与えられていたが、やはり綱吉没後に罷免されて越後村上藩へ転封させられた。

　信輝の跡は長男の信祝《のぶとき》が相続し、正徳二年（一七一二）に三河吉田藩へ転封された。輝綱・信輝は幕政に参画しなかったが、信祝は曽祖父信綱と同じく幕府の要職就任を志し、同四年に奏者番に任じられた。

大河内松平家略系図

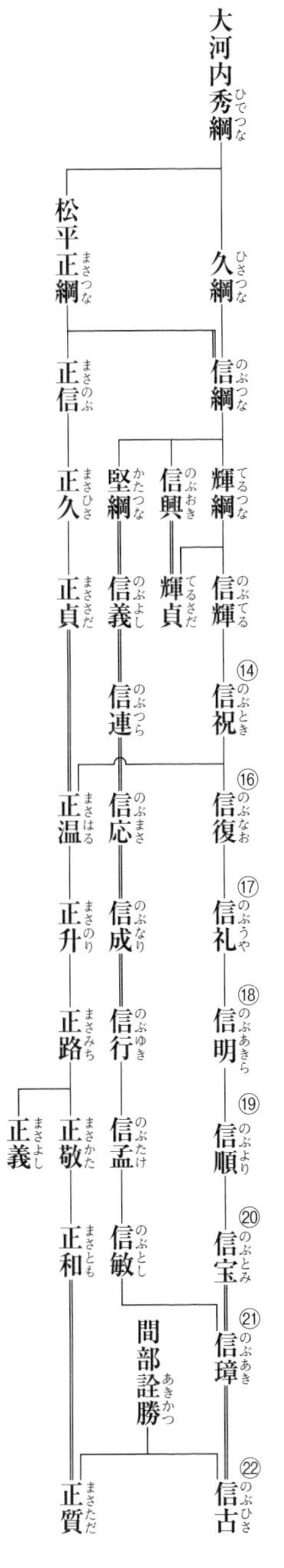

※丸数字は三河吉田藩主になった順番

享保元年（一七一六）に将軍に就任した吉宗は、それまで権力を握っていた新井白石・間部詮房《まなべあきふさ》★らを退け、享保の改革に取り組んだ。以前から吉宗とつながりを持っていた輝貞は、享保二年に高崎藩主に返り咲き、家格も溜間詰格に上昇した。輝貞が復権したことは、甥である信祝にとっても追い風となり、同十四年二月に大坂城代に昇進した。

同時に、吉田藩の今切関所の管轄は重要な任務であるため、大坂城代との兼任は避けるべきであるとして、遠江浜松藩への転封が命じられた。

翌十五年、信祝は老中に就任して享保の改革に参与し、延享元年（一七四四）四月十八日に現職のまま六十二歳で死去した。

死去直前の四月十三日には、枕元に妻子を呼び寄せ、嫡男の信復《のぶなお》に遺言を伝えた。その内容は、家臣に対して慈悲の心で接すること、良い君主になる道は三浦《みうら》竹渓《ちくけい》★に学ぶこと、時流をわきまえつつ家風を守ること、幕府に関することは稲生《いのう》正武《まさたけ》★に聞くこと、すべては「忠孝」の二字に含まれていると心得ることなどであった。家臣に対しても次の六カ条からなる遺言を残した。

一、忠孝を第一に心掛けるべきである。この他には何も無いのである。
一、何事も右京大夫《うきょうだゆう》（輝貞）と駿河守（同族の旗本松平信望）に相談すること。
一、家法と古法を守り、新しい方法は採り入れないこと。

▼間部詮房
上野高崎藩主。徳川家宣に重用され、側用人として正徳の治を主導。

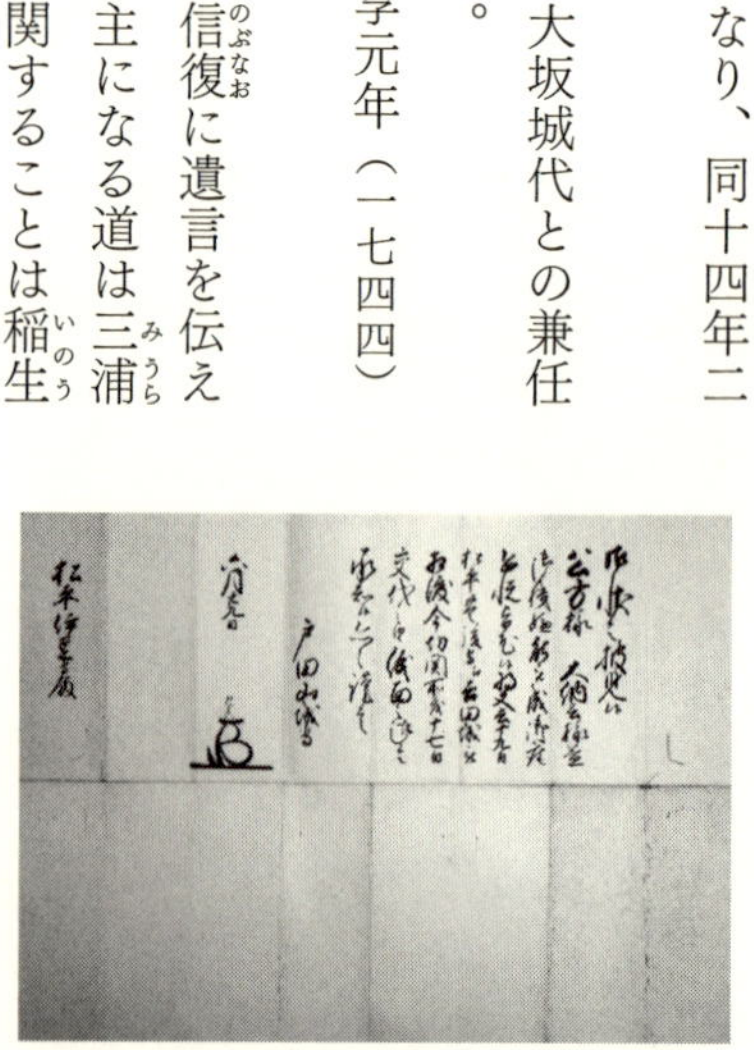
吉田城の受け渡しと今切関所の交代を確認した老中奉書（豊橋市二川宿本陣資料館蔵）

▼三浦竹渓
荻生徂徠に師事した儒学者。松平信祝に仕えて嫡男信復の教育係を務める。

▼稲生正武
旗本。目付・勘定奉行・町奉行・大目付などを務めた。

一、無益な寺院の建立は無用とすること。
一、財政は苦しい状況であるので、幕府に対する忠義に支障が出ないようにすること。
一、家老以下家臣一同は、すべて左衛門佐（信祝の嫡男信復）の為になるように心掛けて務めること。

信祝は、自身の家が大河内一族の要であると考え、各地に散らばった一族の系譜・旧記・伝聞・他家の記録などを調査させた。その成果は、享保十九年に『大河内家譜』として結実した。

桂昌院と本庄松平氏

松平信祝の後は、遠江浜松藩から本庄松平氏の松平資訓《すけのり》が入れ替わりで吉田藩主となった。

本庄松平氏は、五代将軍綱吉の生母桂昌院《けいしょういん》の異父弟である本庄宗資《ほんじょうむねすけ》が初代である。もともと二条家《にじょうけ》★に仕える侍であった宗資は、姉の縁で館林藩主であった綱吉に仕えた。綱吉の将軍就任後は、桂昌院の庇護のもとで次々と加増を受け、一代で常陸笠間藩五万石の大名に出世した。

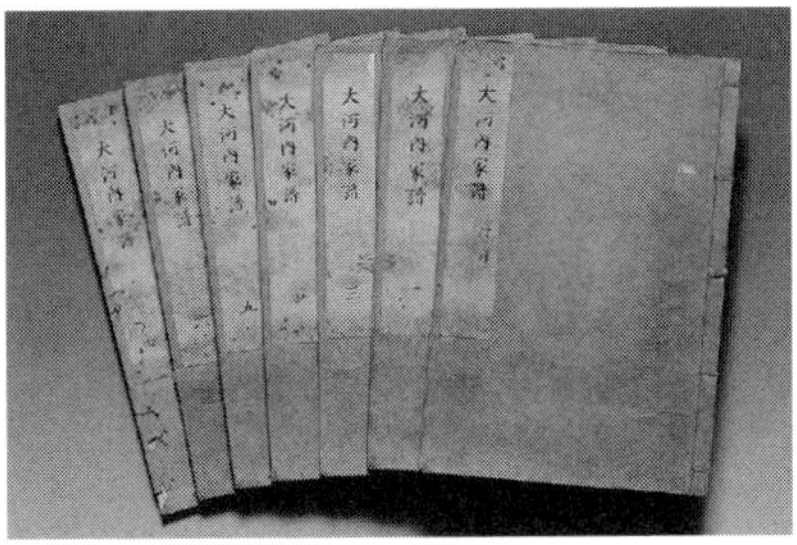
大河内家譜（個人蔵）

▼二条家
公家の頂点に立った五摂家のひとつ。

宗資の跡を継いだ資俊《すけとし》も、桂昌院との縁故により二万石を加増され、浜松藩七万石を領した。宝永二年（一七〇五）には綱吉から松平姓を賜った。そのため、同家を本庄松平氏と呼ぶ。

資俊の嫡男は早世したため、旗本佐野《さの》勝由《かつよし》の次男で、資俊の正室の弟である資訓が養子に入った。資訓は享保八年（一七二三）に家督を相続し、同十四年二月に吉田藩へ転封された。

資訓は寛保元年（一七四一）四月に奏者番、寛延二年（一七四九）十月に京都所司代に任命された。先の松平信祝と同様に、幕府の要職に就任したため、同時に再度浜松藩へ転封となった。宝暦二年（一七五二）、現職のまま京都で没した。

その後の本庄松平氏は、資訓の跡を継いだ資昌の時に丹後《たんご》宮津《みやづ》藩へ転封され、代々相続して明治維新を迎えた。

定免制の施行

松平資訓の時代の大きな出来事として、定免制の施行がある。従来の年貢高の決定は、米の収穫前に地方役人が稲の出来具合を調べ、作柄に応じて税率（免）を決める検見《けみ》がおこなわれていた。しかし、この方法では毎年の収入が安定しないため、年限を区切って税率を固定し、作柄に関係なく年貢を納めさせ、収入の

松平資訓が奉納した鈴（吉田神社蔵）。安久美神戸神明社にも同じものが伝わる。

安定をはかった。

定免制は、幕府の享保の改革により享保七年（一七二二）に導入された。吉田藩では以前から畑方について一部の村を対象に実施されていたが、本格的な施行は元文二年（一七三七）からである。当初の税率は、享保十一年から元文元年までの十年間の平均値とされ、三年おきに税率の見直しがおこなわれた。

信祝・資訓時代の吉田藩では、毎年のように災害と凶作が繰り返されたことから、農村も疲弊していった。大規模な一揆こそ発生していないが、寛延元年三月には、藩主資訓が川狩りに出掛けたところ、六〇～七〇人の領民が道端に集まっ

本庄松平家略系図

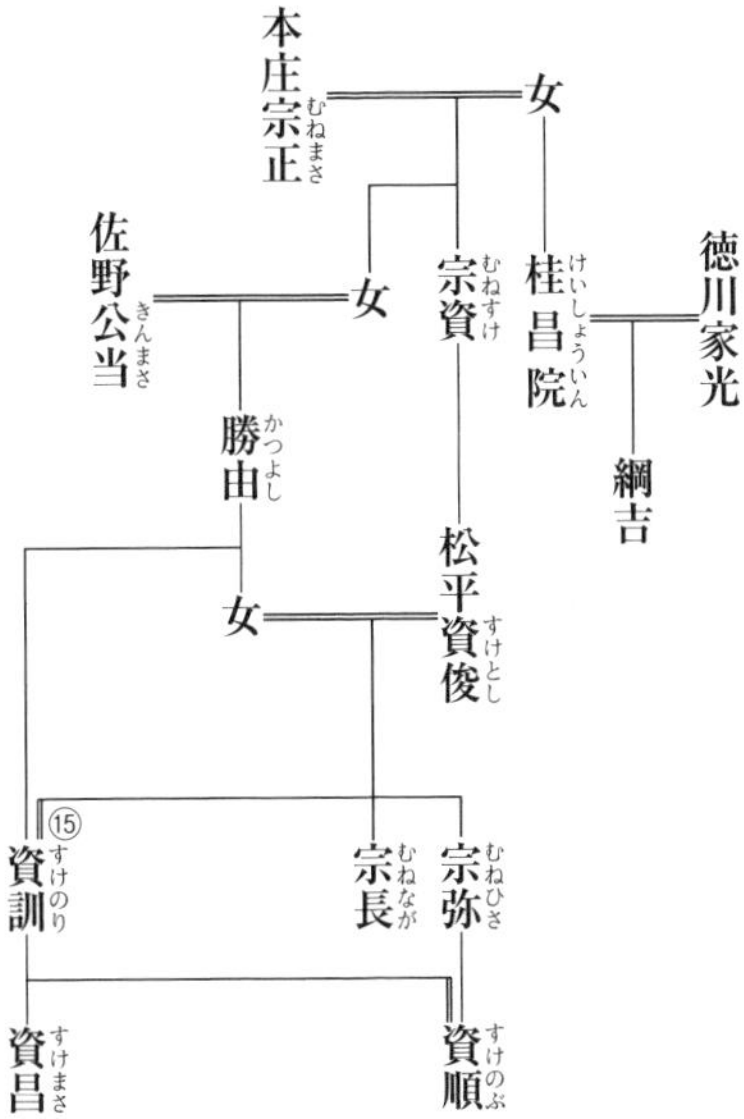

※丸数字は三河吉田藩主になった順番

ており、その中の代表者が食糧の下げ渡しを直訴するという事件が起きた。さらに領民たちは、吉田城大手門前に集まって嘆願を繰り返した。藩当局はこの要求を受け入れたが、八月には直訴した罪で四人の頭取を追放処分とした。

伊豆守家再び

寛延二年（一七四九）、松平資訓と入れ替わりで浜松藩主松平信復《のぶなお》が吉田藩主となった。信復は信祝の長男で、延享元年に伊豆守家の家督を継いでいた。これまで吉田藩は藩主家が頻繁に入れ替わってきたが、これ以降は転封がおこなわれることなく、明治四年（一八七一）まで大河内松平氏（松平伊豆守家）が治めた。

信復は父と異なり幕府の要職には就かなかった。好学の藩主であり、藩校時習《じしゅう》館《かん》を設立し、詩歌・絵画・古楽の研究・横笛の演奏などの文化面で優れた才能を発揮し、明和五年（一七六八）に吉田城で病死した。大河内松平一族の菩提寺は野火止平林寺《のびどめへいりんじ》★（埼玉県新座市）であったため、信復の遺体は吉田で埋葬されることなく、平林寺まで運ばれることになった。信復を慕う領民からは柩のお供をしたいという申し出があり、庄屋三人と人足六〇人が遺体を運ぶ行列に加わった。

信復の跡は長男の信礼《のぶうや》が継いだ。信礼は幕府の奏者番に就任したが、明和七年に病死した。跡を継いだのはわずか八歳の春之丞《はるのじょう》（信明《のぶあきら》）であった。

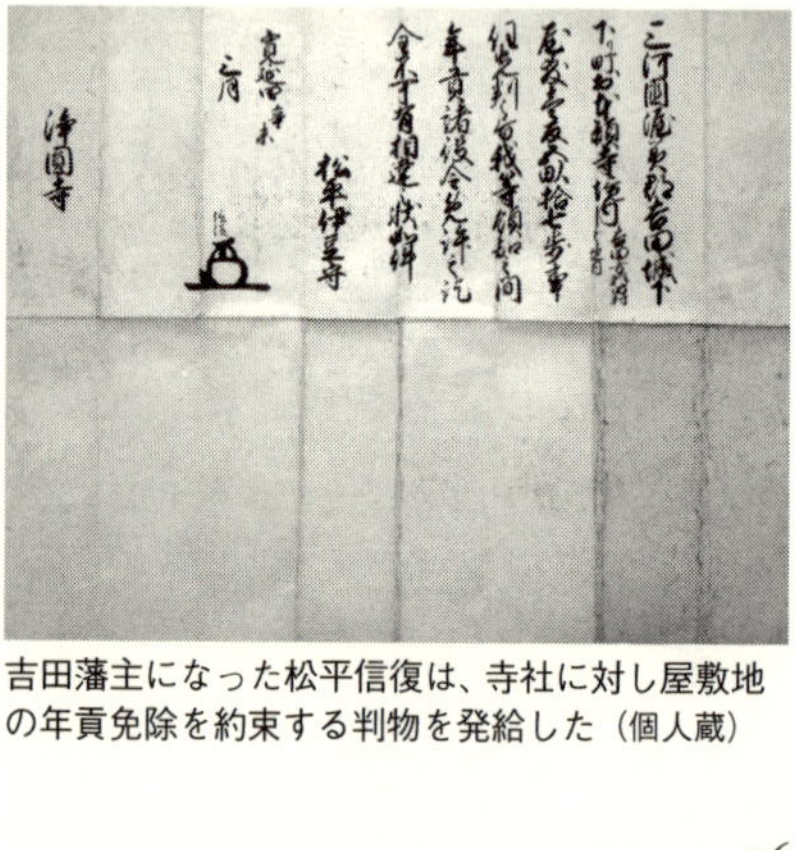

吉田藩主になった松平信復は、寺社に対し屋敷地の年貢免除を約束する判物を発給した（個人蔵）

▼平林寺
埼玉県新座市野火止にある臨済宗妙心寺派の金鳳山平林寺は、松平伊豆守家の初代信綱の祖父大河内秀綱が伽藍の再建に尽力したことから、伊豆守家を含む大河内松平一族の菩提寺になった。もとは岩槻にあったが、信綱の遺志を受け、寛文三年（一六六三）に二代目の輝綱によって野火止へ移転された。武蔵野の面影を残す境内林は、国の天然記念物に指定されている。境内にある大河内松平一族の廟所は、約三〇〇〇坪の墓域に一七〇基余の墓石が立ち並ぶ、全国有数の大名家廟所である。

④ 今切関所の管理

女改めが厳しいと評判であった今切関所は、当初は幕府直轄であったが、陸続きの吉田藩の管理下に置かれ、藩士が関所役人として勤務した。新居宿周辺も吉田藩領に編入され、新居町奉行を中心として支配がおこなわれた。

入鉄砲に出女

遠江国の由来になったといわれる浜名湖《はまなこ》は、もともと浜名川を通じて遠州灘に注ぐ淡水湖であったが、明応七年（一四九八）に発生した南海トラフ地震（明応地震）によって地形が大きく変化し、今切口で遠州灘と通じる汽水湖《きすいこ》となった。その後も地震や津波の影響により湖口の地形がたびたび変化した。

明応地震の際に今切口が決壊したことにより、東海道を通行するためには船で渡海しなければならなくなり、今切口は自然の要害として重視された。遠江の支配を目指す戦国大名にとって、今切渡船の掌握は欠くことのできない重要事項であり、渡船の確保や渡船を司る舟守の権利保護に尽力した。

今切口西岸の今切関所（新居関所）は、慶長五年（一六〇〇）頃に徳川家康が関

今切口が決壊する以前の浜名湖を描いた図
（豊橋市美術博物館蔵）

東防衛を目的として設置した。江戸時代には箱根関所と並んで、最重要街道である東海道を通行する人や物資を監視・検閲する機関として機能した。

関所の機能を端的に表現した言葉として「入鉄砲に出女」というものがある。鉄砲を江戸に持ち込むことと、幕府の人質である大名の妻子が国元へ逃げることを重点的に取り締まったことを示すもので、関所が幕府による大名統制機能を補完する役割を担っていたことがわかる。

女性が関所を通過する際は、女手形という証文が必要であった。女手形には通行人数、乗物の数、女性が禅尼《ぜんに》・尼《あま》・比丘尼《びくに》・髪切《かみきり》・小女《こおんな》★であればその区分、出発地と目的地などが記載された。有効期限は発行日の翌月末までが一般的であった。

女手形の発行者は、伊豆より東の場合は幕府の留守居《るすい》、駿河国は駿府町奉行、遠江や三河などの中間地はそれぞれ指定された大名、朝廷関係者や西国は京都所司代など、出発地によってそれぞれ定められており、申請してから発行されるまでに日数を要した。

各地の街道に設けられた関所の中でも、今切関所の女改めは特に厳しいと評判であった。関所には足軽《あしがる》の母や妻が改女《あらためおんな》として詰めており、関所を通る女性の髪などを調べた。身分の高い女性の女改めは、関所ではなく新居宿の本陣でおこなわれ、改女は本陣当主の母か妻が担当した。また、男性であっても女性と紛ら

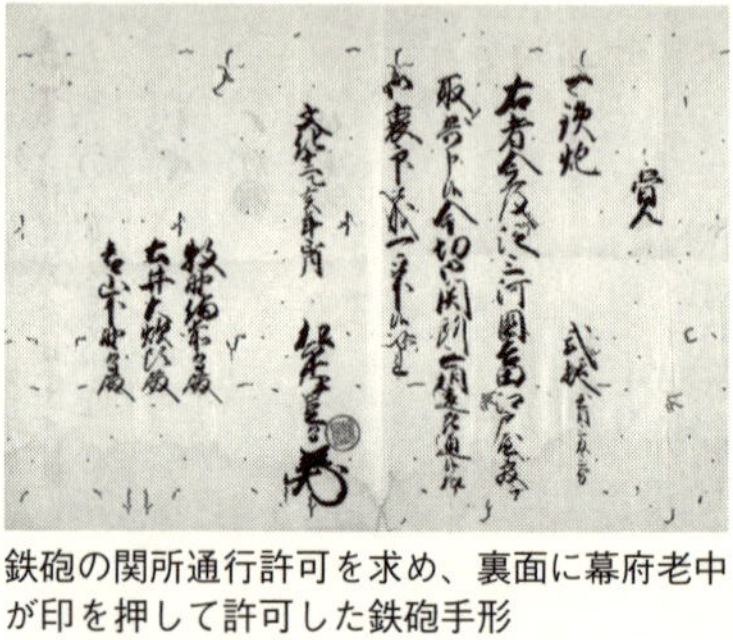

鉄砲の関所通行許可を求め、裏面に幕府老中が印を押して許可した鉄砲手形
（豊橋市美術博物館蔵）

▼禅尼・尼・比丘尼・髪切・小女
禅尼は身分の高い人の未亡人や姉妹で髪を剃った女。尼は普通の髪を剃った女。比丘尼は尼僧。髪切は長短に関係なく髪の先を切りそろえている女。小女は生後間もない乳児から振袖を着る年頃までの未婚の女。これらの区別は、関所前の高札に記されていた。

わしい場合は、男改めもおこなわれた。

女改めの厳しさを記した紀行文に、讃岐丸亀《まるがめ》藩士の娘井上通女《いのうえつうじょ》の『東海紀行』がある。天和二年（一六八二）、藩主京極高豊《きょうごくたかとよ》の生母に召出されて丸亀から江戸へ向かう途中、今切関所で女手形を見せたところ、「小女」と記載しなければならないが「女」とだけ記してあると間違いを指摘され、再発行してもらうまで六日間も足止めされた。新居宿の旅籠屋で空しい時間を過ごした通女は、「旅衣新居の関を越しかねて　袖による浪身を恨みつつ」という和歌を詠み、女の身は何と差し障りが多いことかと嘆いた。

幕府直轄から吉田藩の管理下へ

十七世紀の今切関所および新居町（新居宿）は幕府の直轄であり、旗本の中から関所奉行が任命されていた。奉行は二人体制であったが、寛文四年（一六六四）からは一人体制になり、元禄九年（一六九六）からは再び二人になった。奉行の下には与力《よりき》・同心《どうしん》が付けられ、奉行二人体制の時期には二組に分かれていた。

元禄十二年八月、関所と新居町は暴風雨による高潮で被災し、移転することになった。同十四年七月から移転工事がはじまったが、大規模な事業になるため、幕府は吉田藩主久世重之に手伝普請を命じた。幕府からは役人・諸職人ら計二〇

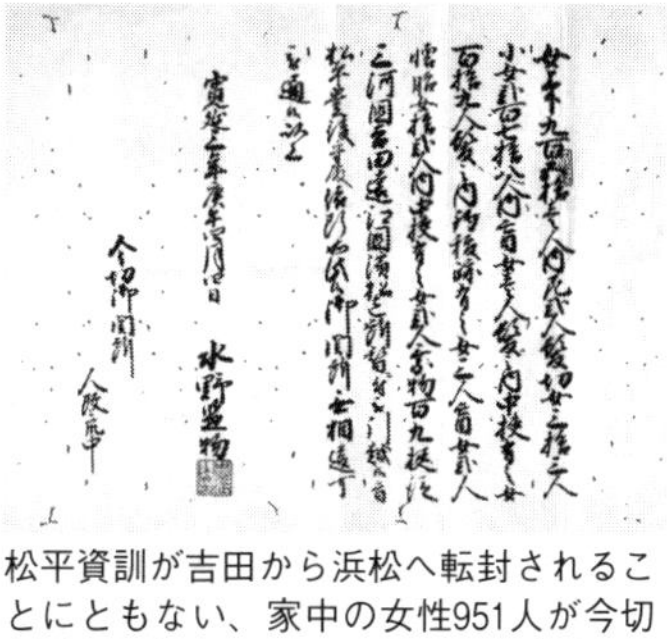
松平資訓が吉田から浜松へ転封されることにともない、家中の女性951人が今切関所を通行することを記した女手形（豊橋市美術博物館蔵）

人が派遣され、吉田藩からは家老以下二四八人が派遣された。工事は十月に完了し、関所奉行に引き渡された。

関所の移転から一年も経っていない元禄十五年閏八月、幕府は関所の管理を久世重之に委ねることを決定し、老中小笠原長重（元吉田藩主）の名で出された奉書が吉田へ届けられた。同年九月には関所の受け渡しがおこなわれ、以後今切関所は吉田藩の管理下に置かれることになった。同時に、新居町周辺の村々も吉田藩領に編入された。

今切関所が吉田藩の管理下に置かれることになった理由は明確ではないが、関所機能の強化や、幕府の財政負担軽減をねらったと見られる。譜代大名の小田原藩に箱根関所の管理を任せていたように、今切関所も近場で信頼できる譜代大名に管理させることになったのである。浜松藩ではなく吉田藩が選ばれた理由は、同時期に浜松藩主が転封になったこともあろうが、吉田と新居が地続きであるという地勢的な面が大きかった。

五味六郎左衛門と関所役人

今切関所を任された吉田藩であったが、当然関所の管理・運営は未経験であったため、関所の与力・同心であった者たちを召し抱えたいと幕府へ願い出た。こ

関所絵図（新居関所史料館蔵）

れにより、元与力の五味六郎左衛門《ごみろくろうざえもん》と元同心六人を吉田藩士としてもらい受けることになった。彼らは関所運営のスペシャリストであり、吉田藩主家が代わっても、関所担当者として新しい藩主家に引き継がれ、代々職務を受け継いだ。

五味氏は甲斐《かい》武田家の旧臣で、慶安年間（一六四八〜五二）頃から代々関所の与力を務めていた。吉田藩士となった関所役人のうち、五味だけが元与力で、ほかは元同心であったため、必然的に五味が関所運営の責任者となった。

吉田藩管理下の今切関所では、四十人余りが勤務しており、藩主家が代わっても構成が大幅に変わることはなかった。

関所役人のトップは者頭で、定員は二人であった。一人は代々五味六郎左衛門が世襲し、もう一人は吉田藩の譜代家臣から選出された。者頭には足軽が一〇人ずつ預けられた。それぞれ北組・南組と呼ばれ、各組一人が小頭になった。

馬廻は、重要書類の管理や、門・木戸の開閉の指示などをおこなった。下改《したあらため》は、通行人の関所改めに従事した。その他に、関所内の長屋に住んで関所の雑務をおこなう関所足軽、女性通行人の身体検査をおこなう改女などがいた。

通常時の勤務体制は、者頭が一日おきに出勤する二交代制、馬廻・下改・足軽は三日に一回出勤する三交代制であった。

また、今切関所には「御馳走船」が配備されており、幕府役人や大名が渡海する際に提供していた。

清源院（静岡県湖西市）にある五味一族の墓所

最後の新居者頭を務めた五味遊也画像
（新居関所史料館提供）

吉田藩の新居町支配

浜名湖西岸の新居町は、今切関所や今切湊を有し、東海道の宿場町（新居宿）でもあった。津波や暴風雨の影響により、関所とともに移転を繰り返した。

元禄十五年（一七〇二）、吉田藩が今切関所を管理することになった際に、周辺の村々とともに吉田藩領に編入された。吉田藩の飛び地となった新居町と周辺の村々は、「新居付村」と総称された。元禄十五年時は九カ村三千六十三石余であったが、宝永二年（一七〇五）に入封した牧野氏は、久世氏より石高が多かったため、さらに九カ村千七百四十石余が加えられ、新居付村は十八カ村四千八百四石余になった。

新居付きの吉田藩士は、関所役人と民政担当の町方役人・地方《じかた》役人に大別される。ここでは大河内松平氏時代の民政担当役人について紹介する。

新居の町方支配は、町役所を拠点としておこなわれた。最高責任者は新居町奉行で、定員は一人であった。奉行の配下には町同心が一〇人おり、うち一人が町小頭として同心を統括した。このほか、新居付きの吉田藩士を監察する新居目付がおり、その下に足軽を監察する徒目付がいた。

新居宿絵図（豊橋市美術博物館蔵）

新居町を除く新居付村の支配は、地方役人が担当した。地方役所は、町役所に併設されていたと考えられる。地方役人は吉田にいる郡奉行の配下で、代官と手代が各二人の四人で構成された。主に年貢の徴収、田畑の調査、藩有林の管理を担当した。しかし、安永二年（一七七三）に吉田藩で大規模な地方支配の機構改革がおこなわれ、新居の地方役所が廃止された。これより新居付村は八名組（第三章参照）に編入され、吉田の地方役所・山方役所の支配を受けた。

新居付きの役人が処罰を受けることもあった。天明六年（一七八六）、新居町奉行沢木弥兵衛が大金を私的に流用したとして切腹させられ、親類の藩士たちが損害を弁償することになった。文政七年（一八二四）には、関所の者頭が二人とも宜しくない風聞があるとして謹慎処分となり、新居目付の野呂愛之助《のろあいのすけ》が者頭の職務を代行するという事態になった。

文政九年には、初入国する紀州藩主徳川斉順《とくがわなりゆき》★の行列の人馬継ぎ立てに不調法があったとして、新居宿の問屋役が処罰される事件があった。これに関連して、直接の責任ではないが監督不行き届きであるとして、新居町奉行の斎藤市左衛門が罷免されるということもあった。

▼**徳川斉順**
徳川家斉の七男。紀伊藩主を継ぐ。

これも吉田

吉田三カ寺

十七世紀後半、吉田藩主小笠原長矩は城下にある寺院の中から、悟真寺・龍拈寺・神宮寺を「吉田三カ寺」と定めた。

戦災で焼失する前の悟真寺本堂
（豊橋市美術博物館蔵）

孤峰山悟真寺（浄土宗）は、吉田城惣堀の内側、西南角にあり、朱印高（徳川将軍から安堵された土地）は八十石、塔頭は十三を数えた。歴代住職は定期的に江戸へ出府登城して年賀の礼をおこない、葵紋を寺紋とすることが許された。

吉田山龍拈寺（曹洞宗）は、戦国時代に牧野古白を追善するために創建された。吉田城の南側にあり、朱印高は二十五石、末寺三十六、塔頭四を数えた。

龍拈寺山門

昭和二十年（一九四五）の豊橋空襲で伽藍を焼失したが、元禄年間に建立された山門が唯一残り、豊橋市有形文化財に指定されている。

白雲山神宮寺（天台宗）は、魚町の裏にあり、藩主小笠原長矩により寺領三十六石を寄進され、歴代城主の祈願所となった。広大な境内では様々な興行が開催されて賑わった。

明和五年（一七六八）に藩主松平信復が吉田城で亡くなった際には、悟真寺で法事がおこなわれたが、龍拈寺と神宮寺の住職も参列し、吉田三カ寺による読経がおこなわれた。

『三河国吉田名蹤綜録』に描かれた神宮寺
（個人蔵）

第三章 大河内松平氏の時代

老中首座として幕政を担った藩主信明。一方、藩財政は危機に直面する。

豊川にかかる豊橋（旧吉田大橋附近、手前は現在の吉田大橋）

1 大河内松平氏の家臣団と藩領支配

家臣団の大枠は藩祖信綱の時代に形成され、「島原扈従」の末裔が優遇された。藩士は吉田と江戸に約二〇〇人ずつおり、役職により四つの格に大別された。藩領は三河のほか遠江・近江にもあり、近江以外の領地は三組に分割して支配した。

家臣団の成立と展開

大河内松平氏（松平伊豆守家）の家臣団は、一代で小姓から大名にまで出世した松平信綱の代に基礎が築かれた。信綱時代の家臣団の全容がわかる資料が、万治元年（一六五八）の分限帳である。そこには四七二人分の俸禄および本国（先祖が出た国）と生国（自身が生まれた国）などが記載されている。本国は三河・武蔵・近江が多いが、全国に散らばっている。生国は武蔵が一三〇人と約二八パーセントを占めている一方、三河は数が半減している。このことから、信綱の家臣団の多くは、三河を筆頭に諸国から江戸に集まってきた武士の二世たちであり、信綱は自身の加増とともに彼らを召し抱えていったと判断できる。

江戸時代の初期は主君と家臣の個人的な主従関係が基本であったことから、仕官替えや浪人になる道を選ぶ家臣も少なくなかったため、家臣団の構成は流動的であった。たとえば、信綱の重臣篠田九郎左衛門《しのだくろざえもん》は、跡継ぎがおらず信綱から養子をとるよう勧められたが、これを断って自分一代限りとする道を選んだ。

同時期には大名の改易・減封も多く、一度に大量の浪人が発生することがあり、信綱はそうした浪人たちも召し抱えた。福井藩主松平家からは岩上《いわがみ》、山形藩主最上《もがみ》家からは石川《いしかわ》・加治《かじ》、会津藩主加藤家からは浅井《あざい》・岡、松山藩主蒲生《がもう》家からは倉垣《くらがき》・加藤、山形藩主鳥居家からは鋤柄《すきがら》、唐津藩主寺沢家からは柳本《やなぎもと》・沢木《さわき》・坂部《さかべ》などの藩士が仕官しており、この中には要職に就いた者も少なくない。

松平信綱の功績として最も知られているのは、寛永十五年（一六三八）の島原天草一揆（島原の乱）の鎮圧であろう。この時信綱は正規の家臣一〇〇人を含む一五〇〇人の軍勢を率いて、総勢一三万人ともいわれる幕府軍を指揮した。この戦いは、信綱にとって生涯で唯一の戦場

松平信綱家臣団の本国・生国

単位：人

国名	本国	生国	国名	本国	生国	国名	本国	生国
山城	6	10	美濃	19	5	美作	1	1
大和	4	5	信濃	18	8	備前	2	2
河内	2	—	上野	17	19	備中	—	1
摂津	6	6	下野	16	19	安芸	2	4
伊賀	5	1	陸奥	19	29	周防	2	—
伊勢	4	4	出羽	4	7	長門	2	3
尾張	11	6	若狭	2	1	紀伊	5	—
三河	58	29	越前	14	8	阿波	4	2
遠江	9	8	加賀	6	8	讃岐	—	1
駿河	6	8	越中	—	2	伊予	8	7
甲斐	7	5	越後	14	15	筑前	2	—
相模	11	11	丹波	9	4	筑後	2	2
武蔵	46	130	丹後	4	4	豊前	1	2
安房	1	—	但馬	2	2	肥前	1	8
上総	4	2	因幡	—	1	肥後	1	2
下総	3	2	出雲	4	6	薩摩	1	—
常陸	17	11	石見	—	1	不明	45	44
近江	40	10	播磨	5	6	合計	472	472

※万治元年(1658)の川越藩分限帳より作成

経験であったため、以降の松平伊豆守家の当主および家臣団にとって「島原」という言葉は重要な意味を持った。

島原へ従軍した家臣（島原扈従《こしょう》）の家は、断絶しても再興される、二度までしか許されない決まりの養子縁組を三度四度と許されるなど、優遇措置を受けた。

十七世紀後半以降に仕官した家臣は、藩主の正室の実家から付き添ってきた家臣、医者・武芸者・馬乗りのような職能者、足軽からの新規取り立てなどが多かった。

藩士の婚姻・養子の縁組相手は、同じ吉田藩士の家同士が最も多かったが、それ以外の場合は吉田にいる藩士と江戸にいる藩士で傾向が異なっていた。吉田では、岡崎・田原・新城など、近隣領主の家臣と縁組を結んだ。藩領の百姓との縁組は禁じられていたため、下級藩士は他領の百姓と縁組することもあった。江戸の場合は、諸国の江戸詰藩士と縁組を結んだ。また、下級の幕臣や江戸近郷の百姓とも縁組を結ぶなど、相手先は吉田に比べてバラエティーに富んでいた。

吉田藩の職制

吉田藩士は、その役職により「役人以上」「独礼《どくれい》以上」「目見以上（小役人格）」「目見以下（徒格）」という四つの格に大別されていた。役職の上下関係も、席順

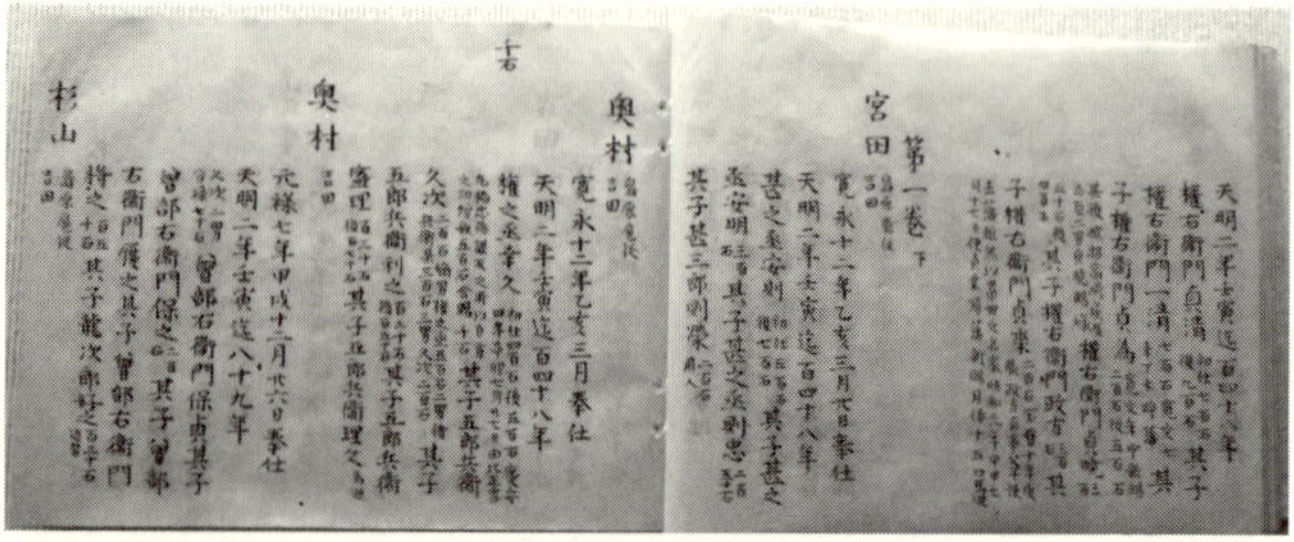

天明２年（1782）に成立した吉田藩士の由緒書『藩臣家状』。島原へ従軍した家臣の家には「島原扈従」と記されている。（池戸清子氏蔵）

によって定められていた。「役人以上」は藩の要職者で、おもに「島原扈従」の子孫など古くからの家臣が就いた。この格の違いは、儀礼・縁組・供連れの数など様々な局面で示された。

吉田藩士に明確な家格は存在しなかったが、家柄や俸禄によって就ける役職の幅はおおよそ決まっていた。ただし、有能な人材を引き上げるために「順席・格式・並・格」といった格付けを加え、「者頭順席」や「格式中小姓」のようにすることで席順が前後することがあった。時代が下ると格付けは煩雑化し、担当者ですら席順がわからなくなるという弊害をもたらした。

役職の指揮命令系統の全容がわかる資料は残されていないが、願書の提出や命令の伝達ルートをもとに構成したものが92・93ページの図である。なお、足軽は正規の藩士には含まれない。

藩政全般を統轄する最高執政機関は「御用所」と呼ばれ、構成メンバーは家老と中老であった

三河吉田藩士の内訳

安永6年（1777）4月時点

江　戸	
区　分	人数
士分	210
役人以上	26
馬廻より徒格まで	160
御目見子供	7
隠居	7
家督子供	4
勤方用捨（小普請）	6
足軽	231
徒士（給金取）	25
坊主	21
足軽	123
長柄小頭・中間小頭 勘定奉行支配・厩小頭 供廻小頭・小足軽 下目付・内支配	37
供廻り・仕の者	25
中間	246
合計	687

国元（吉田・新居・江州）	
区　分	人数
士分	217
役人以上	30
馬廻より徒格まで	156
御目見子供	17
隠居	7
家督子供	5
勤方用捨（小普請）	2
足軽	235
坊主	5
足軽	121
下目付・長柄小頭 中間小頭・使番内足軽 目付内足軽・厩小頭 武具役支配・勘定奉行手代 吟味役支配足軽	27
町同心・山方同心 郷同心・普請組支配	82
中間	79
合計	531

（年寄・家老之通《かろうのとおり》などの臨時職が加わることもある）。これに藩主の側《そば》に仕える「側勤《づとめ》」を統轄する小姓頭と用人を加えて「御席《おせき》」と称し、彼らが吉田藩を主導する立場にあった。

政務を担当する「表方」の役人は、武官である「番方」と、文官である「役方」に分けられる。

番方で最も格式の高い奏者番は、藩主への取り次ぎや式典を司った。足軽大将に相当する者頭《ものがしら》は、城門や屋敷の警固などに従事する先手組《さきてぐみ》足軽を統率した。先手組は一七組に分けられ、吉田では鉄砲八・弓二の計一〇組、江戸では鉄砲四・弓三の計七組（うち二組は留守居が統率）が置かれた。普請奉行は土木や営繕を担当したが、その職務内容から役方の勘定奉行が兼務することが多かった。目付は本来番方の役職であるが、藩政全般に関与し、働き盛りの有能な人材が配置される花形ポストであった。

役方は財務担当と民政担当に分かれていた。財務担当の要職は勝手掛《かってがかり》と勘定奉行で、前者は税収・経理にまたがる藩財政全般、後者はおもに経理を担当したと考えられる。勘定奉行配下の勘定人は経理事務を担当し、彼らをまとめる勘定人頭取は御用所の秘書官という役割も担っていた。大納戸《おおなんど》・蔵元・吟味は財政担当の役職ではあるが、願書の提出などは目付を通しておこなわれた。

民政担当は、町方（吉田・新居）を管轄する町奉行、地方《じかた》（農村）と山方を管轄

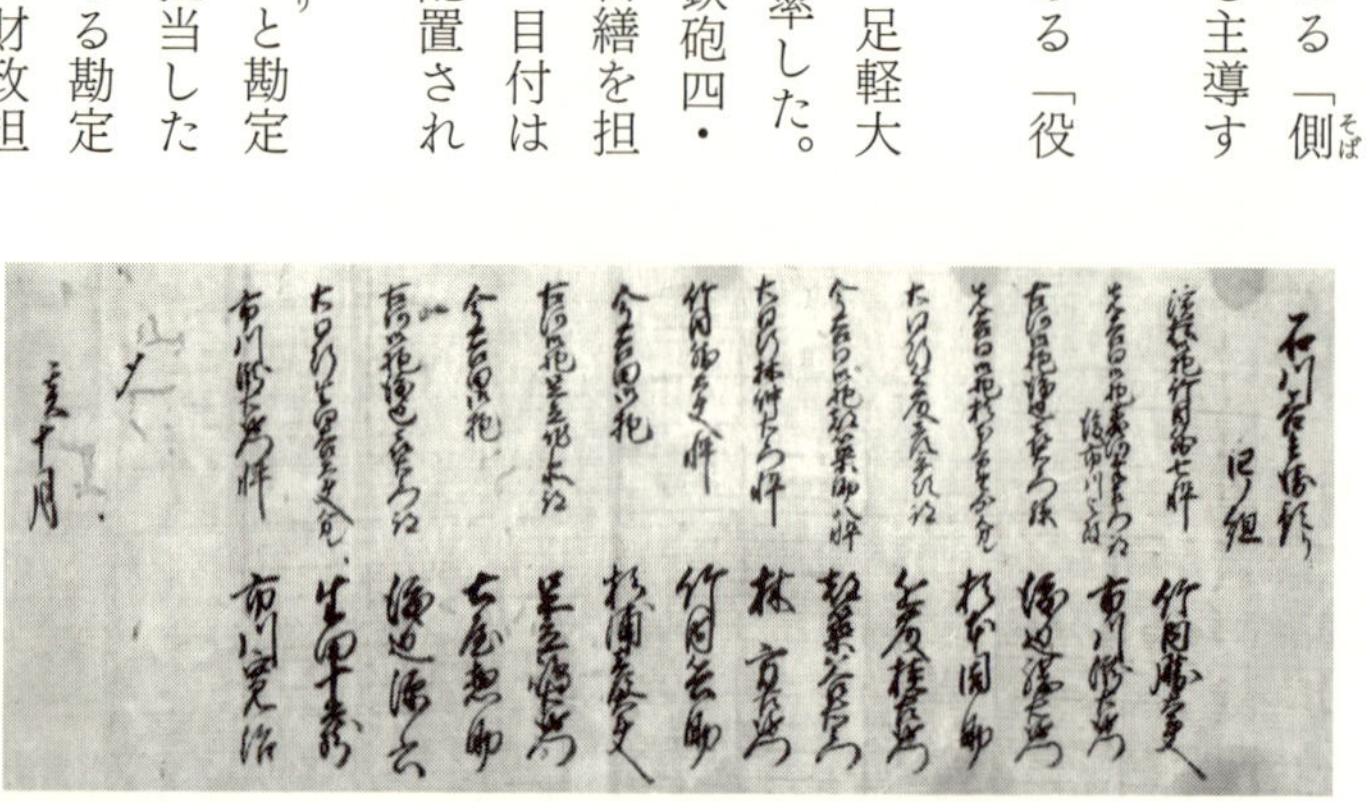

者頭石川善兵衛が預かった配下の足軽名簿（豊橋市美術博物館蔵）

する郡奉行が頂点であった。地方の支配内容については後述する。宝暦十二年（一七六二）以降は町奉行と郡奉行を兼務して「町郡奉行《ちょうぐんぶぎょう》」と呼ばれた。町郡奉行の定員は三〜五人で、彼らが藩領の民政を統轄した。さらに町郡奉行が勝手掛を兼ねることもあり、財政と民政が一元化されていった。

江戸藩邸と吉田藩の奥向

大名は幕府から江戸城周辺に複数の藩邸（御用屋敷）を与えられていた。藩邸は用途や江戸城からの距離によって、上屋敷・中屋敷・下屋敷・蔵屋敷などと呼ばれていた。松平伊豆守家の場合は、初代信綱が一橋門内に上屋敷を、新堀に中屋敷と蔵屋敷を、谷中に下屋敷を拝領した。上屋敷は藩主が老中在職中は西の丸下などの江戸城本丸から近い屋敷を与えられ、老中ではなくなると、本丸から少し離れた場所に屋敷替えになった。そのため、同家の上屋敷は江戸時代を通じて一一回移転している。天保九年（一八三八）以降は呉服橋門内にあった。

谷中の下屋敷には、藩主の生母や庶子が暮らしていた。広大な庭園や馬場・矢場・角場《かくば》★もあったため、藩主も頻繁に訪れていた。

上屋敷・谷中屋敷・新堀屋敷にはそれぞれ長屋があり、江戸詰めの藩士とその家族が暮らしていた。藩士の子供たちが悪さをすることもあり、「上屋敷の馬場

▼角場
鉄砲の稽古場。

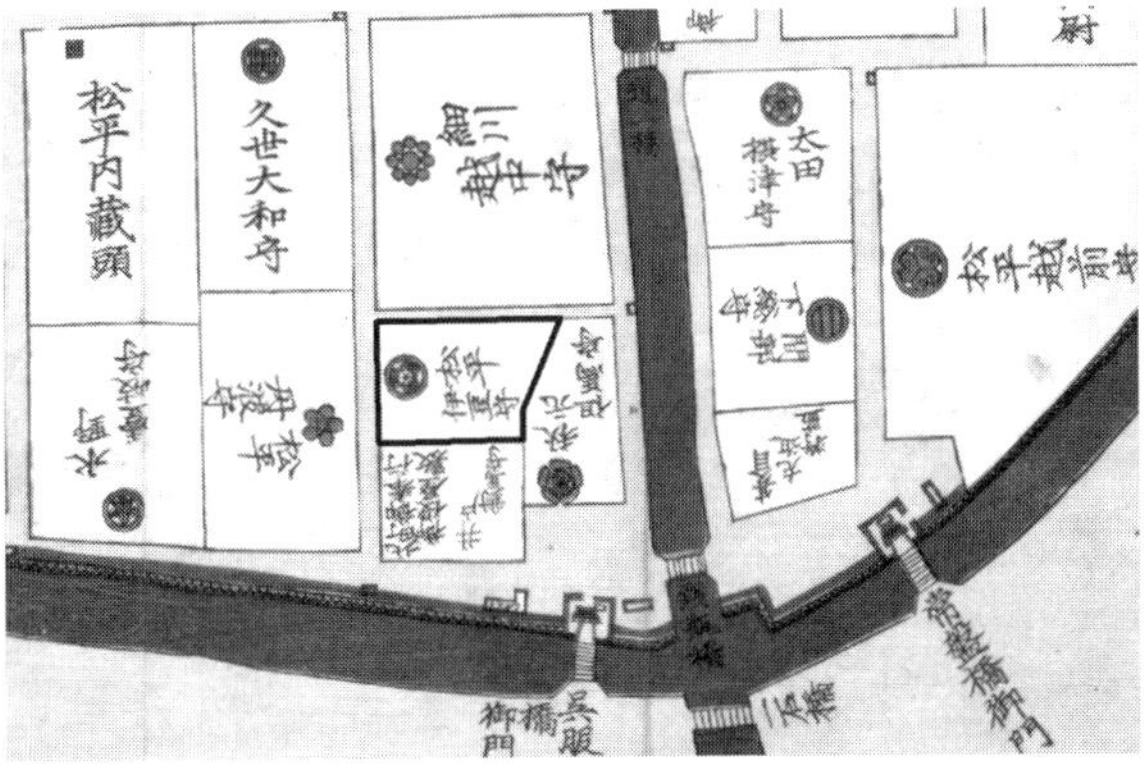

江戸切絵図にみえる、呉服橋門内の吉田藩上屋敷（国立国会図書館蔵）

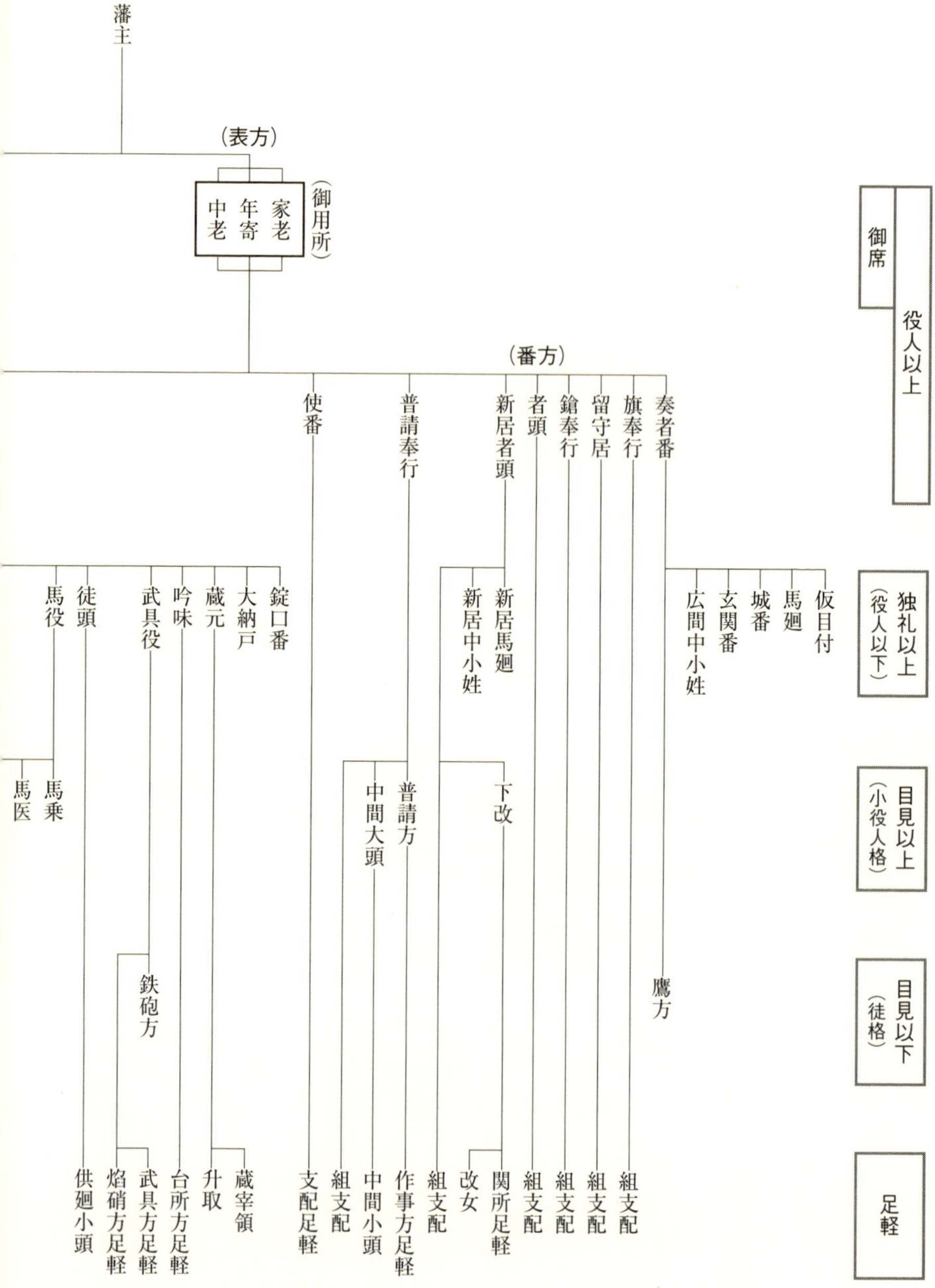

藩主
（表方）
家老
年寄
中老
（御用所）
（番方）
奏者番
旗奉行
留守居
鎗奉行
者頭
新居者頭
普請奉行
使番
仮目付
馬廻
城番
玄関番
広間中小姓
新居馬廻
新居中小姓
錠口番
大納戸
蔵元
吟味
武具役
徒頭
馬役
馬乗
馬医
下改
普請方
中間大頭
鉄砲方
鷹方
組支配
組支配
組支配
組支配
関所足軽
改女
組支配
作事方足軽
中間小頭
組支配
支配足軽
蔵宰領
升取
台所方足軽
武具方足軽
焔硝方足軽
供廻小頭
御席
役人以上
独礼以上
（役人以下）
目見以上
（小役人格）
目見以下
（徒格）
足軽

三河吉田藩の職制

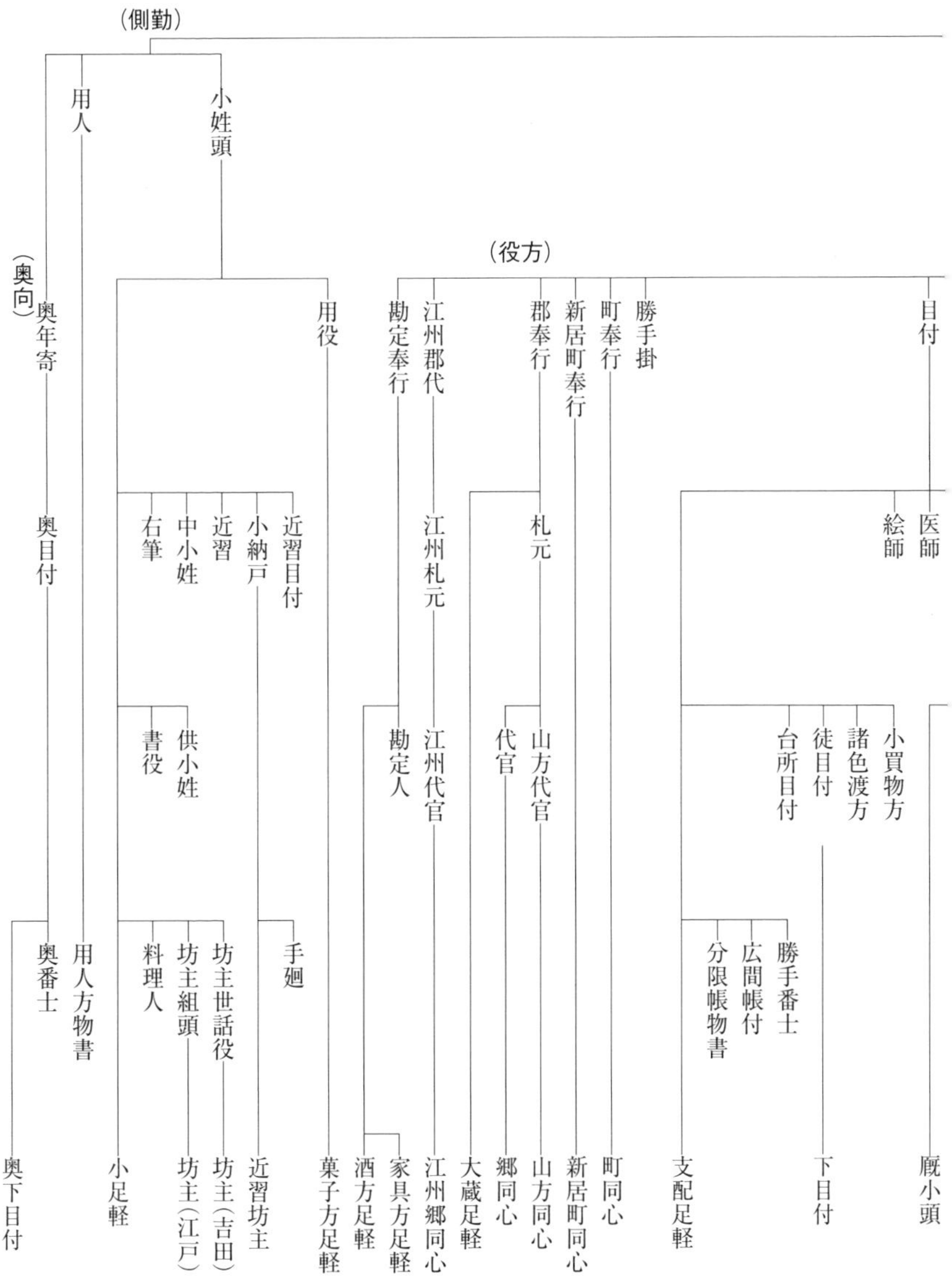
(側勤)
用人
小姓頭
(奥向)
奥年寄
奥目付
奥番士
奥下目付
用人方物書
用役
菓子方足軽
右筆
中小姓
近習
小納戸
近習目付
書役
供小姓
料理人
坊主組頭
坊主世話役
手廻
小足軽
坊主(江戸)
坊主(吉田)
近習坊主
(役方)
勘定奉行
江州郡代
郡奉行
新居町奉行
町奉行
勝手掛
目付
江州札元
札元
絵師
医師
勘定人
江州代官
代官
山方代官
台所目付
徒目付
諸色渡方
小買物方
勝手番士
広間帳付
分限帳物書
酒方足軽
家具方足軽
江州郷同心
大蔵足軽
郷同心
山方同心
新居町同心
町同心
支配足軽
下目付
厩小頭

に入り込み、集団で騒いでいるのは不行き届きである」「谷中屋敷の菜園に入り込んで樹木を折り、通り沿いの生垣を壊し、土蔵の壁を傷付けるような不法な遊びをしており、親のしつけがなっていない」という触れが幾度も出された。また、武家奉公人が藩邸内の厩や中間部屋などで違法な博奕をして処罰されたことや、足軽が藩邸内で盗んだ衣類を質屋に持ち込むといった事件もたびたび発生した。

　江戸時代の武家屋敷は、政治や儀礼の場である「表向」と、日常政務をおこなう場や、当主と妻子の居住空間である「奥向」とに分かれていた。奥向には男性の役人や足軽・中間のほかに、様々な役割を与えられた奥女中たちが従事しており、吉田藩では上屋敷と谷中下屋敷で約二〇人ずつが奉公していた。奥女中の職制は《老女－中老－側－小姓－次－三の間－茶の間－中居－末》であり、江戸城大奥とつながりのない大名家の奥向に見られる基本的な構造であった。なお、吉田藩では三の間以上を「女中」と総称した。

　国元の吉田には藩主の家族が住んでいなかったため、常時奥女中が置かれることはなかった。藩主が帰国する場合は、藩主の行列から数日遅れて奥女中が江戸から吉田へ派遣されたほか、吉田で雇用することもあった。

　奥女中の中には妾となり、正室に跡継ぎが産まれなかった場合に、藩主の跡継ぎを産んで血筋を絶やさないようにするという重要な役目を与えられた者もいた。妾は藩主の子を産んだとしても、あくまで奥女中の一人であり、藩主の家族とい

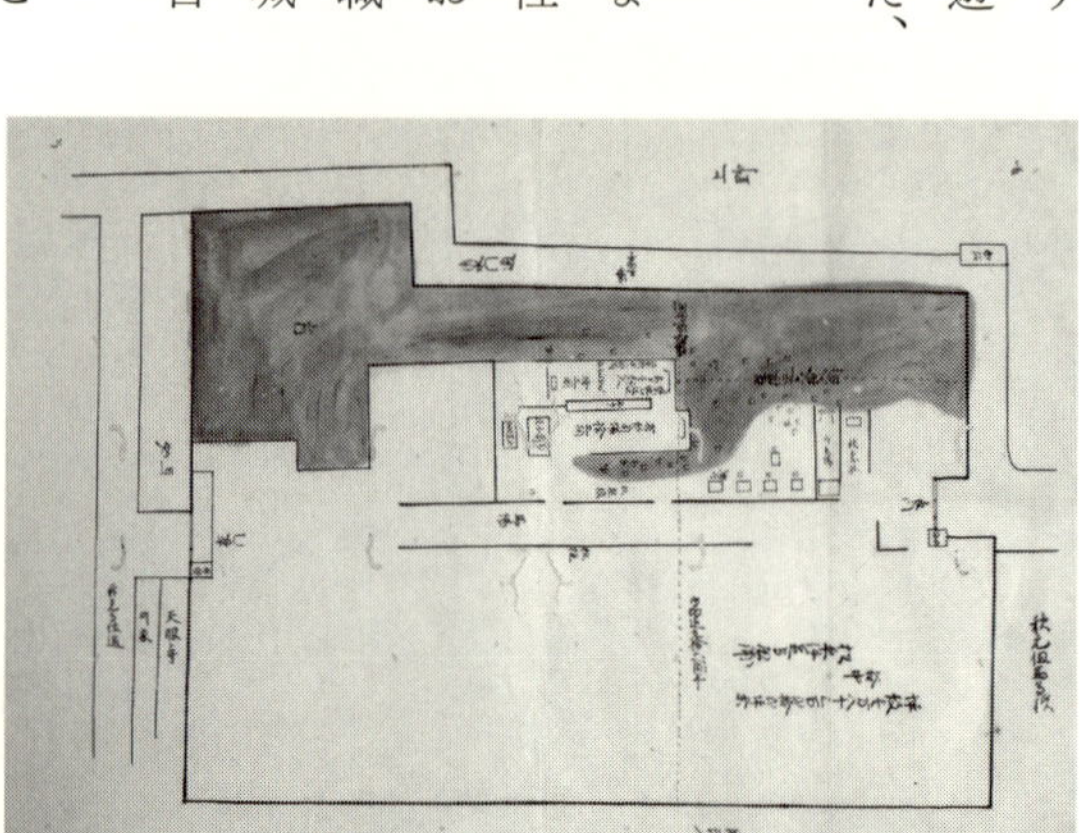

谷中下屋敷図（大嶋豊信氏蔵）

う扱いにはならなかった。ただし、自分が産んだ子が藩主になった場合は、藩主生母として奥女中の中でも高い格式を与えられた。

伊豆守家の場合、五代信復《のぶなお》から九代信宝《のぶとみ》まではすべて妾腹であった。信復の生母清涼院《せいりょういん》は、家中から敬称を付けて呼ばれることはなく、埋葬地も一族の菩提寺である平林寺ではなく小石川の無量院《むりょういん》であった。しかし、時代が下るにつれて藩主生母の地位が上昇していった。谷中下屋敷に部屋が与えられ、家中からは「殿」や「様」という敬称付きで呼ばれ、藩の慶事や弔事に関する報告を受け、没後は平林寺に埋葬されるなど、藩主の家族に準じた格式や待遇が与えられた。

城付地と飛び地

大河内松平氏時代の吉田藩の拝領高（表高）は七万石であるが、領知目録に記載された新田開発分などを含めた実高は八万九千石を超えていた。藩領は三河・遠江・近江の三カ国一〇郡に存在した。このうち、多くを占める東三河の渥美・宝飯・八

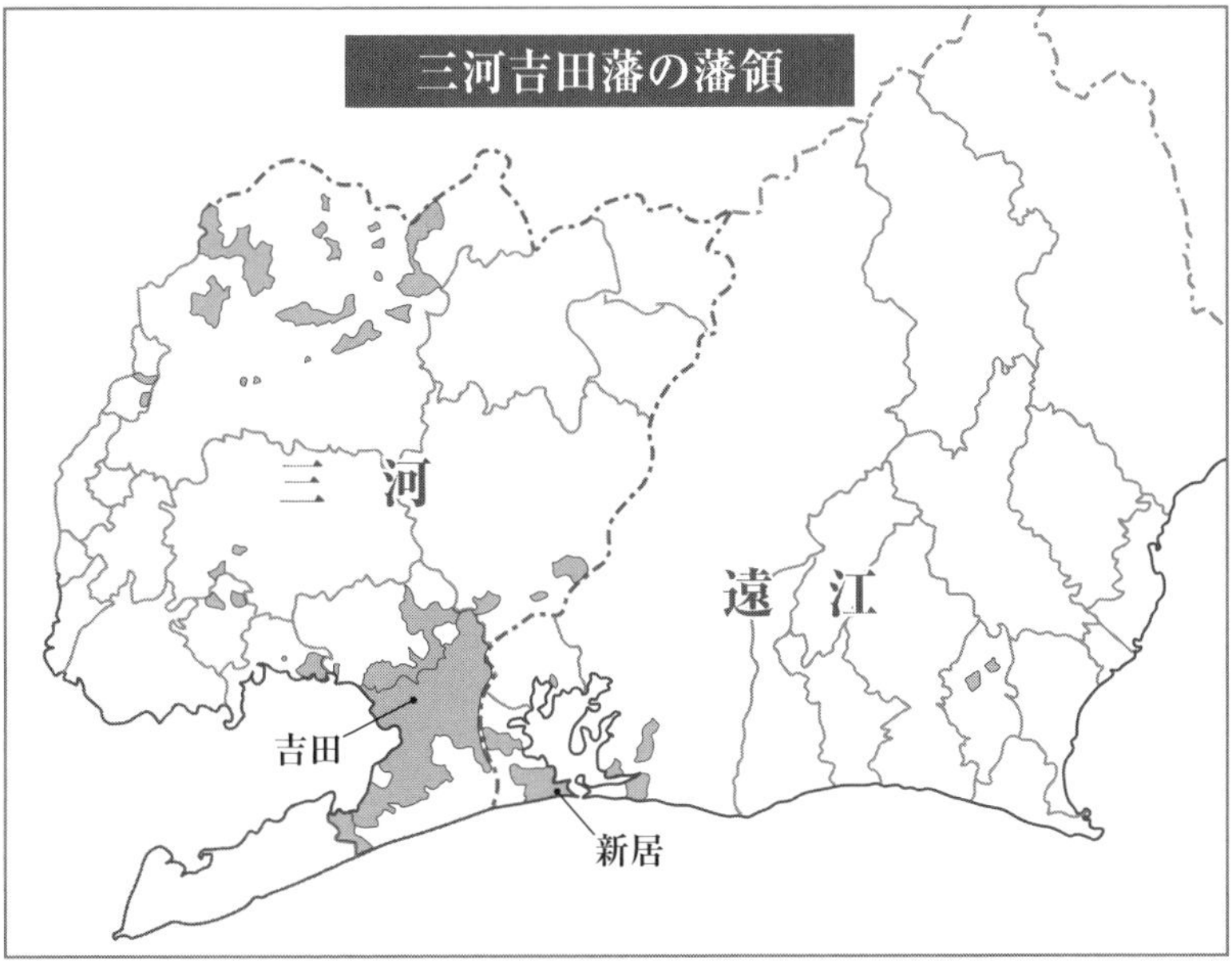

名の三郡の藩領は、吉田城に付属する土地として「城付地」と呼ばれた。江戸時代初期の三万石時代から吉田藩領であった村が多い。

西三河の額田郡と加茂郡の藩領は、牧野氏時代に石高が八万石に増えた際に吉田藩領となった飛び地であり、その領域はモザイク状に分散していた。

遠江国の藩領は、久世重之時代に今切関所がある新居町とともに吉田藩に編入された「新居付村」である（第二章第四節参照）。

近江国の一万石余の飛び地は、西三河と同じく牧野氏時代から吉田藩領に編入された。近江領支配の責任者は江州郡代で、配下には札元《ふだもと》★・代官《だいかん》★・郷同心《ごうどうしん》★がいた。藩領はすべて北近江に集中していたが、役所は交通至便で蔵屋敷がある大津町にあった。

大河内松平氏時代の吉田藩領は、信礼《のぶうや》・信明《のぶあきら》が藩主の時代に、三千石未満の領地の入れ替えが計五回あった。また、天保三年（一八三二）、藩主松平信順が大坂城代に就任すると、現地での費用を賄うために摂津国と河内国で一万二千五百七十五石余を与えられ、代わりに三河国の城付地の一部が幕府領に編入された。この上方の飛び地は、同九年に信順が江戸に戻って老中に任命された後に返還し、三河国の旧領を再び拝領した。

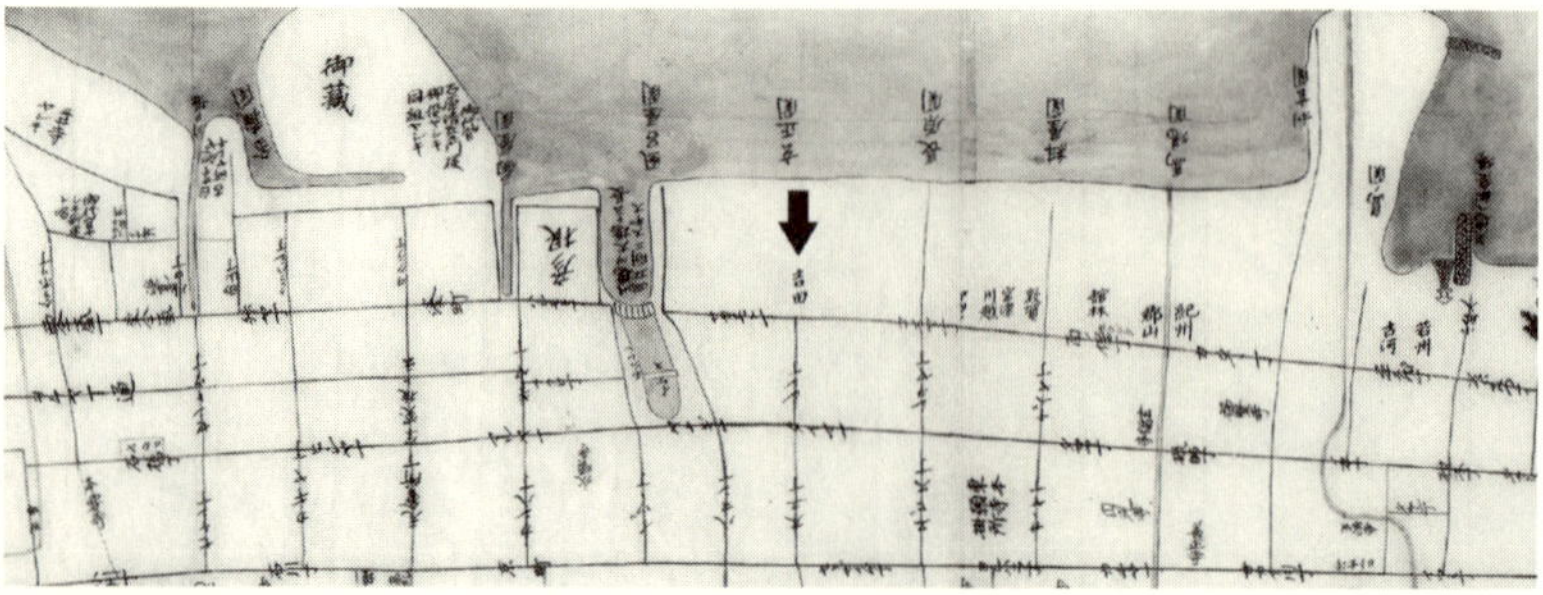

吉田藩蔵屋敷の位置が記された江州大津町絵図（部分）
（豊橋市美術博物館蔵）

地方三組

大河内松平氏は、近江国の飛び地を除く三河・遠江両国の領地を渥美組・宝飯組・八名組の三組に分けて支配した。組の名称は東三河の郡名に由来するが、複数の郡にまたがって組分けされていた。各組が管轄する石高はそれぞれ二万六千石ほどであり、渥美・宝飯組は西三河の飛び地、八名組は新居付村も含んだ。

地方と山方の支配は地方役所が担当した。地方役人の責任者は郡奉行であり、その下には地方三組それぞれに札元一人・代官二人・郷同心五〜六人が配属されていた。

幕末期に代官・札元を務めた三浦深右衛門は、その職務内容を日記に書き残している。日記からは、年貢収納業務、堤防の普請、災害時の見回り、要人や罪人が領内を通行する際の街道沿いの警備、祭礼の見回り、さらに担当地域に関する訴訟まで、

▼札元
農村支配に関する事務をおこなう地方役人。他藩における代官に相当。

▼代官
札元の業務を補佐する地方役人。

▼郷同心
地方役人の下で働く足軽。

三河吉田藩領の支配区分

支配区分	国	郡	村数	石高（単位：石）
渥美組	三河国	渥美郡	50	23,859.865
		宝飯郡	1	59.633
		額田郡	5	2,544.075
		計	56	26,463.573
宝飯組	三河国	宝飯郡	30	13,906.016
		八名郡	22	6,685.802
		渥美郡	4	172.343
		加茂郡	47	5,762.981
		計	103	26,527.142
八名組	三河国	八名郡	26	8,105.369
		宝飯郡	22	7,930.125
		渥美郡	11	3,911.425
	遠江国	敷知郡	21	4,882.579
		城東郡	3	1,436.076
		計	83	26,265.574
江州郡代支配	近江国	浅井郡	20	9,018.578
		伊香郡	2	993.669
		高島郡	1	339.900
		計	23	10,352.147
		総計	265	89,608.436

※天保14年（1843）に三河吉田藩士川村寛容が筆写した「郷村高辻帳」により作成

幅広い業務を担っていたことがわかり、広範囲を少人数でカバーする地方役人の大変さが伝わってくる。

地方支配に関与したのは、地方役人だけではなかった。米の出来具合を調べて年貢高を決めるための検見は地方役人が担当したが、贈収賄や不正が発生することを未然に防ぐため、「添検見《そえけみ》」として目付・徒目付《かちめつけ》・下目付《しためつけ》が立ち会うことになっていた。年貢納入前に新米が流出することを防ぐ「津留《つどめ》」は、者頭や目付などの番方役人が担当し、配下の足軽に領内を見回らせた。また、徒目付は「在中廻り」と称する農村の見回りをおこない、風紀の取り締まりに目を配った。

吉田藩領には四四二三町歩余りの藩有林（御林）があり、山方代官と山方同心が支配を担当していた。藩有林がある村方からは郷山守《ごうやまもり》を出させ、林の管理にあたらせた。藩有林からは、普請用の材木や家臣が日常生活で使用する薪などが供給された。

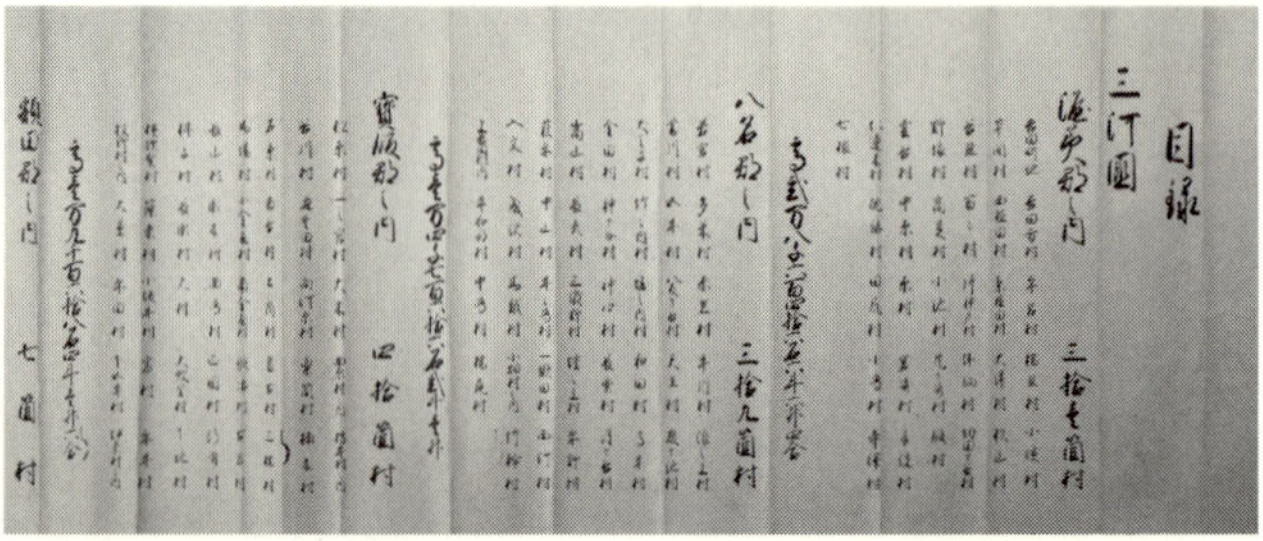

天明8年(1788)に松平信明に与えられた三河吉田藩の領知目録（部分）（個人蔵）

◆2

老中松平信明の長期政権

信明が幕府の要職に就くという噂が広がると、領民は転封反対騒動を起こした。二十六歳の若さで老中に出世した信明は、松平定信ら同志と寛政の改革を進める。定信失脚後、信明は長期政権を築いて幕政をリードし続けた。

刎頸の交わり

明和七年（一七七〇）にわずか八歳（公的には十一歳）で吉田藩七万石を襲封した松平信明《のぶあきら》は、親類の大名の補佐を受けながら文武に精を出し、その才能を開花させていった。安永六年（一七七七）に初めて将軍家治に拝謁し、従五位下伊豆守に叙任された。

天明四年（一七八四）に二十二歳で奏者番に任命され、幕政への第一歩を踏み出した。当時は老中田沼意次《たぬまおきつぐ》が政権を担っていたが、この頃から陸奥白河藩主松平定信《さだのぶ》らとの交流を深めていく。天明の飢饉での白河藩政の成功を見習いたいと定信のもとに集まった諸大名の中には、信明のほか、本多忠籌《ほんだただかず》★・戸田氏教《とだうじのり》★・加納《かのう》久周《ひさのり》★・牧野忠精《まきのただきよ》★など、後に定信とともに寛政の改革を推進することになる者もい

▼本多忠籌
陸奥泉藩主。老中格。
▼戸田氏教
美濃大垣藩主。老中。
▼加納久周
伊勢八田藩主。若年寄並。
▼牧野忠精
越後長岡藩主。老中。

た。彼らは親しく「刎頸《ふんけい》の交わり」★をなし、定信の屋敷では特別なもてなしをすることもなく、終日膝を交えて人道や政事を語り合った。

定信は信明について「聡明でよく人に合わせ、徳よりも才能が優れている。私（定信）より抜き出ることがないように配慮し、私には何でも包み隠さず話し、私の足りない部分を補ってくれる」と評して信頼していた。

天明六年閏十月に定信が信明に宛てた書状には「仲間の大名にも見せることができない極々内密の書類を渡すので、一人で読んだら直接返してほしい」と書かれていた。その書類には「幕府の要職に就き、享保（吉宗）・慶長（家康）の昔のような政治に戻したいと願っている」という定信の決意が記されており、信明にも同じ決意に立ってほしいという思いから特別に見せたのであろう。

天明七年六月、定信は先の決意通り老中首座に就任し、寛政の改革をはじめた。翌八年一月、吉田在国中だった信明は、幕府から「急いで参勤せよ」という知らせを受け取り、わずか七日で準備を整えて江戸へ急行した。そして二月二日に側用人に就任し、その二カ月後の四月四日には老中に昇進した。この矢継ぎ早の人事に定信の強い意志が反映されていたことは言うまでもない。こうして信明は二十六歳という若さで老中へとスピード出世を遂げたのである。

老中を拝命した信明は、家臣たちに対し「当家は御役家《おやくけ》になったので、諸家の鏡（模範）にならねばならず、だらしないことがあってはいけない」と訓示を出

▼刎頸の交わり
たとえ首をはねられても悔いがないほど深い友情で結ばれた関係。

松平定信画像写
（東京大学史料編纂所蔵）

し、家臣団の引き締めをはかった。

転封反対騒動と「御永城」

信明が老中に就任すると、吉田藩領内では慣例にしたがって転封されるという噂が流れた。すると、これを案じた領民の代表団三名が江戸へ赴き、老中松平定信に転封反対を直訴するという騒ぎに発展した。その結果、幕府から信明に対して「御永城《ごえいじょう》」★が約束された。転封は大名家にとっても領民にとっても負担が大きいため、「御永城」は双方の望むところであった。そしてこれ以降、吉田藩の転封がおこなわれることはなかった。

信明が亡くなり信順《のぶより》が藩主になった翌年の文政元年（一八一八）八月、町奉行から領民に対して次のような触れが出された。

天明八年に領民の惣代が江戸へ上り「御永城」を願い出た。しかし、年数が経ったため、その事実をわきまえていない村役人もいるので、その経緯を記す。吉田藩の領民が困窮し、凶作で難渋していたところ、殿様が百姓たちを憐れんで下さり、今まで生活を続けることができた。そこへ転封の噂がたって驚いた百姓たちは、今までのご厚恩に報いるため「御永城」を幕府へ訴え、伊勢神宮へ代

▼御永城
城主（藩主）がその地の領主であり続けること。領民が藩主の転封反対を望む際のスローガンとされた。天保十一年（一八四〇）に出羽庄内藩の領民が転封反対運動を起こした天保義民事件が著名。

参者を送って祈念した結果、幕府が感心して「御永城」を認めてくださった。

新しい殿様は困窮した村々へ米や金を施し、借し付け金も強引な返済を求めていない。年貢収納高が減少して藩財政が差し詰まっても上納金はとらず、借財で賄っている。殿様自らも身を削って節約し、領民のことを思って質素に暮らしている。浪人や盗賊が狼藉をはたらいても、直ちに藩士を派遣して取り締まっているので、領民は安心して暮らしていられる。

このような殿様が財政的に難渋されているので、領内で富を持つ者は分相応に金を献上してもよろしい。たとえ献上しない者であっても、領民から「御永城」を願うほど恩を受けている殿様であることを忘れてはならない。殿様の恩を受けておらず、役人の世話にもなっていないと思うのは甚だしい心得違いであり、恩があると思わなければ「御永城」を願うはずがない。何事も正直に、殿様のためになることを目指して万事を心掛けること。


この触れでは、ことさら領民が「御永城」を願ったことを強調し、それだけの恩を感じているのだから、自発的に献金することも農業に励むことも当然であると主張している。「御永城」にまつわる逸話は、領民の側が松平伊豆守家の支配を望んだという形で宣伝され、領民の不満を抑えるためのロジックとして使用されたのである。

尊号事件と信明

定信や信明がはじめた改革は、緊縮財政や風紀の取り締まりにより早くも庶民の反感を買うことになった。加えて「刎頸の交わり」で結ばれていた定信と信明たちの関係がぎくしゃくし、定信は信明に対して疑心暗鬼を抱くようになった。定信は、信明が相談には応じるが建議をまったくしないことや、信明が家臣に対して定信への不満を漏らしたという噂を耳にしたことで、信明が自分に代わって老中首座を狙っていると考えるようになった。

当時、朝廷と幕府の間では「尊号事件《そんごうじけん》」と呼ばれる軋轢《あつれき》が発生していた。時の光格天皇《こうかくてんのう》は閑院宮典仁親王《かんいんのみやすけひとしんのう》の第六皇子であったが、後桃園《ごももぞの》天皇が崩御した際に皇子がいなかったため即位することになった。天皇は実父である典仁親王の地位が低いことを嘆き、「太上天皇《だいじょうてんのう》★」という尊号を贈りたいと考えており、幕府にもその要望が伝えられた。しかし、幕府は先例がないとしてこれを拒み続けた。

実は徳川将軍家も同じような状況になっており、十一代将軍家斉は実父で徳川御三卿一橋家当主の徳川治済《はるさだ》に対し、将軍職を退いた者の称号である「大御所」という尊号を贈りたいと考えていた。しかし、定信は朝廷の要求を拒んでいる以上、将軍の要求も認められないと主張した。治済は将軍の実父として幕政に大き

▼太上天皇
譲位した天皇の尊称。

光格天皇画像写
（東京大学史料編纂所蔵）

な影響力を持っており、定信の政敵でもあった。

寛政四年（一七九二）十月、信明は上京することになった。表向きの用件は京都所司代の任命儀式であるが、実際は尊号宣下の強行を企てる動きを見せた朝廷に対し中止を求めることが目的であった。信明は毅然と幕府の意見を述べて役目を果たし、朝廷は尊号宣下を断念した。

京都を発った信明は大坂や奈良、伊勢をまわって江戸へ戻ったが、帰路の途中で江戸の正室に書状を出した。その中で、京都を「祇園町は賑やかでもなく、先《ぽん》斗《と》町《ちょう》も普通の町屋で、四条の芝居小屋も小さい。京都はさみしく、きれいではない」と酷評し、大坂を「町屋は大きく、江戸と変わらない風俗である。道頓堀の芝居小屋は大した造りで、川沿いには三階建ての町屋が並んでいる」と絶賛した。この対照的な評価は、信明の朝廷に対する心証と無関係ではないだろう。

この尊号事件により将軍父子と対立を深めた定信は、翌五年七月に老中を罷免され、信明が老中首座に就いた。

徳川家斉画像写
（東京大学史料編纂所蔵）

寛政の遺老

定信失脚後の幕政は、信明を中心に、戸田氏教《うじのり》・本多忠籌《ただかず》・太田資愛《すけよし》★・安藤信成《のぶなり》★・牧野忠精《ただきよ》らが老中として定信の改革路線を引き継いだ。そのため、彼らをま

▼太田資愛
遠江掛川藩主。老中。

▼安藤信成
陸奥磐城平藩主。老中。

とめて「寛政の遺老《いろう》」と呼ぶ。

一度は亀裂が生じた定信と信明であったが、後に牧野家を通じた縁組により再び両者の距離が接近することになった。一方で今度は徳川治済と信明の関係が悪化し、享和三年（一八〇三）十二月には信明が病気を理由に老中を辞任した。

文化二年（一八〇五）、久しぶりに国元の吉田へ帰った信明は、趣味の釣りや馬に乗っての遠出などを楽しんだ。

老中首座は戸田氏教、次いで牧野忠精が引き継いだが、対外関係の緊張などから信明の再登板を望む声があがった。特に儒学者の林述斎《はやしじゅっさい》は信明の辞任を惜しみ、「閣下（信明）の進退は国家の問題である。せっかく改革で太平となった天下をむざむざ傷付けるのは惜しい。早く再び職に就き、天下を維持してもらいたい」という書状を送り、一日も早い復職を望んでいた。定信も牧野に対して信明の復職を提案した。その結果、文化三年五月に信明が吉田から呼び戻され、老中首座として返り咲いた。

当時はロシアの南下政策を受け、蝦夷地《えぞち》をめぐる北方問題が難題であった。寛政四年（一七九二）にラクスマンが根室に来航して以降、ロシアへの対応が急務となった。信明は蝦夷地を幕府の直轄領として開発する政策を進め、文化四年にはそれまで蝦夷地を支配していた松前藩を陸奥梁川《やながわ》へ転封した。その直後にロシア軍艦が択捉《えとろふ》島などを襲撃した文化露寇《ろこう》★が発生した。これを受けて、幕府は東北

渡辺崋山筆　林述斎肖像稿本（田原市博物館蔵）

▼**文化露寇**
ロシア使節のレザノフが、部下に命じて樺太や択捉島を襲撃させた事件。

諸藩に蝦夷地沿岸を警備させ、前年に出した薪水給与令を撤回し、ロシア船に対する打払令を出した。翌五年には長崎でフェートン号事件★が起き、さらに日本が対外的に硬化していたところで、同八年にゴローニン事件★が発生した。この事件の解決後、両国関係は落ち着きを取り戻していった。

　信明政権期は日露関係が最も難しい時期にあたり、積極的に対応していく方針を選び、蝦夷地の開発や沿岸防備体制強化を進めたことで多額の支出を要した。その結果、幕府財政は危機的な状況に陥り、手伝普請や御用金、国役金でしわ寄せがいくことになった大名や庶民からは、信明政権に対する不満が高まった。

　同時期には、蝦夷地の情報を探るため最上徳内《もがみとくない》★や近藤重蔵★が探検調査をおこない、寛政十二年（一八〇〇）には伊能忠敬《いのうただたか》★が蝦夷地を測量して地図を作成した。その後、忠敬は全国を測量し「大日本沿海輿地全図」を完成させた。同図は利便性を考慮して大中小の三種類が作られ、このうち中図の副本は信明の子孫に伝えられた。現在は東京国立博物館が所蔵し、重要文化財に指定されている。

　文化十四年八月十六日、信明は現職のまま五十五歳で病死した。信明の訃報を聞いた定信は「起こった事柄には対処できるが、長期的視野を欠き、消極的で決断力が乏しいので、補佐する者がいれば良かった。それでも、才能がありどっしりと落ち着いているので、今信明に勝る人物はいない」と、批判しつつもその才能を認める評価を日記に残した。

▼フェートン号事件
オランダ船を追って、イギリス軍艦フェートン号が長崎に入港した事件。

▼ゴローニン事件
ロシア軍艦の艦長ゴローニンを日本側が捕縛した事件。ロシア側が報復として捕らえた高田屋嘉兵衛と交換された。

▼最上徳内
蝦夷地を調査した探検家。

▼近藤重蔵
幕臣。北方探検家。

▼伊能忠敬
下総佐原の商人。隠居後に江戸へ出て天文学などを学び、全国を測量した。

信明は足かけ二十八年という長期間にわたって老中を務め、しかも最初の五年間を除いた二十三年間は、中断期間を含むものの、老中首座として幕政を主導し続けた。信明政権が定信の路線を引き継いだということもあって知名度は今一つだが、清廉で堅実な政治姿勢を貫いたことは評価される。次の老中首座水野忠成《ただあきら》の時代には、信明時代の反動として賄賂《わいろ》が横行し、綱紀が乱れることになった。

信明の逸話・評判

下級藩士の安間《あんま》敬長《たかなが》は、文久二年（一八六二）に信明を顕彰する目的で『嵩岳《すうがく》君言行録《くんげんこうろく》』を著した。本書には信明の事績や逸話が数多く収録されている。信明の肖像画は残されていないが、その人物像については「生まれつき聡明で、なおかつ容顔美なり（イケメンである）」と紹介している。

ここでは『嵩岳君言行録』に収録された将軍家斉との逸話を紹介しよう。

ある時、家斉が近習に命じて小座敷の庭に築山・盆池を作り、草木を植えさせた。そこへ信明がやってきて「このような小さな庭で楽しむことは狭いことです。天下国家を治める御身であれば、国内の山岳滄海《そうかい》はすべて庭も同然です。近習がこのようなことで心力を労するのはいかがか。」と諫めた。

またある時、家斉が酒の席に大盃を持ってこさせて側近に呑ませたところ、見

松平信明の墓（平林寺）

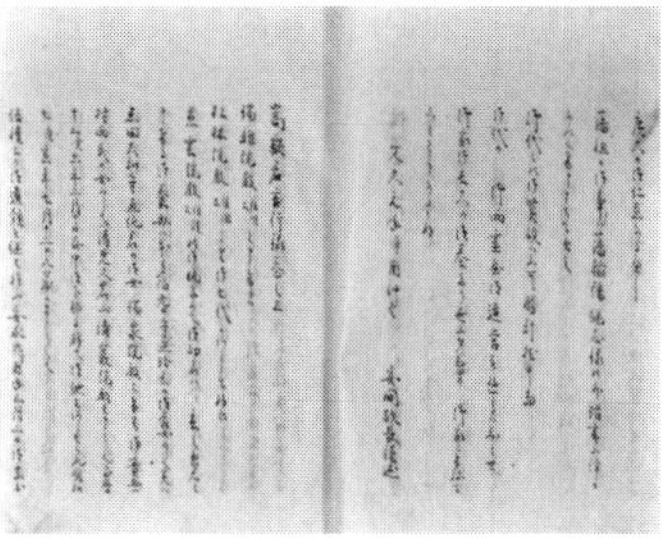
嵩岳君言行録（個人蔵）

事に呑み干したので褒美として自ら刀を与えた。これを信明が聞き付け、「武芸に関することで御刀を下賜《かし》されるならともかく、座興の褒美に御刀を下賜されることはあってはならないことである。」と諌め、刀を取り返して代わりの品を頂戴させた。家斉はこのように直接諌めてくれる信明のことを将軍補佐役のように思っており、信明の官職が「伊豆守」であったことから、信明を「伊豆殿」と敬称を付けて呼んでいたという。

弱冠二十六歳で老中に抜擢されたことから、信明の才覚は誰もが知るところであったが、部下からの評判は芳しくなかった。松平定信の家臣が書いた風聞書である『よしの冊子《ぞうし》』には、信明に対する幕臣の評価について「先例を知らず、ただぐずぐずと理屈を言われるので、ちょっとした用件でも、伊豆殿（信明）に伺った日にはめったなことでは済まされない」と記されている。この「理屈っぽい性格」は、信明が家族に宛てた長文の書状の中でも随所ににじみ出ており、信明という人間を表現するに最もふさわしいキーワードといえる。

また、信明は「義」を重視した人物でもあり、自身の花押も「義」の字をモチーフにしている。文化二年（一八〇五）、江戸城に出仕する年齢になった嫡男の信順へ出した書状に記した教訓では、次のように「信義」の大切さを繰り返し説いている。

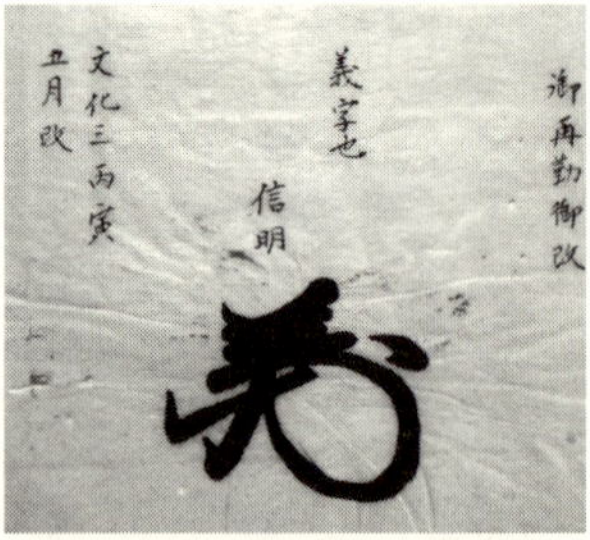

「義」をモチーフにした松平信明の花押（豊橋市美術博物館蔵）

朋友の交わりは、実に実に「信」を重ねること以外にはない。あらゆる諸藩の人情は狭小なものであり、「わが藩ほどのことは他にはないだろう」と思う者や、無益なことで表面を飾る気質の者が多いが、結局は道理をわきまえた人から笑われることになるのだ。そうした心構えで人と交流すれば、これまで他人と交わる経験がない中でも物事を分別することができる。

それ以外に、間違いかどうかを判断する場合、たとえば「あの人の言うことだから間違いはないだろう」と思われるのは、つまりは「信」が厚いからである。本当のことを言っても、「あの人の言うことだから納得できない」となってしまうのは、日頃のちょっとした発言や行動が原因である。これらはすべて頭では理解していることだが、いざという時には思わず間違ってしまうこともあるものだ。後悔はすべてそのようなことから発生し、あとになって取返しのつかない事態になってしまう。「信義」を大切にして厚く交わるならば、仲間付き合いは少しも心配することはない。よくよく心掛けなさい。

信明は文芸に秀でており、幼少期から書・詩・篆刻《てんこく》などをたしなんでいた。和歌は公卿の芝山持豊《しばやまもちとよ》★に師事した。特に「谷の戸はかさなる雲にあけやらで　夏の夜長きさみだれの宿」という歌が秀逸であるとして、公卿の間では信明を「さみだれの侍従」と呼んでいた。

松平信明書「落花開飛夜風」(個人蔵)

▼**芝山持豊**
公卿。歌人。門下に三河伊良湖の漁師であった糟谷磯丸らがいる。

③ 悪化する藩財政と飢饉

藩財政は苦しく、藩士の引米の期限は延長に次ぐ延長で、追加の引米も実施。
藩営新田プロジェクトは挫折し、天保の飢饉では年貢収入が大幅に減少。
地方役人や藩校教授による在中教諭は、農業に精を出す理想的な領民の育成を目指した。

引米の実施

吉田藩の財政は、他藩の例にもれず悪化していた。転封による引越費用、久能《くのう》山東照宮《ざんとうしょうぐう》★の手伝普請、焼失した上屋敷の再建費用などの臨時出費が続いたうえ、飢饉や災害の影響で年貢収納高も年々減少傾向にあった。倹約令などを出しても効果が出ないため、藩が採った手段は藩士の引米《ひきまい》（給与カット）の強化であった。

藩士の引米は享保五年（一七二〇）頃から実施された。三年、五年などの期限付きでおこなわれたが、期限が来ると新たな期限を設けて実施するということが繰り返された。藩の首脳部からは「あと三年間耐えることができれば、藩財政は立ち直る」などと通達されたが、藩士たちにはむなしく聞こえたであろう。

信明時代の文化八年（一八一一）の資料によれば、引米は知行百石以上の藩士

▼久能山東照宮
静岡県駿河区にある神社。東照大権現（徳川家康）を祀る。

が対象となった。知行に対して四割の現米が三斗八升入りの俵で支給され、そこから一〇〇俵を基礎控除した俵数の半分が引米になった。たとえば知行五百石の藩士であれば、四割の二百石が現米支給され、俵に直すと五二六俵一斗二升となる。ここから一〇〇俵を除いた四二六俵一斗二升の半分の二一三俵六升が引米となった。約四〇パーセントの給与カットということになる。この引米は「古引《こびき》」と呼ばれ、結局停止することなく実施され続けた。

文化十四年に信明の跡を継いだ信順《のぶより》は、家督相続直後の所信表明で引米を止めたいと宣言したが、一向に財政は好転せず、文政九年（一八二六）十二月には翌年から引米を強化し、対象者も拡大するに至った。この追加引米を「新引《しんびき》」と呼ぶ。古引は対象が狭く、高禄者ほど引率が高かったが、新引は下級の藩士までが対象となり、引率も古引に比べて平均化された。

天保十一年（一八四〇）の吉田藩士の給与総額四万八七七俵余のうち、古引は五一五二俵余、新引は四六四八俵余で、引米総額は九八〇〇俵余に達した。しかし藩財政は好転せず、幕末期にはさらなる追加の「増引《ましびき》」がおこなわれた。

藩営新田の挫折

信順の側近であった福島献吉《ふくしまけんきち》は、文政三年（一八二〇）に藩財政再建策として三河湾に面した牟呂《むろ》沖の新田開発を提言し、信順の許可を得て実行に移した。

献吉の計画では、吉田川（豊川）河口左岸を長方形に約一五〇町歩埋め立て、西・中・東の三区に分け、西と東は田畑に、中は塩浜とし、塩の売り上げを開発費用に充てるというものであった。

献吉は開発の惣奉行に任命され、資金調達の一切を任された。しかし、長年江戸詰で藩主の側近であったため、現地の事情を理解しておらず、吉田の藩役人とも距離があり、相談相手は一人もいなかった。しかも土木工事には不案内であり、不安要素だらけであった。

翌四年八月、何とか新田が竣工した。この藩営新田は富士見新田と名付けられた。三月の段階で工事代金は金一七〇〇両を見込んでいたが、再工事や追加工事が必要になり、金一〇〇〇両の不足金を出した。同年末までに費やした総額は金四六〇〇両に達した。

竣工したものの、富士見新田は耕地化が不十分で年貢収入は期待できず、製塩も赤字という有様であった。収益がないまま借金の返済期限がせまり、新規の資金調達もできなかったことから、文政五年には西富士見新田を、同七年には東富士見新田を売却した。最後に残った中富士見新田（塩浜）も同十三年に売却し、藩営新田として開発された富士見新田はすべて民間のものになった。開発費用の借金は天保二年（一八三一）にようやく完済できた。

富士見新田見取図（豊橋市美術博物館蔵）

富士見新田は弘化四年（一八四七）に修築され、献吉の苗字にちなんで富久縞《ふくしま》新田と改められた。

天保の飢饉と加茂一揆

信順時代の天保四年（一八三三）からは全国的に飢饉が発生した。江戸三大飢饉の一つに数えられる天保の飢饉である。この飢饉は年によって凶作になる地域が異なったため、段階的に影響が及んだ。東三河では天保四、五年にかけての第一波は被害こそ少なかったが米価が高騰した。同七、八年にかけての第二波は直接的な飢饉に見舞われ、さらなる米価高騰が起こった。

天保四年の米価は、東北地方の飢饉の影響で前年の二倍近くまで高騰したが、吉田藩では津留令を出して米穀の領外流出を取り締まるとともに、米価の上限を定める触れを出して混乱を防いだ。しかし、新居町で打ち毀しが発生し、米屋へ無理難題を押し付ける者も相次いだ。吉田城下でも富商の家や家老の屋敷にまで張札《はりふだ》★が張られたため、米穀を安値で売り出した。

天保五年末には米価が同三年の水準まで下降し、落ち着いたかに見えた。しかし、同七年八月に台風が三河地方を襲い、沿岸部の村は高波被害を受け、吉田藩領では年貢収納高が五万七〇〇〇俵まで激減するほどの大きな被害が出た。その

▼張札
非合法的な要求などを記し、人目につきやすいところに貼った札。

結果、翌八年四月には、米価が飢饉前の四倍近くに高騰した。第一波では高騰したものの米穀はあり、金さえあれば何とかできたが、今回の第二波では米穀そのものが底をついてしまった。

　こうした状況下の天保七年九月、西三河で一万人以上の農民が参加した加茂《かも》一揆が発生し、米屋・酒屋・富農などの家を打ち毀した。加茂郡の吉田藩領でも参加者を出した村があった。一揆鎮圧のために近隣の諸藩が出兵し、吉田からも派兵したが、地理的に遠かったことや藩主が吉田不在だったことで到着が遅れた。そのため「相談に相談したるその上で　おくれおくれて場所へいず《（伊豆）》との」という狂歌が広まり、吉田藩は遅参を揶揄された。

在中教諭と『慶安の御触書』

吉田藩では、藩校時習館（第四章第一節参照）で藩士の子弟を教育したが、領民に対する教化政策も実施していた。地方役人や時習館の教授を領内各地に派遣し、通則的な学術講義をおこなう「在中《ざいちゅう》教諭《きょうゆ》」である。

　最初に在中教諭をおこなったのは札元《ふだもと》の染矢兵左衛門《そめやへいざえもん》である。文化年間のある時、染矢は試しに男女を問わず村人を集め、『六諭衍義大意《りくゆえんぎたいい》』★をもとに法令を守って農業に精を出すことの重要性を説いた。これが好評であったため、支配を担

三河吉田藩の年貢収納高

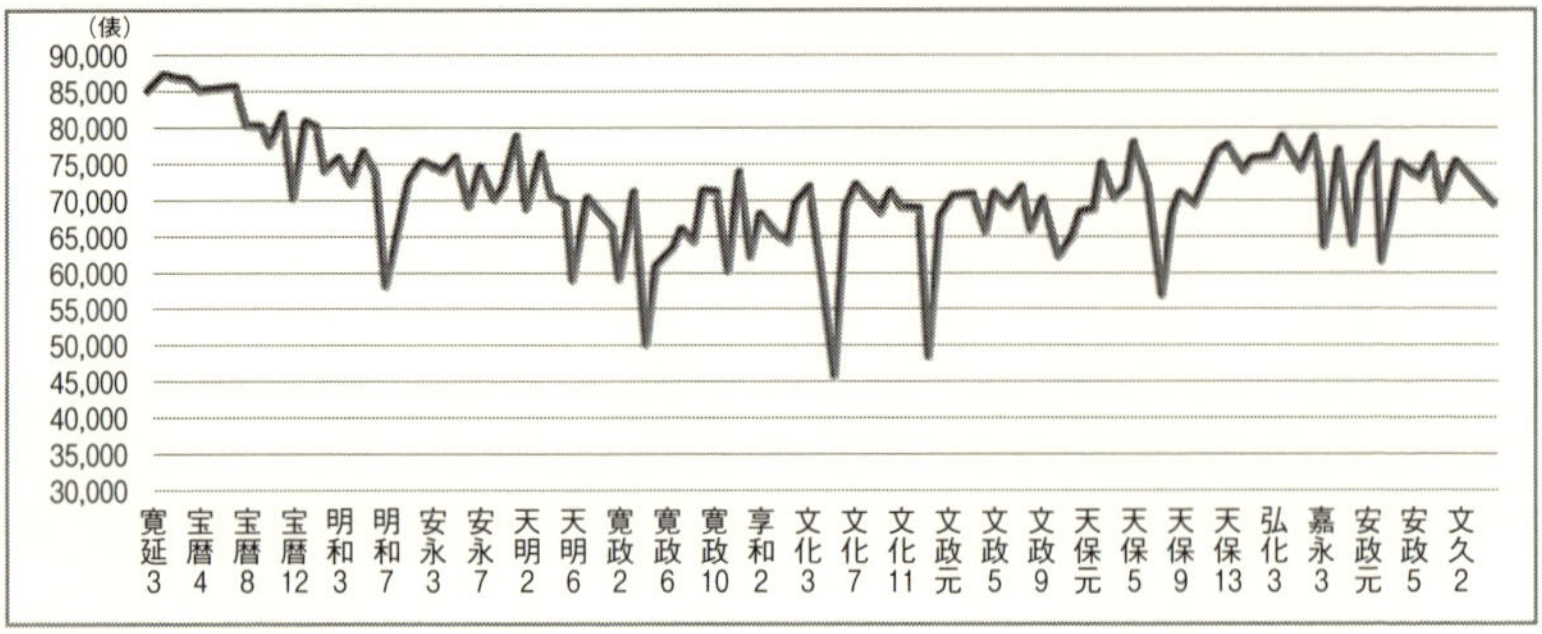

当する村々を回って講義をおこなった。当初の在中教諭は、年貢の減少による危機感を背景として、村役人や百姓のあるべき姿を示すことで年貢の収納を徹底させようと、地方役人である染矢が自発的に取り組んだものであった。

文政二年（一八一九）、時習館教授の中山美石《なかやまうまし》が染矢の後任となり、年に一回ずつ在中教諭することを命じられた。これにより、在中教諭は公式に藩の政策として位置付けられた。美石は持ち前の巧みな話術を活かした講義をおこない、城付地のみならず遠江や近江の飛び地へも出張した。藩主松平信順《のぶより》や家老などの重臣が聴講することもあり、聴衆は一二〇〇～一三〇〇人に達することもあった。講義の内容は、『六諭衍義大意』や心学道話《しんがくどうわ》★に基づく道徳的なものであった。

美石の後は、やはり時習館教授である西岡翠園《にしおかすいえん》と山本恕軒《やまもとじょけん》が在中教諭を引き継いだ。恕軒の教諭は、心学者手島堵庵《てじまとあん》の著書『前訓《ぜんくん》』、経書《けいしょ》★のひとつである『孝経《こうきょう》』、徳川家康の事績を賛嘆する『神君之事《しんくんのこと》』を使用した。

吉田藩の地方役所は様々な本を出版して領内に配布した。天保の飢饉が発生していた天保八年（一八三七）には、領民の救済を目的として『飢饉の時の食物の大略』を印刷して配布した。

領民に対する教化を目的としたものでは、嘉永元年（一八四八）に『六諭衍義大意』と『慶安の御触書』を出版している。前者は在中教諭の際に説かれたものである。後者は慶安二年（一六四九）に幕府が発布したとされる法令で、耕作の

▼『六諭衍義大意』
中国の明の太祖（朱元璋）の教訓「六諭」を解説した『六諭衍義』を儒学者の室鳩巣が和訳した書籍。

▼心学道話
神仏・儒学の教えや勤勉・倹約・孝行といった通俗道徳を身近で平易な話に例えて説いた訓話。心学道話の講釈は江戸時代後期に全国的に広まり、吉田藩でも積極的に取り入れた。藩主信順は、京都所司代時代に心学者の柴田鳩翁を招いて講義を受け、藩士たちにも聴講させた。

▼経書
儒教の基本的な教えを記した文献の総称。四書、五経、十三経など。

仕方や日常生活の心得など、農民の生活について具体的に諭したものである。現在では慶安二年に出された幕法ではなく、江戸時代中期以降に出された農民教諭書が諸国へ広まったと考えられている。これらの領民教化書は、村役人が村人に対して読み聞かせることで浸透がはかられた。

　領民を教化し、農業に精を出させることは、藩財政を再建するための基礎であると位置付けられていた。孝子・節婦★・奇特者★など、道徳にかなった理想的なおこないをした領民は「善行者」として表彰されたが、これも領民教化政策の一環であった。

献策する藩士たち

　悪化する藩財政を改善するため、藩士の中には財政再建案を献策する者がいた。信明《のぶあきら》・信順《のぶより》時代には、文化八年（一八一一）に西岡天津《にしおかてんしん》、同十四年に長塩平《ながしおへい》助《すけ》、文政二年（一八一九）に宇佐美兵蔵《うさみへいぞう》、同時期に福島献吉《ふくしまけんきち》が上申書を提出した。年少の藩主が続いた幕末期には、藩士に政策提言を求める通達が出されたこともあり、さらに多くの藩士が上申書を提出した。終わりが見えない引米の継続で藩士は困窮を極めており、状況を打開したいという彼らの思いは切実であった。

　文政・天保年間の藩主である松平信順は、天保二年（一八三一）に大坂城代、

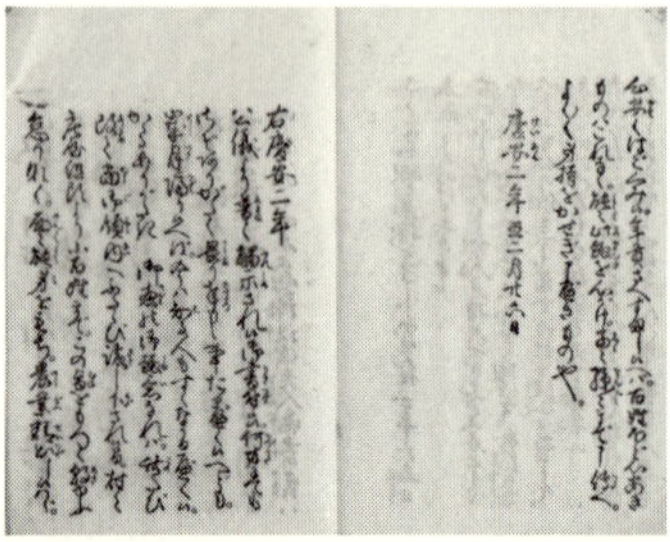

吉田藩の地方役所が発行した『慶安の御触書』（豊橋市美術博物館蔵）

▼節婦
夫の死後に他家へ嫁ぐことなく貞節を守り、舅姑に仕えて子育てをする、模範的とされた女性。

▼奇特者
心がけや日頃のおこないが優れている者。

同五年に京都所司代となり、上方で天保の飢饉への対策にあたった。同八年に江戸へ呼び戻されて老中に就任したが、わずか三カ月で病気を理由に辞任した。

この信順の御役勤めに関する莫大な出費と天保の飢饉により、藩財政はますます苦しくなり、藩の首脳部は家臣の引米のさらなる強化を検討した。これを耳にした馬廻《うままわり》の宮田甚三郎《みやたじんざぶろう》は、天保九年に長文の意見書を提出し、その冒頭で「このまま無策に引米を続けては、家臣の苦労を水泡に帰すことになり、殿様が天道に対して不義理をすることになってしまう」と引米政策を批判した。

その上で、①藩主父子や正室は三年間徹底的に倹約し、出費も毎月上限を設け、女中は綿服とする。②江戸・吉田とも三年間台所を閉鎖し、各自手弁当とする。③中間《ちゅうげん》★はすべて解雇する。④学問や武術の稽古は一切倹約しない。⑤三年間は面扶持《つらぶち》★とするなど、君臣ともに痛みを分かちあう案を提示した。

また、三河諸藩が藩政改革を進めているのに、吉田藩だけが取り残されているとして、領民は内心では松平伊豆守家の転封を望み、御用達も「吉田藩に有能な人物はいない。このままでは遠からず乱れる」と話していることを嘆いた。

老中を辞任した信順は、病気の影響もあって藩政改革に乗り出すことができず、天保十三年には隠居する道を選んだ。結局吉田藩の財政は好転せず、多額の借財を抱えたまま幕末期へと突入していく。

▼中間
武士に仕えて雑務をおこなう使用人。武家奉公人。

▼面扶持
家族の人数によって扶持米を支給すること。

④ 三河吉田藩の産業

藩領は遠州灘と三河湾に面して豊富な海の幸に恵まれ、海苔の養殖や製塩がおこなわれた。内陸の石灰岩地帯では、石灰が製造され、藩営の石灰役所も設立される。引米により困窮した藩士が生計を保つために励んだ内職からは、豊橋筆が生まれた。

海苔の養殖

三河吉田藩領には外海の遠州灘と内海の三河湾があり、豊富な海の幸に恵まれていた。領内で獲れた海産物は、吉田城下の魚市場を通して各地へ流通し、吉田藩主も徳川将軍家に対して串蜊《くしあさり》や干鯵《ほしあじ》などを献上した。

吉田川（豊川）河口の前芝《まえしば》村では、幕末期に海苔の養殖がはじめられた。嘉永六年（一八五三）、前芝村の杢野甚七《もくのじんしち》は、前芝海岸で蛤《はまぐり》の散逸を防ぐために立てていた葦簀《よしず》などに海苔が付いているのを発見し、海苔の養殖ができると思いついた。甚七は早速海苔養殖の先進地である浅草・広島へ問い合わせ、翌安政元年（一八五四）には遠江の舞坂《まいさか》へ出向き、泊まりがけで養殖や乾海苔製法の技術・知識を学んだ。

杢野甚七画像
（前芝町自治会蔵）

地方役所や村役人と交渉して海苔養殖場開発の了解を得た甚七は、安政四年七月に二一人の海苔仲間を結成して養殖に取りかかった。暴風により海苔を付着させるための粗朶《そだ》が六、七割流失してしまい、獲れた生海苔はわずか六貫目（二二・五キログラム）であったが、品質は良好であった。これで乾海苔を作り、一五〇枚を藩主松平信古《のぶひさ》に献上した。これが、三河湾における養殖海苔製造の最初といわれる。

その後近隣の村々からも海苔仲間に加わる者が増え、技術も進んだことから海苔の収穫量も増加した。万延元年（一八六〇）以降五年間にわたって毎年藩主へ海苔二〇〇枚ずつを献上した。海苔の生産額は、慶応二年（一八六六）は海苔仲間六五戸で金八五〇両、同三年は八四戸で金一二六〇両に達した。

海苔養殖の発展は、一方で軋轢を生むことになり、白魚漁師仲間との間で争論になった。また、海苔仲間同士でも慶応二年に蓑笠《みのがさ》騒動★が発生した。

明治なってからも海苔の養殖は拡大を続け、三河は海苔養殖の産地として名が知られるようになった。

塩の流通

三河湾では吉良地域を中心に、古くから製塩業が営まれていた。牟呂村では年

▼蓑笠騒動
海苔養殖場の割り当てをめぐる争論。決定権を持っていた前芝村に対し、納得できなかった日色野村、平井村、伊奈村の百姓が、蓑笠を身に付けて藩当局に実情を訴えようとした。

貢の一部を塩で納めており、生産された「牟呂塩（地塩）」は吉田城下の地塩問屋へ出荷された。しかし時代が下るにつれて、水害の影響により塩田が減少して衰退していった。

地塩生産が衰退したもう一つの要因は、瀬戸内産の良質な塩の移入であった。瀬戸内産の塩は船でもたらされたことから「入船塩」と呼ばれ、それを扱う塩問屋は入船塩屋と称した。地塩問屋が魚町などにあったのに対し、入船塩屋は吉田湊がある船町にあった。

塩問屋は株仲間を結成して塩を独占売買し、藩に運上金を納めた。塩は吉田藩領内のほか、吉田川舟運で上流へ運ばれ、そこから信州中馬《ちゅうま》★や三州馬稼ぎ★によって信州や奥三河へ運ばれた。また、前芝村の加藤六蔵は幕末期に安泰丸《あんたいまる》という船を所有し、塩の廻船業で財を成した。

藩営に失敗した富士見新田でおこなわれていた製塩は、民間に売却された後もしばらく続けられたようだが上手くいかず、塩浜は天保年間の末には田畑に起こし返された。

▼信州中馬
信濃伊那地方の百姓が副業としてはじめた馬による物資輸送。

▼三州馬稼ぎ
三河の山間部の百姓がおこなった馬による物資輸送。信州中馬と権利をめぐって争った。

石灰製造

愛知県と静岡県の県境付近は弓張《ゆみはり》山系と呼ばれる山地で、石灰岩地帯が広がっている。嵩山《すせ》村では、十七世紀後半から石灰岩を焼き、漆喰や肥料に用いられる石灰《いしばい》（白土）を製造していた。この「石灰焼稼」は一五人の村民によって独占されていたが、寛政四年（一七九二）にほかの村民も参加したいと願い出て争論になった。一五人は石灰焼きに使用する薪を採取するための入会権は自分たちの先祖に与えられたもので、薪運上も納めていると主張し、ほかの村民は石灰に課せられた年貢は村として納めているので一五人に限るべきではないと主張した。結果は一五人の敗訴となり、ほかの村民一五人を加えた三〇人で石灰を製造することになった。

文政四年（一八二一）、藩財政再建策の一環として、嵩山村の後藤庄五郎に対して石灰役所の設立が命じられた。庄五郎は牛川村乗小路《のりこうじ》の牛川鉱山で新たに発見された石灰岩を採集し、石灰の製造をはじめた。同十三年には藩士福島献吉の尽力もあって江戸に輸送して販売することに成功した。この藩営による石灰製造販売は、明治三年（一八七〇）まで続けられた。

牛川鉱山は廃藩後に後藤家の所有となり、採掘が続けられた。なお、昭和三十年代にこの採石場から発見された骨は、東京大学の教授により人骨と鑑定され、「牛川人（牛川原人）」と名付けられたが、現在では人骨であるという見方は否定されている。

武士の内職と豊橋筆

吉田藩財政の悪化にともなう引米政策は、藩士たちの困窮度合を加速させた。藩士たちは内職をして何とか生計を保たなくてはならず、毛筆・張り子面などの工芸品製造、手習いの師匠、あるいは娘を女中奉公に出すなどして金銭を得た。下級藩士は持参金目当てで他領の百姓の娘を嫁に迎えることもあった。山本恕軒《やまもとじょけん》の父定七は、刀拵《こしら》えや錺《かざり》職の内職で得た金銭を貸し付け、一代で金五〇〇両の財をなしたというが、これは稀有な成功例であろう。

豊橋筆は、吉田藩士の内職から生まれた伝統工芸品である。吉田での毛筆生産は、文化元年（一八〇四）に藩が京都から筆師の鈴木甚右衛門を招いて製造させたのがはじまりとされる。藩領の野山にはイタチやタヌキなどの野生動物が多く生息していたことから原材料が手に入りやすく、製造も人目に触れることなくできたため、藩士の内職として広まっていった。

明治になると教育の普及により毛筆需要が高まり、元足軽の芳賀次郎吉《はがじろきち》や弟子の佐野重作の努力により地場産業として定着し、「豊橋筆」の名が知られるようになった。昭和五十一年（一九七六）には「伝統的工芸品」に指定され、現在でも多くの書家に愛用されている。

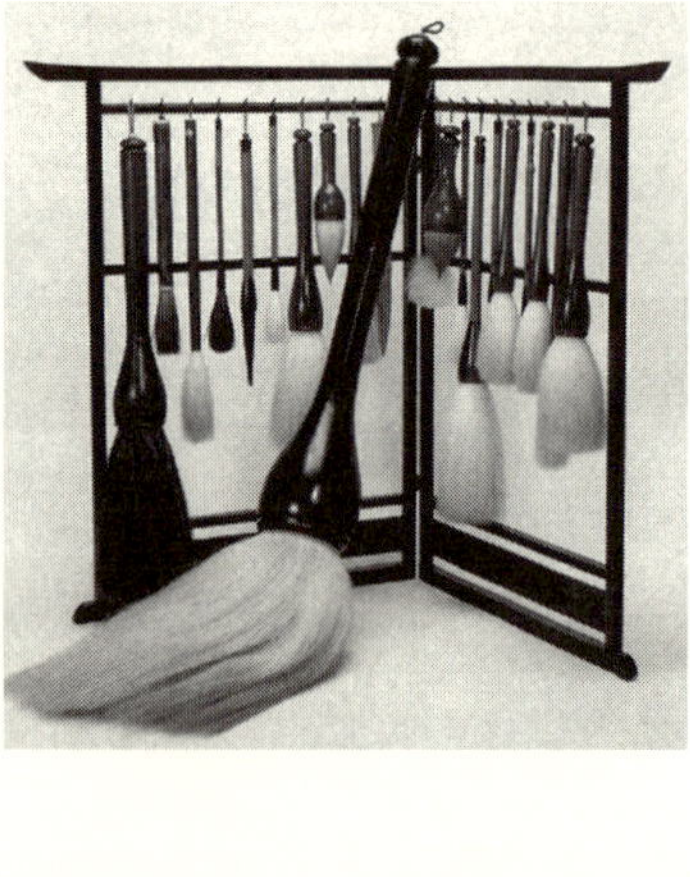

豊橋筆（豊橋筆振興協同組合提供）

これも吉田

吉田・豊橋の人物

小野湖山（一八一四～一九一〇）

吉田藩領である近江国浅井郡高畑村（現滋賀県長浜市）の医師の家に生まれた。

天保元年（一八三〇）に漢詩人の梁川星巌に入門し、江戸へ出た。水戸へもたびたび足を運び、会沢正志斎、藤田東湖、武田耕雲斎らと交友し、水戸藩主徳川斉昭の知遇も得て、勤王の念を強く抱いた。

（『小野湖山翁小伝』より）

嘉永五年（一八五二）に江戸詰めの儒者として吉田藩に召し抱えられた。安政五年（一八五八）に安政の大獄がはじまると、湖山も処罰対象者として名が挙がった。

翌年、湖山は罪人として吉田へ送られ、城内に幽閉された。幕府に捕まれば斬首される恐れがあったため、湖山の身を案じた藩主松平信古の計らいであったとされる。

文久三年（一八六三）に幽閉が解かれ、藩校時習館教授となった。

廃藩置県後は東京へ移り、明治六年（一八七三）に上野不忍池の畔に居宅を構えて詩酒風流の生活をおくった。その後京都へ移住し、再び東京巣鴨へ転居したが、湖山のもとには、その名声を慕って同好の人々が多く集まった。大沼枕山、鱸松塘とともに、明治の三詩人に数えられる。

山本速夫（一八二五～一八七四）

吉田藩士で剣術師範の亀井六五左衛門重正の長男に生まれ、はじめは亀井孫六重雄と名乗った。幼少期から文武に秀で、剣術修行に励み、羽田野敬雄に国学を学んだ。

国学の影響から勤王の志が強かったが、文久三年（一八六三）に藩主松平信古に従って大坂に赴くと、その念を深めた。

元治元年（一八六四）一月に親類へ出した書状には「もし天皇が兵を招集すれば直ちに馳せ参じるつもりである。」と、思いを書き綴った。

禁門の変後の同年八月、孫六は大坂で脱藩し、山本一郎、後に速夫と名を変えた。脱藩後は藩や幕府の追手から逃れ、各地をまわりながら倒幕運動に加わった。京都では公家の鷲尾隆聚邸に潜伏し、香川敬三、坂本龍馬、田中光顕らと交流した。

慶応三年（一八六七）に鷲尾が高野山で挙兵すると、これに従って部隊を指揮した。

翌年四月には、新政府から吉田藩に対して、速夫を帰藩させるように指示があり、新たに五十石で召し抱えられた。しかし、間もなく新政府に召し出され、若松県（現福島県）大参事などを歴任したが、病に倒れ、明治七年（一八七四）に没した。

浅井弁安（一八二二～一八八七）

浅井家は、江戸時代初期から代々吉田下

り町で医業を営んでいた。

　弁安の父完晁は、田原藩の渡辺崋山、三宅友信、鈴木春山らと親交があり、蘭学に興味を持ち、西洋医学を研究した。

　弁安は、父と親しい春山に弟子入りし、同じく田原藩の村上範致に高島流西洋砲術を学んだ。天保十二年（一八四一）に江戸へ出て、田原藩邸で同藩士の診察にあたる一方、津山藩医で幕府天文方に勤めていた箕作阮甫から西洋医学を学んだ。翌年、父が没したため吉田に戻って跡を継いだ。

　嘉永三年（一八五〇）、弁安は阮甫に依頼して取り寄せた牛痘痂を用いて種痘を実施した。この前年には同じ吉田藩領の八名郡藤ヶ池村（豊橋市）でも鈴木玄仲が種痘を実施しており、吉田藩では全国的にも早

（豊橋市美術博物館蔵）

い段階で種痘がおこなわれていた。

　安政元年（一八五四）、弁安は吉田藩の出入医師となり、文久二年（一八六二）には吉田藩医に取り立てられた。

　吉田（豊橋）における医学向上のために努力した弁安は、大沢玄龍、鈴木玄仲と並んで吉田の三名医と称された。

大口喜六（一八七〇〜一九五七）

　吉田船町で薬種商を営む旧家に生まれた喜六は、幼少期から秀才として知られ、児島閑窓に漢学を、穂積清軒の好問社で英語を学んだ。

　東京帝国大学で薬学を修め、帰郷して薬局を開業したが、政治の道に進むことを決意し、明治二十六年（一八九三）に立憲改

（国立国会図書館蔵）

進党に入党した。同二十八年に豊橋町会議員に当選し、同三十一年には三浦碧水の後継者として豊橋町長に就任した。

　当時の豊橋では、遠藤安太郎らの実業談話会（実業派）が勢力を拡大し、町政に影響を及ぼすようになっていた。喜六はこれに対抗するため、公同会（同志派）を結成した。実業派には自由党系の近藤寿市郎が接近し、改進党系の同志派とは何かと対立することになり、豊橋の政界を二分する構図は太平洋戦争中まで続いた。

　明治三十九年八月から市制を施行し、初代豊橋市長に就任した。同四十年には陸軍第十五師団の豊橋誘致に成功した。

　国政にも進出し、明治四十五年から昭和十七年（一九四二）まで衆議院議員を十期務めた。

　豊橋を代表する政治家である一方、郷土史にも造詣が深く、『国史上より観たる豊橋地方』などの著作を残した。

神野《かみの》金之助（一八四九〜一九二二）

　牟呂・磯辺沖の新田開発は、明治二十一

年（一八八八）に旧長州藩主一族の毛利祥久によって着手された。完成した吉田新田（通称は毛利新田）は、同二十五年の収穫直前に暴風雨に襲われて破壊し尽された。

　同二十六年四月、泥海と化した吉田新田を買収して開拓に乗り出したのが、尾張国海西郡江西村（現愛知県愛西市）の在郷商人の子に生まれた神野金之助である。

　金之助は、明治九年に名古屋へ進出し、様々な事業を展開する中で、吉田新田の再建に乗り出し、人造石で高い堤防を築いた。完成した堤防の重要な部分には等間隔で観音像を安置した。これは仏教を厚く信仰していた金之助の発案によるもので、入植者の信仰心を高め、巡拝することで堤防を踏みしめると同時に、破損個所の早期発見をねらったものであった。

（神野三男編『暦日（1）』より）

　同二十八年、吉田新田は金之助の名字にちなんで神野《じんの》新田と改称された。海を干拓した土地であったため、当初は生産量が低かったが、大正時代には安定した収穫が得られるようになった。
　神野新田の経営を引き継いだ婿養子の三郎は、豊橋商工会議所会頭、中部瓦斯株式会社社長、豊橋交通株式会社（現豊橋鉄道株式会社）社長などに就任し、豊橋の産業発展に功績を残した。

村井弦斎（一八六三〜一九二七）

（平塚市博物館蔵）

　村井家は代々松平伊豆守家に仕えた。六代目の清は、戊辰戦争時の谷中事件で隠居・謹慎処分を受けたため、長男である寛（後の弦斎）が家督を継いだ。清は、明治七年（一八七四）に東京で漢学塾を開き、渋沢栄一の子女らに漢学を教えた。

　同年に東京外国語学校に入学した寛は、ロシア語を学んで首席になったが、病気と学費不足により退学を余儀なくされた。しかし、同十七年に渋沢から餞別をもらってアメリカに留学した。

　同二十三年、「郵便報知」に『小説家』を連載し、作家活動をはじめた。

　弦斎は啓蒙小説を発表することで、家庭生活の改善と合理化を目指した。代表作は「百道楽シリーズ」で、特に食育の大切さを説いた『食道楽』は人気を博した。

　神奈川県平塚市に広大な土地を買って移住した弦斎は、各界の著名人と交友し、食材を自給する優雅な「食道楽」生活を実践した。しかし、晩年には断食の研究、竪穴住居に住んで自然にあるものだけを食べる生活を実践した。

　なお、NHKの朝の連続テレビ小説『ごちそうさん』に登場した室井幸斎は、弦斎がモデルである。

近藤恒次（一九一〇〜一九七八）

豊橋市中柴町に生まれた恒次は、豊橋中学(現県立時習館高校）時代に古本屋で見つけた羽田野敬雄関係の古文書を、父親が何も言わずに買ってくれたことから郷土史研究を志すようになった。

教員志望であったことから東洋大学に進学し、市立商業学校、市立工業学校、県立時習館高校の教諭を歴任した。

市立工業学校時代の昭和二十年八月には、豊川海軍工廠空襲で教え子七人を失い、自身は九死に一生を得た。この体験から、後に当事者として『学徒動員と豊川海軍工廠』という鎮魂の一書を著した。

教鞭を執るかたわら、昭和十年から船町の郷土史家佐藤又八（閑翠）に師事し、本格的に郷土史研究と郷土資料の収集に情熱を傾け、数多くの著作・論考を残した。

三河における郷土史研究の第一人者であり、愛知大学綜合郷土研究所員、豊橋市文化財保護審議会委員、豊橋市史編集委員などを務めた。

恒次が永年にわたって収集した資料は「橋良文庫」と名付けられ、豊橋市美術博物館と豊橋市中央図書館に収められている。

中村正義（一九二四〜一九七七）

（豊橋市美術博物館提供）

豊橋市花田町に生まれた正義は、市立商業学校に進学したが、病気のために退学を余儀なくされた。病気療養するはずであったが、日本画家の夏目太果に師事して絵の勉強をはじめた。

昭和二十一年（一九四六）に中村岳陵に師事すると、同年の日展で「斜陽」が初入選し頭角を現した。三十六歳の若さで日展の審査員になったが、自由な表現活動に邁進するため、同三十六年に日展を脱退した。

その後の正義は、新しい日本画表現を目指し、蛍光塗料やボンド・油絵具など、当時の日本画では非常識といえる素材を使用し、実験的な試みを続け、原色を多用した奔放でエネルギッシュな表現を展開した。

描く対象は、舞妓や風景・花・仏など古くからある画題を扱ったが、いずれも独特の解釈により、象徴的に表現している。

同四十九年には星野眞吾・山下菊二・斎藤真一ら個性豊かな画家七人で从会（ひとひとかい）を結成し、展覧会を開催した。同会は、タテではなくヨコのつながりを重視した正義の理想とする組織である。

人間のリアルな姿を描こうとした正義は「絵はキレイであってはならない。うまくあってはならない。芸術はいやらしい」と語っている。

第四章 三河吉田藩の文化

藩校は三河国で最も早く設立。藩領では城下を中心に様々な文化が花開く。

藩校時習館跡

①藩校時習館と吉田藩の教育

時習館では藩士の子弟が文武両道の修業に励み、治国の基幹となる人材が育成された。知識人たちのネットワークは、吉田の地にも西洋の知識や情報をもたらした。十九世紀以降に増加した寺子屋は、庶民の子供が生活に必要な知識を身に付ける場となった。

時習館の創設

江戸時代には全国に藩校が設けられ、藩士の子弟を教育した。三河吉田藩の藩校「時習館《じしゅうかん》」は、宝暦二年（一七五二）に藩主松平信復《のぶなお》によって設立された。これは三河諸藩の中では最も早い設立である。

信復は、父信祝が招いた荻生徂徠《おぎゅうそらい》の高弟三浦竹渓《みうらちくけい》のもとで儒学（古文辞学派★）を修め、藩校の設立を思い立った。宝暦二年六月二十八日、吉田在城中の信復は全藩士に対して「城内八町小路の御用屋敷を諸稽古所とする。稽古の内容は、文学・詩会・弓・木馬・鎗・剣術・柔術・算術とする。これらを志す者は誰でも参上して稽古せよ」と通達し、一一カ条からなる「定《さだめ》」を出した。

「時習館」の校名は、『論語』の最初の章である「学而《がくじ》」冒頭の「子曰《しいわ》く、学び

家老北原忠光が揮毫した時習館扁額の拓本（原物は戦災で焼失）（豊橋市中央図書館蔵）

▼古文辞学派
儒学者の荻生徂徠が提唱した学派。中国古典に出てくる古語の意義を明らかにすることで、古典の本旨を知ろうとした。

て時にこれを習う。また説《よろこ》ばしからずや」から採っている。この句は「孔子はおっしゃいました。学んだことを機会があるたびに復習すれば自分のものとして身に付く。なんと喜ばしいことではないか」という意味である。藩校の名称として最適であるため、熊本藩や笠間藩などいくつかの藩校で採用された。

文化三年（一八〇六）一月、吉田在城中の藩主松平信明により「規条《きじょう》」が出され、それまでの「定」に代わり新たな建学精神と具体的な教育方針が示された。

「規条」の内容は、時習館を治国の基幹となる人材を育成する場と規定し、将来藩政に関与することになる藩士の子弟が、幼年時から学問に励み、人の上に立つ者の心得を修得することの必要性を説いた。さらに学問の重要性を述べた上で、学び方を素読《そどく》・会読《かいどく》・講釈《こうしゃく》の区分に分けて具体的な指示を出し、最後に幼年者の心得を述べて結びとした。毎年一月九日には、時習館で藩主や家老以下が出席して会初め（始業式）がおこなわれ、冒頭で「規条」が朗読されていた。

時習館では文武両道の修業が義務付けられていたが、宝暦二年の「定」、文化三年の「規条」ともに学問中心の記述であった。

三河吉田藩の主な武芸

種目	流派	主な師範
弓術	日置流雪荷派	横浜競家、安田六左衛門家
	日置流印西派	奥村五郎兵衛家、倉垣主鈴家
鎗術	宝蔵院流中村派	今村倫氏、室賀五左衛門家、能勢正備
剣術	平常無敵流	武井三悦、原田好方、安田三太夫家
	東軍流	新井彦左衛門家
馬術	大坪流	沢平八家
	大坪本流	大塚武秀、岡本円助家
居合術	田宮流	松平忠倫、北原忠光、遊佐十郎左衛門家
柔術	浅山一伝流	台島英貞、大川保道、松井興孝
	応変流	台島英貞、村上祥峯、岡本篤高
砲術	稲富流	安松金右衛門家
	荻野流	倉垣源左衛門家
	中川流	能勢清兵衛家
軍学	越後流	古野美福
礼法	小笠原流	飯野平七家

武芸については、天保十五年（一八四四）六月に出された目付触れの中で詳細が明示された。そこで示された武芸の種目は、弓術・鎗術・剣術・馬術・居合術・柔術・砲術・軍学・礼法（躾方《しつけかた》）の九科であり、成人した藩士であっても勤務の余暇には時習館の稽古所で研鑽を積むことが奨励された。

時習館の教授たち

ここでは、時習館で儒学を教えた教授たちを紹介する。

時習館の創設にたずさわった三浦竹渓は、開校時にはすでに老齢であったため出講することはなく、弟子の飯野《いいの》柏山《はくざん》が初代文学教授に就任した。柏山は幼少期から秀才の誉れ高く、浜松の儒者渡辺《わたなべ》蒙庵《もうあん》の紹介で太宰《だざい》春台《しゅんだい》★に入門し、後に竹渓に師事した。時習館教授として多くの藩士を育て、「吏隠草堂集《りいんそうどうしゅう》」を著したが、虚名に踊る学者を苦々しく思っていたこともあり、あえて出版はしなかった。

柏山の後に教授を引き継いだ西岡天津は、農家の出身であったが、その才能を見込まれて山方同心西岡谷八の養子となり、郷同心を務めた。勤務のかたわら柏山について学問を修め、儒者に取り立てられた。

文化八年（一八一一）、松平信明は考証学派★の大田《おおた》錦城《きんじょう》★を招いて二五人扶持を与え、江戸詰の儒者として召し抱えた。錦城が時習館で教えたのは文政二年（一

▼**太宰春台**
儒学者。荻生徂徠に師事し、経世論を発展させた。

▼**考証学派**
証拠にもとづいて中国古典を実証的に研究する学派。

▼**大田錦城**
古学・朱子学・陽明学などの長所をとって折衷した説を唱える折衷学に考証学を取り入れた儒学者。

▼**本居大平**
本居宣長の養子。紀伊藩に仕え、宣長の学問を普及させた国学者。

▼**国学**
日本の古典などを研究し、日本固有の精神や文化を明らかにしようとした学問。

八一九）七月から翌年九月までの一年余りであったが、これにより時習館の学風は古文辞学から考証学に移り変わった。文政五年に故郷の金沢藩に仕官したが、その後もたびたび江戸の吉田藩邸を訪れた。

郷同心であった中山美石《なかやまうまし》は、文化二年に吉田を訪問した本居大平《もとおりおおひら》★に入門して国学★・歌学を学んだ。一方で天津に学んだ儒学でも頭角をあらわし、文化十四年に時習館教授に就任した。後に吉田を訪れた錦城にも学んでいる。美石の性格は頑固で気難しい面もあったが、ユーモアを交えた巧みな話術を持っており、信明《のぶあきら》・信順《のぶより》・信宝《のぶとみ》の三代の藩主から厚い信頼を得ていた。

美石の後任は、大田錦城の三男晴軒《せいけん》が務めた。父に劣らぬ秀才で、『三経小《さんきょうしょう》伝《でん》』や『老子全解《ろうしぜんかい》』などの著作を残した。

幕末期の時習館は、西岡翠園《すいえん》と山本恕軒《じょけん》が交互に実権を握った。西岡天津の子である翠園は、錦城や晴軒に師事して時習館教授に就任した。その性格は温和で物静かであったという。嘉永三年（一八五〇）に晴軒の子晴斎《せいさい》の言動が原因で時習館全体がストライキに入るという、いわゆる時習館騒動が発生し、その責任をとって辞任した。翠園の跡を引き継いだ山本恕軒は、時習館教育の刷新をはかり、藩主信古《のぶひさ》に対しても積極的に進言した。しかし家老に疎まれたため新居下改《したあらため》に左遷され、翠園が復権した。文久元年（一八六一）、翠園は時習館に付属する梅花文庫《ばいかぶんこ》を設置し、多くの蔵書を収めた。明治五年（一八七二）の

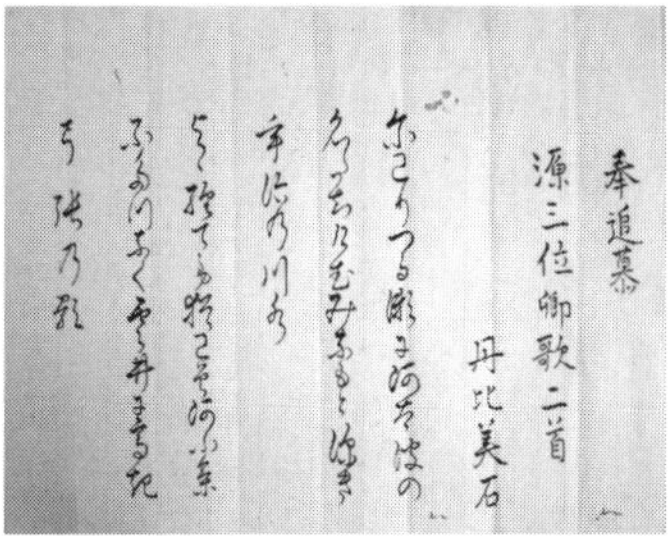

中山美石が松平伊豆守家の先祖とされる源頼政を追慕して詠んだ和歌
（豊橋市美術博物館蔵）

中山美石画像
（『中山美石小伝』より）

調査によれば、梅花文庫の蔵書は一二七部（一八〇一冊と二帖）であった。翠園没後に復権した恕軒は、慶応四年（一八六八）に時習館の教育内容を初等教育と中等教育に分ける改革をおこなった。

江戸の吉田藩邸で生まれた児島閑窓《こじまかんそう》は、幕府の昌平坂学問所で学び、嘉永六年（一八五三）に水戸・会津・米沢の各藩を遊歴し、藤田東湖《ふじたとうこ》★ら著名な学者たちと交友関係を築いた。陽明学★を信奉していた閑窓は、旧弊を打破するため、明治元年十月に時習館内に漢学寮を設置し、学風を刷新させた。同三年には漢学寮に相対するものとして、国学を教える皇学寮が設置された。時習館は廃藩置県後の同五年二月八日に廃止され、百二十年の歴史に幕を降ろした。

明治二十六年、旧藩士たちが中心となって私立補習学校を設立し、旧藩校の名称にちなんで時習館と命名した。同校は同二十八年に豊橋町立豊橋尋常中学時習館となり、同三十三年に愛知県立第四中学校（現在の愛知県立時習館高等学校）となった。閑窓は生まれ変わった時習館でも教鞭を執っていたが、同四十一年に教室で倒れて帰らぬ人となった。

柴田善伸の好奇心

吉田藩の地方役人であった柴田善伸《しばたよしなが》は、ひたむきな好奇心の持ち主であり、洋

児島閑窓

▼**藤田東湖**
水戸藩の儒学者。尊王攘夷派の志士に影響を与えた。

▼**陽明学**
中国明代の王陽明が唱えた儒学の思想。「知行合一」を説き、実践を重んじた。

▼**大槻玄沢**
陸奥一関出身の蘭医、蘭学者。

▼**司馬江漢**
江戸出身の洋風画家、思想家、蘭学者。

▼**鈴木春山**
三河田原藩医。蘭学者、兵学者。

▼**箕作阮甫**
美作津山出身の洋学者。

学者の大槻玄沢《おおつきげんたく》★・司馬江漢《しばこうかん》★・鈴木春山《すずきしゅんざん》★・箕作阮甫《みつくりげんぽ》★、国学者の伴信友《ばんのぶとも》★・夏目甕麿《なつめみかまろ》★・中山美石らと幅広い人的ネットワークを築き、様々な知識・情報を探求した。

農政の担当者として、領内の地理や田畑の面積を正確に把握することが重要であると考えた善伸は、伊能忠敬の高弟渡辺啓次郎に師事して測量術を学んだ。ガラスを用いて測量器具を自作し、業務で必要な海岸線の測量に活かした。その成果は「中富士見新田図」にあらわれている。

もともと地図に関心を持っていた善伸は、十九歳の時に上司が所蔵する「改正日本輿地路程全図」を借りて書写した。これをきっかけとして、吉田藩士、御用達商人、各地の知識人たちから地図を借りては書写するようになった。

文化四年（一八〇七）にロシアが蝦夷地を攻撃したことを耳にした善伸は、人が住んでいる世界はどこまで広がっているのか知りたいと思うようになり、万国図（世界地図）を買って世界中のことを調べるようになる。万国図は高価であったため、同僚の藩士と共同出資して購入した。世界へ向けられた善伸の好奇心は、地図のみにとどまらず、学問体系や文字、天文学、政治情勢など多方面へ広がっていった。

また、善伸は各地の災害情報にも関心を寄せた。江戸の火事を知らせる瓦版を収集し、幼い頃に伝え聞いた浅間山《あさまやま》や雲仙普賢岳《うんぜんふげんだけ》の噴火に関する情報、地域に残された宝永地震の記録などを書き留めた。

▼伴信友
若狭小浜藩士。国学者。

▼夏目甕麿
遠江白須賀出身の国学者。

柴田善伸画像
（『米価記　善伸翁遺稿其二』より）

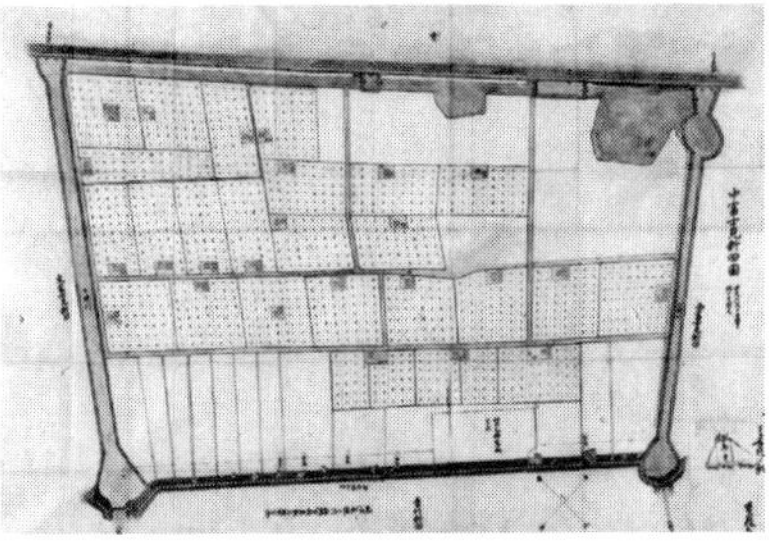

中富士見新田図
（豊橋市美術博物館蔵）

善伸は公務で江戸や大坂を訪れることがあったものの、人生の多くを吉田という地方の城下町で過ごした。しかし、海外まで広がった彼の好奇心は、吉田の地に西洋の新しい知識をもたらした。

藩領の寺子屋

十九世紀になると藩領内に数多くの寺子屋という庶民教育機関が設けられた。明治維新前に現在の豊橋市域で設立された寺子屋は一九六軒を数えた。寺子屋では庶民の子供たちが初歩的な教育を受け、教授者は「師匠」、生徒は「筆子《ふでこ》」と呼ばれた。寺子屋というだけあって師匠は僧侶が多いが、武士・村役人・商人・神官・医者などもいた。

寺子屋の教科は、俗に「読み・書き・そろばん」といわれるが、習字がメインで、それに読書が付随した。そろばんを教えるところは少なかった。習字は手習い手本をもとに勉強した。「いろは」からはじまり、人名や近隣の地名、三河国などの国名と進み、さらに「往来物」と総称される教科書で、手紙の書き方や農業・商業に関することなど、生活に必要な知識を身に付けた。

吉田城下町に隣接する渥美郡羽田《はだ》村の多聞山浄慈院《じょうじいん》は、文化年間（一八〇四～一八一八）頃から明治六年（一八七三）まで約六十年にわたって寺子屋を運営して

渡辺崋山筆「一掃百態図」より寺子屋の図
（田原市博物館蔵）

文化年間に寺子屋をはじめた浄慈院住職の普門覚圓
（浄慈院蔵）

いた。筆子の数は当初一〇人ほどであったが、幕末期には五〇人を超えた。入学者の年齢は八~十歳が多かった。男子しかいない寺子屋もあったが、浄慈院では少数ながら女子の名前もみえる。入学の日は、縁起が良いとされる二月の初午《はつうま》★と決まっており、入学する子は赤飯を持参し、それを筆子みんなで食べて仲間入りした。年間行事としては正月の書初め、短冊を飾る七夕祭、菅原道真《すがわらのみちざね》★の月命日である二十五日におこなわれる天神祭などがあった。お札配りや城下町への買い物といった寺の手伝いも学習の一環であった。

先述の通り、そろばんを教える寺子屋は少数であったが、吉田藩領では和算★が盛んであったことから、算学塾で学ぶ者もいた。中でも新銭町の彦坂菊作《ひこさかきくさく》の私塾秀文堂《しゅうぶんどう》はそろばんの初歩から関流和算《せきりゅうわさん》★の奥儀までを教えたため、遠方からも入門者があり、明治十二年に没するまでの入門者数は数千人に及んだという。菊作の名声は藩主松平信古の耳にも届き、小役人格算術方《こやくにんかくさんじゅつかた》として藩士に召し抱えられ、七人扶持を与えられた。

▼**初午**
二月の最初の午の日。

▼**菅原道真**
平安時代の学者。没後は天満天神として祀られ、学問の神として信仰される。

▼**和算**
日本で独自に発達した数学。

▼**関流和算**
和算を発展させた数学者の関孝和を祖とする和算の流派。

②

吉田藩領の文化人たち

様々な人が行き交う東海道の宿場町には、多様な文化が花開いた。
庶民を中心とした俳諧グループの活動や、国学の広まりによる和歌の流行がみられた。
画業を志した人々は京都や江戸で技術を磨き、帰郷して吉田画壇をリードした。

俳諧の広がり

戦国時代に連歌★をより気軽に楽しめるようにと登場した俳諧★は、江戸時代初期に松永貞徳《まつながていとく》によって大成された。貞徳の一門は貞門派と呼ばれ、吉田には早くから貞門派の俳諧師が存在した。初期の吉田俳壇では、小野愚侍《おのぐじ》・神戸可入《かんべかにゅう》らが知られ、その後流行した談林派や松尾芭蕉の蕉風俳諧になびくことなく、古風な貞門派の句を詠んだ。愚侍は、吉田から遠江白須賀《しらすか》（静岡県湖西市）を舞台にした仮名草子★『ねごと草』の著者でもあり、同書には俳諧が挿入されている。

十八世紀後半に美濃派★の古市木朶《ふるいちもくだ》が登場すると、吉田を中心に東三河から西遠江にかけて多くの門人を抱えた。当時名古屋で勢力を広げていた中興俳諧★の加藤《かとう》暁台《きょうたい》・井上士朗《いのうえしろう》は東三河への拡大を目指したが、木朶一門の存在は彼らの進出

▼**連歌**
五七五の長句と、七七の短句を交互に読む文芸。

▼**俳諧**
品がなく滑稽な連歌を指す「俳諧連歌」の略称。江戸時代に庶民的な文学として流行した。

▼**仮名草子**
平易な仮名または仮名交じり文で書かれた小説類。

▼**美濃派**
松尾芭蕉の門人各務支考が美濃国で興した俳諧の流派。

▼**中興俳諧**
十八世紀後半におきた、芭蕉の頃の俳諧を復興させようとして生まれた、新しい作風の俳諧。与謝蕪村が著名。

を阻止した。
文化七年（一八一〇）に木朶が八十四歳で亡くなると、木朶門下の有力者も次々と世を去った。木朶没後から文政年間（一八一八～一八三〇）にかけて、東三河から岡崎の鶴田卓池《つるだたくち》（井上士朗門人）に入門する俳人が続出した。天保年間（一八三〇～一八四四）になると卓池の名声はさらに高まり、吉田の俳壇も卓池の俳風に染まっていった。

吉田における卓池門下の中心は、吉田藩の御用達筆頭の福谷水竹《ふくたにすいちく》（油屋藤左衛門）であった。水竹は卓池門下全体でも有力者であり、卓池の追善集『夕沢集《ゆうさわしゅう》』では数多の門人を代表して序文を記している。

吉田本町の饅頭屋主人であった佐野蓬宇《さのほうう》（万屋権右衛門《よろずやごんえもん》、号は呉井園《ごいえん》）は、卓池の門人であった父の勧めにより十三歳で卓池に入門し、三河はもちろん全国各地の俳人たちと交流を深めた。嘉永三年（一八五〇）の水竹没後には吉田の俳壇を統率し、幕末期には全国規模の俳諧番付の上位に名前が載るほどまでに名を上げた。明治時代には俳諧の大御所として、投句の選者や句会の評者を務めた。蓬宇のもとには、句の批評を依頼する書状が全国から届けられた。

経済的にも裕福であった蓬宇は、吉田の文化を資金面でも支えた。親交があった羽田野敬雄《はだのたかお》★が羽田八幡宮文庫を設立する際には発起世話人になり、書籍もたびたび奉納して蔵書の充実に貢献した（第五章第三節参照）。また、吉田藩の藩校時

古市木朶画像
（古市和雄編『五束斎木朶遺句集』より）

佐野蓬宇

▼羽田野敬雄
第五章第三節参照。

習館の梅花文庫へも中国の歴史書『資治通鑑《しじつがん》』一四八巻などを寄附した。

民俗学の祖　菅江真澄

江戸時代後期の旅行家・博物学者である菅江真澄《すがえますみ》は、民俗学の先駆者としても知られている。はじめは白井英二《しらいえいじ》・秀雄《ひでお》などを名乗り、後年秋田へ移ってから菅江真澄と称した。真澄の生誕地については諸説あるが、渥美郡高須新田であったとされる。宝暦四年（一七五四）に生まれ、幼少期には吉田札木町の豪商植田義方《うえたよしえ》から国学や和歌の指導を受けた。真澄自身は義方のことを「学びの親」と呼んでいる。青年期には岡崎に住み、文人の国分伯機と交流した。一七七〇年頃に名古屋へ行き、丹羽嘉言《にわよしのぶ》★から漢学と絵画を、浅井図南《あさいとなん》★から本草学と医学を学んだ。

天明三年（一七八三）二月に三河を離れ、文政十二年（一八二九）に亡くなるまで四十六年にわたって旅を続け、信濃・越後・出羽・陸奥・蝦夷地をまわり、各地の名所や旧跡の記録を残した。真澄が記した日記・地誌・随筆は一三五冊に達し、東北各地やアイヌの民俗行事・民具・習俗を知るための貴重な民俗資料となっている。

師の植田義方との関係は、真澄が旅に出た後も継続された。天明七年には仙台から「奥州真野萱原の尾花」を、同八年には蝦夷地から「松前鶴の思ひ羽」を、

菅江真澄画像
（大館市立栗盛記念図書館蔵）

▼丹羽嘉言
尾張出身の南画家。

▼浅井図南
尾張藩医。本草学者。

寛政十年（一七九八）には津軽地方から旅日記『外浜奇勝』の草稿を、同十一年には南部田名部地方からアイヌが作った「マキリ（小刀）」を、享和元年（一八〇一）には津軽深浦《ふかうら》からロシア銀貨一枚を送っている。遠い異郷にありながら、繰り返し珍しい贈り物を届けており、両者の深い師弟関係がしのばれる。

享和元年十二月に出羽の秋田藩領に入った真澄は、十年間ほど出羽北部や男鹿半島を旅した。文化八年（一八一一）からは秋田藩関係者との交流がはじまり、久保田城下に住むようになった。そして秋田藩主佐竹義和《さたけよしまさ》の依頼を受けて出羽六郡の地誌作成に取り組んだが、文政十二年に地誌執筆の調査先で病に倒れ七十六歳で没した。

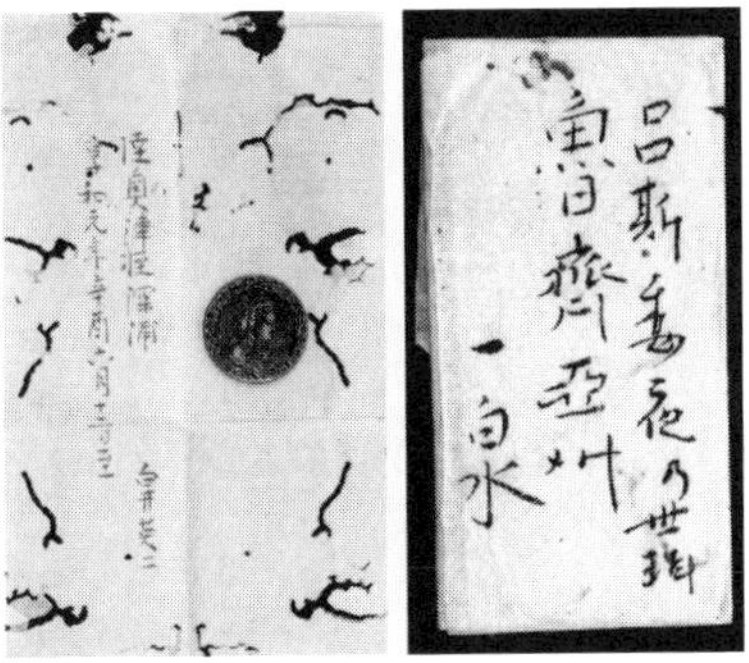
菅江真澄から植田義方へ贈られたロシア銀貨（個人蔵）

女流歌人　岩上登波子

遠江浜松藩の医師馬目玄鶴《まのめげんかく》の次女登波子《とはこ》は、幼少期から内山真龍《うちやままたつ》に国学や和歌を、井川淑慎斎《いがわしゅくしんさい》に書道を学んだ。十五歳で吉田藩士の岩上俊隆《いわがみとしたか》に嫁いで吉田へ越してきた。文化四年（一八〇七）、二十八歳の時に夫に先立たれて未亡人になった。それから間もなく国学者の本居大平に入門し、娘を育てながら学問や和歌に情熱を燃やした。

文化十四年に『伊勢物語』に出てくる語句を研究した『伊勢物語類語』を著し、

その序文で師の大平が登波子の学問に対する真摯な姿勢を称賛している。

文政四年（一八二一）には、古今・後撰・拾遺和歌集の「三代集」を基礎とし、それ以外の和歌集からも三代集の調子を持つ歌を選び出して分類した『三代調類題』八巻六冊を刊行した。当時、女性がこのような大部の歌書を出版するということは、全国的に見ても稀であった。この出版は、自らも大平門下であった藩主松平信順の後ろ盾があってのことであり、本書の完成を祝って褒美を与えている。また、出版を支援した時習館教授で国学者の中山美石とも学問的な結び付きが生まれ、美石没後はその弟子たちを指導して吉田歌壇を隆盛に導いた。

登波子は養子にも先立たれるなど、家庭的には悲哀を味わったが、女流歌人としての名声は高まっていった。文久元年（一八六一）には藩主松平信古の正室の薦めにより、約四十年の間に詠んだ和歌を集めた『登波子詠草』三巻三冊を出版し、その翌年に八十三歳で没した。

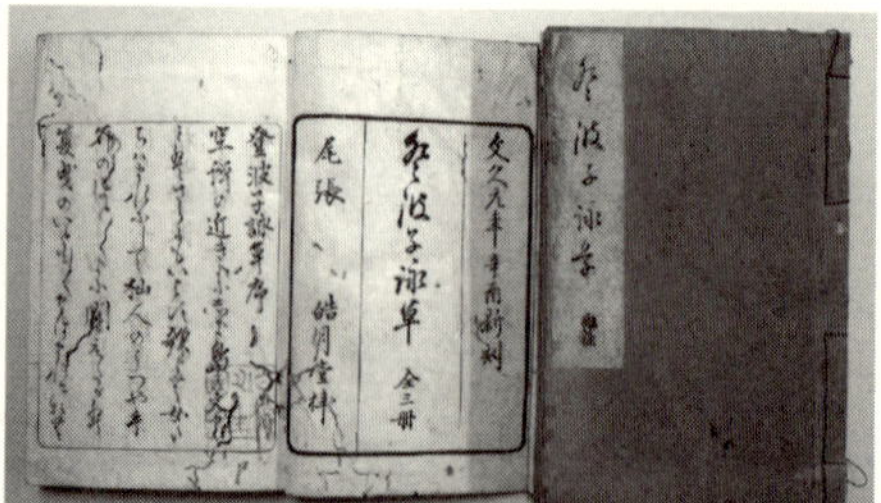
登波子詠草（豊橋市美術博物館蔵）

吉田の画人たち

恩田石峰《おんだせきほう》は、安永四年（一七七五）に吉田曲尺手《かねんて》町で生まれた。絵画を志して若くして京都へ行き、渡辺南岳《わたなべなんがく》★に師事して円山派★を学んだ。南岳から養子にと望まれたが帰郷し、吉田で画人としての腕を磨いた。当時の名声は、田原の渡辺崋《わたなべか》

▼渡辺南岳
美人画を得意とした画家。応挙門十哲のひとり。

▼円山派
円山応挙を祖とする写実的な画派。

山《ざん》★をしのぐともいわれた。弘化二年（一八四五）、吉田で石峰を会主とする新書画展観が開催された。四四〇人余りの出品者の中には円山応挙・渡辺南岳・岡本豊彦《おかもととよひこ》★・山本梅逸《やまもとばいいつ》★・椿椿山《つばきちんざん》★などの著名画家のほか、後に吉田画壇を牽引する稲田文笠《いなだぶんりつ》・原田圭岳《はらだけいがく》も名を連ねた。石峰はこの画会から二年後に七十三歳で没した。

　稲田文笠は、文化五年（一八〇八）に渥美郡野田村（豊橋市）で生まれた。絵を描くことが好きであったため、二十一歳で江戸に出て狩野派★を学び、天保元年（一八三〇）からは谷文晁《たにぶんちょう》の内弟子として住み込みで画業に精進し、谷姓を名乗ることを許された。同時期の文晁門下に横山文堂《よこやまぶんどう》という画人がおり、藩主松平信順が大坂城代京都所司代であった頃に上方で御用絵師として仕えていた。文笠は天保八年に吉田へ戻り、石峰没後は吉田画壇の中心を担った。安政元年（一八五四）の大地震で破損した吉田城二の丸御殿の書院の襖絵を依頼され、見事な竹を描いたことから、同三年に吉田藩の御用絵師に取り立てられた。画を好んだ藩主松平信古に対しても教授した。明治六年（一八七三）に六十六歳で没した。

　原田圭岳は、享和三年（一八〇三）に西尾（愛知県西尾市）の旅籠屋で生まれた。父の死後に家業をやめて画業を志し、円山派の鈴木南嶺《すずきなんれい》、四条派《しじょうは》★の岡本豊彦に師事した。天保年間に一時吉田船町に滞在し、江戸へ出たが、安政二年に吉田へ戻って永住を決意した。山水画・花鳥画・人物画と何でもこなし、明治維新後は崋椿系南画★の画法も取り入れた。明治十八年に八十四歳で没した。

▼渡辺崋山
三河田原藩の家老。蘭学者。南画家。

▼岡本豊彦
四条派の代表的な画家。

▼山本梅逸
尾張名古屋出身の南画家。

▼椿椿山
江戸出身の南画家。渡辺崋山に師事。

▼狩野派
日本画最大の画派。室町時代に成立して武家政権の庇護を受け、御用絵師としての家業を世襲した。

▼四条派
呉春を祖とする画派。円山派の写実性に南画の画風を加えた。

▼崋椿系南画
渡辺崋山や椿椿山の画の流れを汲む南画。南画とは中国の南宋画に由来する画風のことで、文人画とも呼ばれる。

幕末期から明治時代にかけては、渡辺崋山を生んだ田原から近いこともあり、崋椿系南画の影響を強く受けた。特に崋山の次男渡辺小華《しょうか》が豊橋に移住してきた明治七年以降は南画一色となった。小華は明治十年から同十五年まで豊橋関屋町の百花園に居住した。周辺には政治家・経済人・文化人らが住んでおり、小華を訪ねて各地の文人墨客も集まってきたことから、百花園は一大芸術サロンの様相を呈していた。

国元の吉田に対し、江戸では狩野派の画人が御用絵師を務めた。藩主松平信明が召し抱えた御用絵師には、狩野洞隣《かのうとうりん》★の門弟である松本洞閑《まつもととうかん》・山田洞雪《やまだとうせつ》がいる。洞雪の子香雪《こうせつ》（意誠《いせい》・真静《しんせい》）は狩野真笑《かのうしんしょう》★の弟子で、師にしたがって日光霊廟の修繕にあたったという。天保十三年に没した洞雪の跡を継いで御用絵師になった。天保期の作である「自江戸《えどより》至長崎《ながさきにいたる》東海道山陽道四国九州街道ノ図」は、江戸から九州までの道中を描いた街道絵巻で、藩主が手元に置いて眺めるために制作された。画力は父をしのぐと期待されたが、安政四年に四十歳で没した。香雪の子豊太郎はこの時わずか九歳であったが、祖父と父の功績により扶持を与えられた。彦根藩御用絵師の佐竹永海《さたけえいかい》に入門して永豊《えいほう》と名乗ったが、間もなく廃藩を迎えた。父と同じく短命で、明治十七年に三十六歳で没した。

▼狩野洞隣
浅草猿屋町代地分家狩野家の幕府御用絵師。名は由信。

▼狩野真笑
山下狩野家の幕府御用絵師。名は意信。

自江戸至長崎東海道山陽道四国九州街道ノ図（吉田城周辺）
（豊橋市美術博物館蔵）

3 祭礼と風俗

現代の豊橋を代表するお祭りである「鬼祭」と「祇園祭」は、江戸時代にも吉田を代表する都市的な祭礼として催され、藩主から旅人にいたるまで、人々を魅了していた。周期的に流行した御蔭参りは、参宮者だけでなく、宿場町の人々も熱狂の渦に巻き込んだ。

吉田天王社と祇園祭

吉田城内には、天王社・神明社・八幡社・秋葉社・金柑丸稲荷《きんかんまるいなり》の五社があり、それぞれ歴代藩主から厚い庇護を受けていた。

牛頭天王《ごずてんのう》を祀る吉田天王社（城内天王社、現吉田神社）は、三の丸の西隣に立地している（現在の主祭神は素戔嗚尊《すさのおのみこと》）。源　頼朝《みなもとのよりとも》が戦勝祈願のため家臣を代参させたと伝わり、戦国時代には今川義元が神輿を寄進した。

豊橋市の夏の風物詩といえば、花火で有名な豊橋祇園祭である。現在では、七月の第三金曜日から日曜日にかけて開催され、金曜日に手筒花火と大筒・乱玉を放揚し、土曜日に打ち上げ花火大会、日曜日に例祭と神輿渡御《みこしとぎょ》（頼朝行列）がおこなわれている。

吉田神社

江戸時代の祇園祭（吉田天王社祭礼）も、曲亭馬琴《きょくていばきん》★が「花火天下第一と称す」と記したように、花火で有名な祭礼であった。六月十三日から十五日にかけておこなわれ、花火は十三日に「上伝馬町晩ならし」、十四日に「本町の試楽《しがく》」と称しておこなわれた。

十三日は昼から花火を打ち上げ、黒赤黄色の煙が出るものや、唐傘や人形が降ってくるものもあった。夜も空には様々な種類の花火が上がり、下でも手持ちの花火に次々と火がつけられ「未だかつてあらざる奇観」を呈した。

十四日はさらに盛大におこなわれた。立物花火は、高さ二〇間ほどの船の帆柱のような柱に、長さ一〇間・幅六間ほどの障子の骨組のような枠を観音開きになるように取り付け、その枠に花火で様々な絵柄を表現したものである。立物花火に点火した時の様子は「火をつけると黒煙が渦巻き立って虚空にのぼり、火花が四方に飛び散り、白昼のように明るくなる。その響きは雷鳴のようで、見物の人々は魂が飛んで肝を冷やす。（その間に観音開きの仕掛けが開き）少し過ぎて煙が消えると、絵柄が鮮明に見え、ここに至って人々の歓声があがり、暫く止むことがなかった」という。大筒花火は、四尺廻りの木をくり抜いて火薬を三斗も詰めた花火で、台に載せると家の軒と同じ高さになった。これに火をつけると屋根の上まで火花が上がって四方に飛び、その光景は「桜花の嵐に散るがごとく、紅葉の風に乱るるがごとし」といわれた。ほかにも綱火・車火といった仕掛け花火も

『三河国吉田名蹤綜録』に描かれた吉田天王社祭礼の花火（個人蔵）

人々を魅了した。通りは花火見物の観衆があふれて立錐の余地もなく、屋根の上へのぼって濡らした莚《むしろ》を被って見物する者もいた。

祇園祭の花火は、木造家屋が密集する町の真ん中でおこなう危険なものであった。加えて人々も火を恐れなくなり、板葺きの屋根の上で花火見物をしながら煙草を吸うといった危険行為も枚挙に暇がなかった。それでも、祇園祭の花火で失火したことは一度もなく、人々は「神霊の守護」だと噂した。

十五日は神輿渡御である。六カ所の寺院が出す飾鉾に続いて、神輿を中心とした行列が進み、小太鼓二人・大太鼓一人が太鼓を打ちながら踊る笹踊《ささおどり》★がこれにしたがう。次に十五歳以下の男子が扮した源頼朝と乳母（これも男性）が馬に乗って通り、後ろから十騎（十二騎とも）が続く。

神輿渡御の最後は馬に乗った饅頭配り（饅頭喰）である。本町には藩主や藩の重役が見物するための桟敷が設けられていたが、饅頭配りは藩主の桟敷前にくると乗馬のまま「ごめんなりましょう。拙者源頼朝家来。頼朝先へ通られました。拙者ここで昼弁当をつかまつる」と口上を述べ、周りの警固役が持つ青竹の上に付けられた袋の中から饅頭を取り出して食べる。さらに饅頭をたくさんつかんで藩主の桟敷へ投げ込む。なお、投げた饅頭が藩主の体に命中すると吉祥といわれた。藩主に対してこのような振る舞いができたのはこの時だけであろう。さらに重役の桟敷へも投げ込み、それが終わると藩主の前に戻ってきて「殿様ますます

▼曲亭馬琴
江戸の戯作者。代表作は『南総里見八犬伝』。

▼笹踊
神事舞のひとつ。三人の踊り手が唐子衣装を身にまとい、太鼓を打ち鳴らしながら舞う。

『三河国吉田名蹤綜録』に描かれた吉田天王社祭礼の饅頭配り（個人蔵）

おなりに七十五万石。めでとうござる」と、七万石の三河吉田藩がますます繁栄するように口上を述べてから通過した。

文化二年（一八〇五）七月には藩主松平信明《のぶあきら》の帰国祝いとして本町、続いて三日後に上伝馬町が昼夜にわたって花火を打ち上げた。信明が江戸の嫡男信順《のぶより》に宛てた書状には、本町が上げたことで、ライバルである上伝馬町も対抗して上げたように書かれている。だが実際には両町とも中老倉垣主鈴《くらがきしゅれい》の依頼で上げており、主鈴が信明に「町人どもが祝いの花火をご覧に入れたいと申しております」とでも説明したのであろう。後日両町は主鈴の屋敷で花火の褒美を与えられた。

元治元年（一八六四）十二月、藩主松平信古は大坂城代として現地に赴任しており不在であったが、正室鋹子《としこ》と嫡男亀千代が在国中であった。しかし翌年五月頃には江戸へ戻ることが決まり、祇園祭の花火は見られないことになった。これを惜しんだ信古は、家臣に対し「妻子にどうしても花火を見せてやりたいので、町人に指示して三月頃に花火を揚げさせ、笹踊も上手な者を呼んで踊らせよ」と指示を出した。信古自身も祇園祭の花火を直接見物していたことから、どうしてもその感動を妻子にも味わってもらいたかったのだろう。

吉田神明社と鬼祭

安久美神戸神明社

▼司天師
平安が訪れたことを感謝して神楽や田楽を奉納する。司天は天文博士のことで、日と月の二人がいる。「四天子」「神天子」などの字をあてる事例もある。

▼卜占行事
「榎玉」を引き合い、一年の豊凶を占う神事。

天照皇大神《あまてらすおおみかみ》を祀る吉田神明社（城内神明社、現安久美神戸神明社）は、戦国時代に牧野古白が社殿を改築して今橋城（吉田城）の鎮守とした。今川義元も社殿を造営し、社領・太刀・祭礼用の面を寄進した。境内は三の丸の東を南北に通る神明小路の北側にあり、背後は朝倉川に面していた。明治十八年（一八八五）に吉田城址が陸軍用地となったため、八町通り（国道一号線）沿いの現在地に遷座した。同時に遷座していた旧城内五社の八幡社と秋葉社は、昭和二十年（一九四五）の豊橋空襲で焼失したため、翌年神明社に合祀された。

豊橋市を代表する祭礼である鬼祭《おにまつり》（国指定重要無形民俗文化財）は、現在では二月十日・十一日におこなわれ、「赤鬼と天狗のからかい」が有名である。また、タンキリ飴とともに白粉が振りまかれ、これを浴びると厄除けになるといわれる。豊橋では「冬の寒さは鬼祭まで」といわれており、春の訪れを告げる風物詩となっている。

江戸時代の鬼祭は正月十四日におこなわれていた。早朝から神楽が奉納され、男児が稚児となって舞う。大祭がはじまると黒鬼と天狗が登場する。黒鬼は大玉串を持っており、この大玉串は祭礼終了後に小坂井村（愛知県豊川市）の菟足《うたり》神社に奉納する慣習であった。神主が神前で天狗に祝詞を読み渡すと、天狗は喜んで鈴と扇を持って舞う。次いで司天師《してんじ》★が出てきて舞う。天狗と司天師の踊りは田楽の遺風を伝えるものである。その後は農作物の吉凶を占う卜占《ぼくせん》行事★、的を射て

鬼祭図絵馬（部分）
（安久美神戸神明社蔵）

五穀豊穣を祈る「的の神事」をおこなう。続いて赤鬼が登場し、天狗との「からかい」がはじまる。赤鬼はあの手この手で天狗を挑発し、互いを攻める所作を三度おこなう。追い詰められた赤鬼は境内の外へ逃げ出し、タンキリ飴を振りまきながら桟敷や氏子町内を走りまわる。「からかい」に勝利した天狗は長刀で切り祓う清めの神事をおこなう。そして最後に神輿渡御がおこなわれる。鬼祭は、はじめは田楽中心の農村的な祭礼であったが、元禄時代頃に賑やかな「からかい」を含む都市的な祭礼へと変容したと考えられる。

藩主が在国中は神明小路に桟敷を設けて鬼祭を見物することになっており、たとえ喪中であっても見物するほど楽しみにしていた。

女性の祭典　御衣祭

古代の東三河には伊勢神宮の荘園が多数存在し、神事に用いる衣装を作るための糸を献上する慣習があった。九世紀中頃には、糸を渥美半島先端の伊良湖《いらご》神社（愛知県田原市）に奉納し、ここで布を織り、船で渡海して伊勢神宮へ献上していた。その後、八名郡大野村（愛知県新城市）で作られた糸を遠州引佐《いなさ》郡岡本村（静岡県浜松市）で織り、その布を伊良湖から船で伊勢神宮へ奉納（御衣奉献）するようになったが、中世には途絶えていた。

赤鬼と天狗のからかい
（戸澤隆吉氏撮影）

元禄十二年（一六九九）、この御衣《おんぞ》奉献が御衣祭として復活したが、伊良湖ルートではなく吉田船町から伊勢航路で運ぶことになった。大野村で製された絹糸は十月一日に岡本村の初生衣《うぶぎぬ》神社へ送られ、ここで白絹布（御衣）に織られた。四月十三日に祭礼をおこない、本坂峠を越えて吉田田町の神明社（現湊神明社）まで行列を仕立てて御衣を運んだ。御衣は神明社で一宿し、翌十四日に船町から船で伊勢へ向かった。船は復活当初は定期便を利用していたが、最盛期には毎年新たに御衣船が造られたという。

この神事に際しておこなわれたのが、吉田名物のひとつとして賑わった女性の祭典「御衣祭《おんぞまつり》」である。四月十三日と十四日は、身分にかかわらず女性が紡績・機織・裁縫を一切休んだ。さらに吉田町人の十三、四歳以下の女性は、華やかな衣装や装飾品で着飾り、集団で手に手を取って、唄を歌いながら、町内はもちろん城内をも練り歩き、最後は田町神明社へ参詣した。裕福な町人の娘には乳母や下女が付き添ったため、女子が一〇人いればその付き添いは一五、六人もいたという。一行のルートは定まっておらず、様々にめぐり歩いた。この道中で踊りを所望する者は、玄関先に敷物を敷いて待ち受け、女性たちは御衣唄を歌い、伊勢音頭を踊った。それらが終わると、所望した者は菓子などを出してもてなした。

最盛期を過ぎた十九世紀初め頃には、十二、三歳の女子が出ることも珍しくなり、着飾ることも強制されることもなくなり、思いのままに女性が手に手をとっ

『三河国吉田名蹤綜録』に描かれた御衣祭（個人蔵）

て歌いながら田町神明社へ参詣するというだけになった。しかし、期間中女性が一切裁縫仕事をしないという風習は残った。明治八年（一八七五）に再び途絶したが、戦後まもなく再興された。

御蔭参りと参宮船

江戸時代には、御蔭《おかげ》参りや抜け参りと呼ばれる集団での伊勢参宮が、およそ六十年周期で大流行した。御蔭参りをする人々は、たとえ路銀を持っていなくても、沿道の人々が「施行」と称して食事や草鞋《わらじ》から宿、駕籠、馬まで無償で提供（施行）したため、不自由なく旅をすることができた。

御蔭参りの契機の一つに、お札降《ふだふ》り★がある。最初は仕掛け人が人目に付くところにお札を置いたのであろうが、お札降りをきっかけに村を休日にして大騒ぎし、話に尾ひれが付いて噂が広まることで、御蔭参りのムードが醸成された。

明和八年（一七七一）の御蔭参りは、四月に山城宇治《やましろうじ》から広まった。六月十日、渥美郡飯村《いむれ》の百姓の悴・妹・娘たち七人が親に無断で抜け出し、吉田から伊勢に向かう御蔭参りの群衆に紛れ込んだ。十二日、宮（熱田）から桑名までの七里の渡しの渡船に乗った。この船には七二人が乗っていた。しかし突然風雨が強まり波も高くなったため、船は転覆して乗客は海へ投げ出された。駆け付けた漁船に

伊勢参宮宮川之渡し（豊橋市二川宿本陣資料館蔵）

▼お札降り
天からお札が降ってきたという神異。

救助された者もいたが、溺死してしまった者もいた。飯村から来た七人のうち四人は助けられたが、女子三人（十歳二人・十四歳一人）が亡くなってしまった。うち一人は遺体も見つからなかった。いたましい海難事故であるが、男女混合の子供たちだけで御蔭参りに参加していたことがわかる事例である。

文政十三年（一八三〇）の御蔭参りは、閏三月に阿波国から広まった。吉田周辺の賑わいは六月頃から八月まで続き、街道は伊勢へ向かう群衆で埋め尽くされた。吉田宿では七月上旬から施行がはじまり、無賃の駕籠四一〇挺、馬六六疋、人足二五五〇人余りが出た。内容が華美なものになっていったため、藩から差し止めるように触れが出されたが、お構いなしでエスカレートしていった。

吉田宿の隣の二川宿でも前代未聞の賑わいになった。はじめは町の若い衆が施行駕籠を出していたが、次第に男は宿役人までが裸になって参加し、女も嫁や娘から飯盛女までが駕籠を担ぐようになり、大声で騒ぎ、唄を歌った。若い衆もこれに負けじと面白おかしい恰好をした。両隣の白須賀宿・吉田宿からも思い思いの恰好をした者が駕籠を担いできたため、相互に付き添いながら御蔭参りの人々を運んだ。

吉田の船町からは伊勢へ船が出ており（第一章第三節参照）、享保十四年（一七二九）から寛政九年（一七九七）までの乗船人数の記録が残っている。これを見ると、年平均では四五〇〇人ほどだが、御蔭参りが流行した享保十五年には四万二六八

伊勢山田の出船所「大崎屋九右衛門」の引札
（豊橋市二川宿本陣資料館）

三人、明和八年には一万四五七八人が利用しており、その熱狂ぶりをうかがわせる数字になっている。

秋葉信仰

江戸時代後期の三河では、伊勢信仰とともに秋葉信仰が人々の生活に浸透していた。秋葉山《あきはさん》（静岡県浜松市）は「火除《ひよ》けの神」として知られるが、もともと秋葉のご利益は「第一に戦の難、第二に火の難、第三に水の難」と位置付けられていた。中世以来、秋葉山は武家の信仰を集めていたが、江戸時代に城下町や宿場町など木造家屋が集まる町場が整備されると、人々の火除けに対する意識が高まり、火除けの神として秋葉信仰が広まった。

三河地域で秋葉信仰が広まった端緒は、貞享二年（一六八五）の秋葉祭であったとされる。この時、秋葉三尺坊の神輿が村から村へと継ぎ送られた。発祥地は遠江の山梨村・宇刈村とされ、東は大井川を越えて島田・藤枝、西は伊勢の坂下宿に至ったという。

火除けとしての秋葉信仰が定着するのは十八世紀後半頃とみられ、吉田藩領内でも秋葉社が建立された。十九世紀前半には秋葉山常夜灯が盛んに建立され、現在でも豊橋市内で七十余基が確認されている。文化二年（一八〇五）に吉田宿東

文化二年（一八〇五）に吉田城下に建立された秋葉山常夜灯

惣門に近い今新町の東海道と本坂通の分岐点に建立された常夜灯は東三河最大で、高さは五メートルを超える。当初は今新町の常夜灯として建立されたが、後に吉田惣町のものになった。秋葉山へ代参者を出すための代参講も各地で組織され、代表者が登山してお札を持ち帰って各家に配布した。

秋葉信仰は火除けだけでなく雨乞い祈願にも対応した。時習館教授の中山美石は、吉田藩領内に秋葉山からもらった火で松明を焼いて雨乞いをする風習があると記している。吉田城内に祀られた秋葉社では、日照りが続いた際に五穀成就を祈祷して雨乞いをすることがあった。

慶応三年（一八六七）、お札降りをきっかけに「ええじゃないか」騒動が巻き起こった。三河では伊勢神宮をはじめとする様々な寺社のお札が降ったが、最も数が多かったのが秋葉山のお札であり、三河の人々に秋葉信仰が根付いていたことがうかがい知れる。

『三河国吉田名蹤綜録』と『三河国名所図絵』

宝飯郡下地村の山本貞晨《ていしん》は、文化三年（一八〇六）頃に『三河国吉田名蹤綜録《みかわのくによしだめいしょうそうろく》』という地誌を著した。本書は吉田城下やその近辺の寺社・祭礼・名所・旧跡・地名の由来などについて、旧記や古文書を引用して紹介したもので、当時流行していた各地の名所図会に倣って編集された。彩色挿絵四九点が掲載されており、吉田の画人一四人が分担して描いた。全三巻を予定していたが、もともと未完成であったのか、散逸してしまったのか、現存するのは第一巻と第二巻の二冊である。浄書本は藩主に献上され、戦後まもなく旧家老家へ下付された。著者の山本貞晨は、『三河国吉田名蹤綜録』のほかにも『三河大津名蹤綜録』『羽田《はだ》名蹤綜録』『三河国下地名蹤綜録』という吉田藩領内の地誌を著している。

弘化元年（一八四四）、吉田上伝馬町の金物商夏目《なつめ》可敬《かけい》は、『東海道名所図会』に触発され、三河国の歴史や名所・旧跡を紹介する『三河国名所図絵《みかわのくにめいしょずえ》』の編纂を思い立った。東三河の部は嘉永四年（一八五一）に原稿が完成し、同六年頃に江戸日本橋の須原屋《すはらや》★に売り渡した。西三河の部は挿絵のない未定稿のまま、文久二年（一八六二）に可敬が亡くなったことで編纂計画は停止した。明治九年（一八七六）、編纂助手であった久田《ひさだ》登高《のりたか》が東三河の部の原稿を須原屋から買い戻し、西三河の部も含めて羽田野《はだの》敬雄《たかお》（第五章第三節参照）の校閲を受けた。その後、原稿が再度売却されて散逸したが、愛知県教育会によって稿本が探し出され、昭和九年（一九三四）に刊行された。

熱心な郷土史家である貞晨と可敬によって著されたこれらの地誌は、江戸時代後期の三河吉田藩の祭礼や風俗、町の賑わいぶりなどを視覚的に知ることができる貴重な資料である。

▼須原屋
江戸を代表する版元、書物問屋。

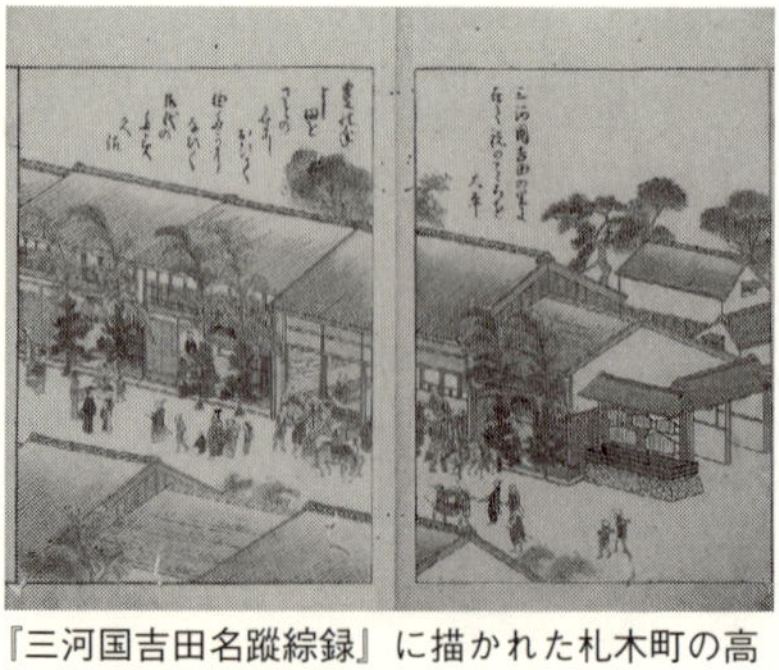
『三河国吉田名蹤綜録』に描かれた札木町の高札場付近（個人蔵）

第五章　幕末の動乱と三河吉田藩

藩主信古は風雲急を告げる上方へ。新政府に恭順した吉田藩は豊橋藩と改称。

中村道太碑

1

養子藩主をめぐる混乱

松平伊豆守家は、実子相続で藩主が続いてきたが、ついにその血脈が途絶える。

養子藩主信璋は家臣たちから侮られるが、危機的な藩財政を立て直そうと改革に乗り出す。

しかし、信璋は幽閉されて失意のまま亡くなり、財政再建策は頓挫する。

はじめての養子藩主

天保十五年（一八四四）十月十七日、藩主松平信宝《のぶとみ》が二十一歳で病死した。前藩主信順《のぶより》が隠居して藩主に就任から二年足らずであった。信宝には子がなく、このままでは松平伊豆守家が断絶してしまうため、その死は秘されて末期養子《まつご》★を迎えることになった。次期藩主に選ばれたのは、分家の旗本松平信敏の長男信時で、当時十八歳であった。さらに先代藩主信順の娘、つまり信宝の妹である六歳の貞《さだ》姫《ひめ》を信宝の養女とし、信時の許嫁とした。

こうして準備を整え、十一月二十日に信宝の名で末期養子願いを幕府へ提出し、ようやく信宝の死が公表された。二十二日、信時は呉服橋門内の吉田藩上屋敷へ入り、名を信璋《のぶあき》と改めた。

▼末期養子
跡継ぎがいないまま当主が危篤状態になった際に、家の断絶を回避するために緊急に養子縁組をおこなうこと。

伊豆守家では、初代信綱から九代信宝まで実子が相続してきた。江戸時代の当初からではないが、一人の養子を迎えることもなくここまで続いてきた家は稀有な存在である。ほとんどの大名家で養子藩主を迎えた経験があり、藩祖の血がまったく入っていない藩主も珍しくなかった。信宝の死によりはじめて養子藩主を迎えた伊豆守家では、今まで実子相続で続いてきたことが逆に仇となった。

新藩主信璋の実家は、信綱の六男堅綱《かたつな》を祖とする高千石の旗本であった。何人もの養子当主を迎えており、信璋の実父信敏は信綱の姉の血筋であった。つまり信璋は分家からの養子ではあるが、藩祖信綱の血がまったく入っていなかった。

信璋に向けられる吉田藩家臣団の目は冷たく、「すでに御他人」という思いを抱き、内心では「早々に信綱の血脈に復してほしい」と念願する藩士が多かった。信綱の血筋でないことに加え、わずか千石の旗本から七万石の大名家を相続したことに対する侮りから、江戸と吉田双方の家中が信璋を軽視したのである。特に江戸の家中は信璋の父信敏にも敵意を露わにし、信敏が「兵庫頭《ひょうごのかみ》」を名乗っていたことから「兵てき」などと呼ぶほどであった。

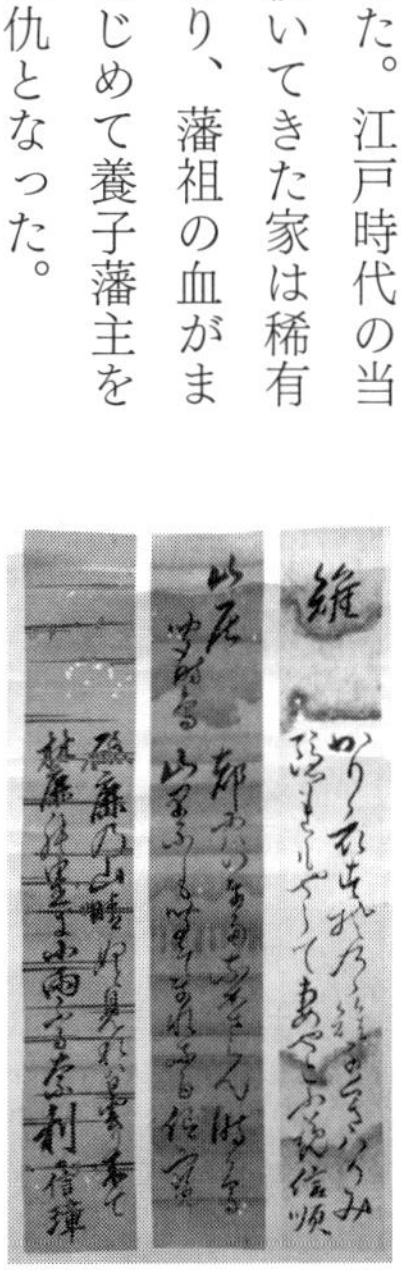

三代の藩主（松平信順・信宝・信璋）が詠んだ和歌（豊橋市美術博物館蔵）

財政改革に挑んだ信璋

第三章第三節で見た通り、吉田藩の財政は逼迫し、借財は雪だるま式に膨らんでいた。信璋時代の弘化二年（一八四五）に見積もられた収支計算によると、年貢収入が金三万一六三八両であり、家中の給与や諸経費を引くと約金四九一七両が残った。その一方で、一年で支払わなければならない借財の元金と利息を合わせると金三万八六三六両余となり、差し引きすると金三万三七一九両余の赤字となった。利息支払い分だけでも金一万五九八七両と年貢収入の額に達した。また、借財総額は嘉永元年（一八四八）の段階でおよそ金二九万八〇〇〇両に膨れ上がっていた。

この状況を何とかしなければと財政改革に乗り出した信璋は、嘉永元年九月十日に吉田城二の丸御殿の大書院に領内の御用達を集め、自ら藩財政の窮状を訴えて、「これまでも調達金に努めてくれているが、今回は我らの心痛を察して、さらなる力添えを頼みたい」と懇願した。具体的な内容は家老の和田肇《はじめ》から伝えられた。その内容は、今後五年間にわたって毎年暮に御用金を納めてほしいというものであった。翌日から十五日にかけて、吉田町役人と領内の村役人を吉田城内に集め、信璋自ら藩財政を立て直すために知恵を出してほしいと要請した。領民から金も知恵も搾り取ろうという、なりふり構わない財政再建計画であった。さらに藩経費の四割削減や家臣の引米のさらなる強化を目指したが、翌年の信璋の死去とともに頓挫してしまった。

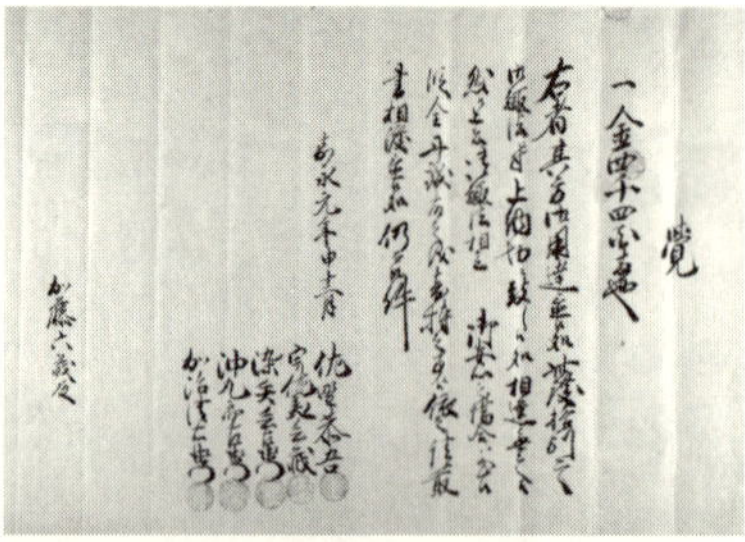
覚
嘉永元年申十月
加藤六蔵殿

前芝村の加藤六蔵は、吉田藩の求めに応じて金 4,400 両という大金を上納した。本資料は上納金の受取書（加藤隆章氏蔵）

藩主幽閉

嘉永二年（一八四九）、藩士山本恕軒《じょけん》は吉田藩が直面している難のひとつとして、藩主信璋の身がどうなっているのか一向にわからないことを挙げた。

当時江戸にいた信璋について、吉田はもちろん江戸の家中でもその所在を知るものは僅かであった。吉田へ伝えられた噂によると、嘉永二年七月に帰国する予定であったが延期になっているのは、信璋が正月以降半年間も幽閉されているためであるというものであった。その間、武芸はもちろん学問や手習いもさせてもらえず、茶のみが許されたので茶道の本を差し入れたところ「吾はかような亡国の書は読まぬ」と破り捨てた。それを見かねた小姓頭の岡本十左衛門が交渉し、三月頃から読書は許されたという。これを伝え聞いた恕軒は、「主君に不行跡があるならば諫言を重ね、学問を進めることこそ臣下の道理であるというのに、囚人同然に押し込めるとは、不忠乱賊で言語道断である」と憤慨した。

こうした幽閉の噂が流れていた信璋は、嘉永二年七月二十七日に二十三歳で没した。噂通りであれば幽閉されたまま亡くなったことになる。

②大坂城代松平信古

最後の藩主信古の時代には、異国船来航や安政の東海地震などの困難が待ち受けていた。幕末の混乱期に大坂城代に就任した信古は、鎖港問題や長州藩士への対策に頭を悩まされ、長州藩士の入京をくい止められなかったことにより、禁門の変後に城代の任を解かれた。

間部詮勝の教訓

信璋も跡継ぎがいないまま没したため、再び末期養子を迎えることになった。新藩主となったのは、越前鯖江《さばえ》藩主間部《まなべ》詮勝《あきかつ》の次男理三郎《りさぶろう》詮信《あきのぶ》で、信古《のぶひさ》と改名した。信古は伊豆守家とは全く血縁関係のない間部家の出身である。当然信綱の血筋ではなく、山本恕軒は「もはや祖宗（歴代の当主）の余沢は尽き果ててしまった」と歎いた。しかし「どこの家から養子に入ったとしても、聡明で家中や領内をよく治められる殿様であれば結構ではないか」と気を取り直し、新藩主を支えることを誓った。信璋時代の苦い経験がなければ、信古が藩主として家臣団に受け入れられることはなかったのかもしれない。

信古が養子入りするにあたり、実父の間部詮勝は次のような教訓を授けた。

間部詮勝
（鯖江市まなべの館提供）

あなたが松平伊豆守家の家督を相続することについて、人々は「めでたい」「恐悦である」などと話しているが、少しもめでたいことではない。なぜなら、同家は主人を失い、家臣たちは日夜悲嘆に暮れている。先代が存命であった頃は、あれこれと心を尽して奉公し、主人の明徳を仰ぎ尊び、家の勢いが再び盛んになることを期待していたところ、惜しいことに主人が短命で世を去ってしまい、仕方なく他家から養子を迎えることになったのである。

人の養子となる者は、実家にある時は父母に仕え、孝行することが人の守るべき道であるが、他家へ行ってしまっては実父母への朝夕の孝行はできなくなる。一つの憂いである。他家の子となれば、その家の父母に孝行するはずだが、今回孝行をせずにその家を相続することになってしまったのは、養父母への孝行ができないということである。二つの不幸である。文学・武術とも未熟のままでは、その家の当主として行き届かないことがある。三つの不肖である。わが身の落ち着く場所ができたといっても、この三つの心配事があるので、内心では喜ぶべき事ではない。その心構えがなければ、行き詰った時はやがて家臣に疎まれ、軽んじられ、ついにはその家の厄介者、愚か者になってしまう。

仁義礼智信の五情は人間の重要な部分であるから、一つでも欠けてしまえば家や国を治めることはできない。それを修行するのは文学である。また文学だから

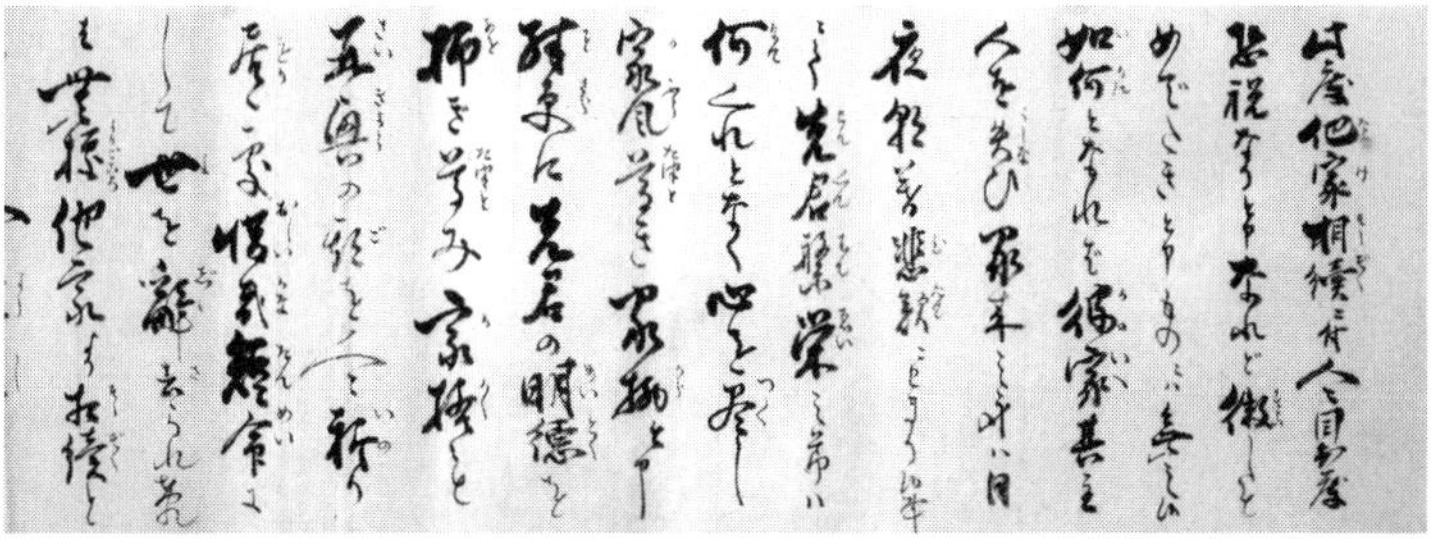

間部詮勝が松平信古に授けた「漫筆」（部分）（個人蔵）

と言ってごたごたと難しいことばかりでは、自然と道を誤ってしまうことが多い。わが日本は和の国であり、仮名文字を使用する国であるから、仮名の書物を読めば、心が和らいで国を治める助けとなることが多い。

今の世は情けを優先すべきであり、上から下の者をおどすようなことは劣った手法である。

人が慎むべきは色欲である。ここから道理に背くことが多い。養子の嫁がまだ幼児であれば、家来も気の毒に思って素性もわからない女人を妾として付けたがるものである。妻や妾は子孫の源であり大切な者であるから、素性の正しい者にするべきである。玉の輿というものは、顔は美艶であっても家や国に損が多いので慎むべきである。

食物は飽きるまで食べてはならない。酒は酔うまで飲んではならない。食が多い時は胃を破り、酒が多い時は肝を破る。こうしたところに気を付けない者を愚か者という。仙人には成らなくとも、天より授けられた寿命は全うするべきである。みだりに飲食する事は、これまでも様々な識者が丁寧に戒めていることである。

人に物を与えることを惜しむのは悪い。与えてはならない時に与えるのは悪く、与えるべき時に与えないのも悪い。与えれば良いといって、家に代々伝わる物をみだりに与えるのも悪い。重要な局面になって自分が大事にしている物を与えるのは良い。功績がない者に与えるのは悪い。無功の者に賞を与えた時は、有功の者がこれを恨む。

これらを見計らうことを勘弁という。心の計らいを機という。機を失った時には家臣が主人を馬鹿殿様だと評価する。家臣が意見を述べてきた場合も、同様に勘弁をしなければならない。慎みを怠る人は未熟者である。

もちろん、現代社会に生きる我々の価値観とは相容れない部分もあるが、人の上に立つ当時の大名の心構えを理解する上で興味深い教訓である。この教訓を胸に刻み、信古は藩主として吉田藩にやってきた。

異国船来航と海岸防備

十九世紀中頃になると、異国船がたびたび来航するようになった。弘化三年（一八四六）閏五月には、アメリカのビッドルが浦賀に来航して開国・通商を求めた。幕府の返答は「通商はオランダ以外とはおこなわない。外交窓口は長崎なので、そちらへ行け」というものであった。これを受けて、太平洋沿岸の諸藩は海岸警備を強化した。そして警戒中の六月二十六日、表浜《おもてはま》地域（渥美半島の太平洋側）で異国船の目撃情報が相次いだ。吉田藩領で表浜に面するのは百々《どうどう》村（愛知

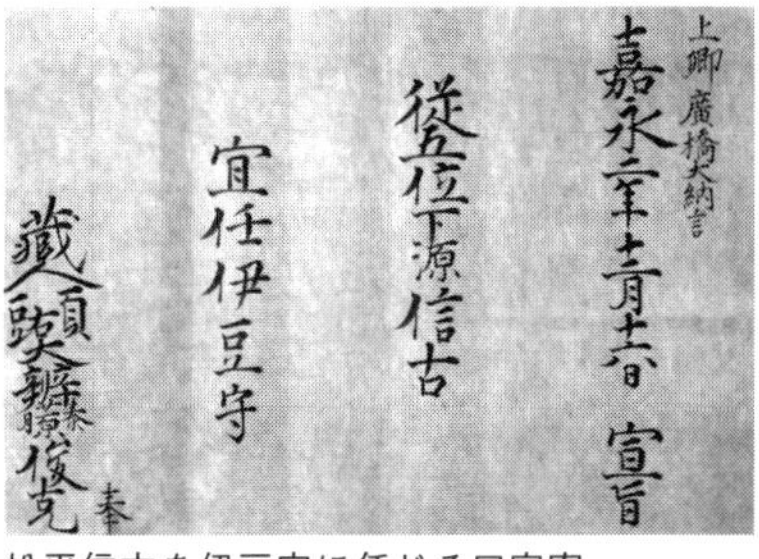

松平信古を伊豆守に任じる口宣案
（個人蔵）

県田原市）だけであったが、同村からも異国船発見の報告があった。また、遠州新居町からも同様の報告があったため、百々村へは者頭遊佐十郎左衛門を隊長とする藩兵を、新居町へは者頭倉垣源左衛門を隊長とする藩兵を派遣した。新居町へは異国人との接触を想定して筆談役として西岡翠園も派遣された。同時に岡崎藩へ協力を要請した。だが、到着した時にはすでに異国船の姿はなく、藩主信璋から派遣された藩士へ「異国船が漂流していたので出張したが、事故なく済んで満足である」という御意が伝えられた。

藩主が信古に代わった翌年の嘉永三年（一八五〇）には、幕府から受けた通達と同文の「異国船来航に備えて準備を入念にせよ」という触れを出した。内陸部の西三河の飛び地に対しても「海岸防備について様々な妄言を唱えて不穏なことを言う者がいるが、人心を動揺させるような言動は慎むこと」という触れを出して、真剣に海岸防備を考えるようになった。

百々村の海岸には東西一三メートル、南北九メートルほどの防塁を築造し、大砲を設置して異国船に備えた。田原藩も渥美半島の沿岸部に砲台を築いた。

嘉永六年にペリーが浦賀へ来航すると、幕府はアメリカ大統領の国書への対応を諸大名へ下問した。信古は「交易は許容できないが、要求をすべて断れば憤って戦争を起こしかねない。そのため、海岸防備が堅固になるまで一時的に交易を許し、その間に兵を鍛錬し、武備が調ったら交易は不便であると丁寧に諭し、承

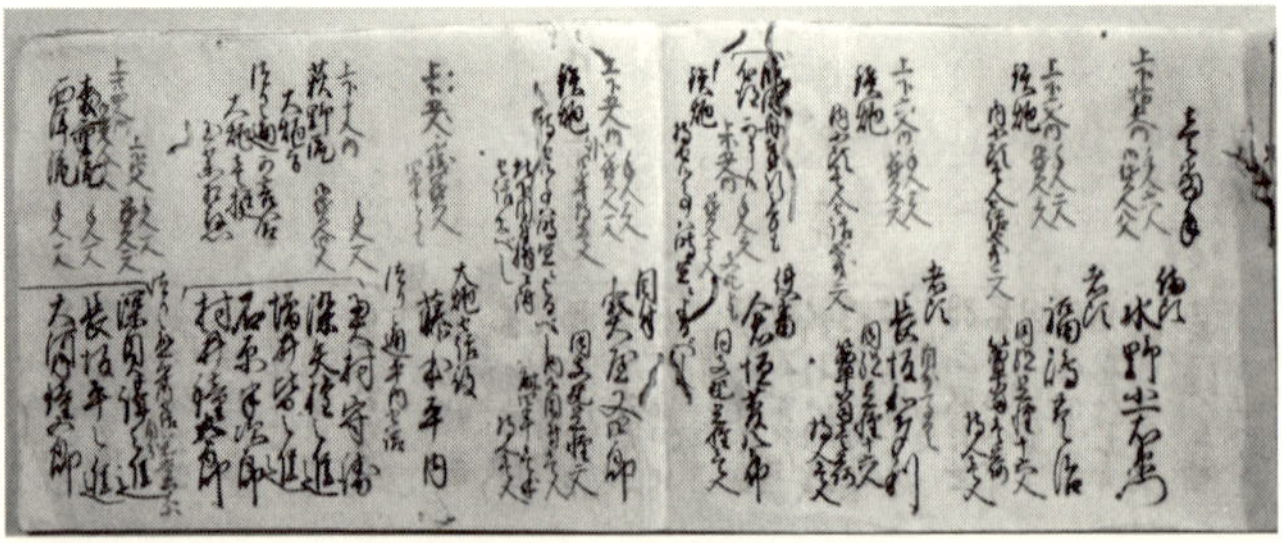

異国船が現れた際に海岸防備に出動する江戸詰めの吉田藩士の割り当てを記した「異国船近海来之節防禦人数割」（豊橋市美術博物館蔵）

服しなければ速やかに打ち払い、異国に対して国威を示せばよい」という意見書を提出した。

信古がいつまでこうした考えを持っていたのか、あるいはどこまで本気であったのかはわからないが、元治元年（一八六四）に吉田藩の領民に対して、これまで表向きは禁止していた西洋砲術や剣術の稽古を奨励する触れを出した。武芸はすでに武士の専売特許ではなくなっていたのである。

安政の東海地震

嘉永七年（安政元年、一八五四）十一月四日の朝、南海トラフを震源とする巨大地震が東海地方を襲った。マグニチュードは八・四と推定されている。八名郡田中新田（愛知県豊橋市）の吉田藩御用達松坂幸左衛門は「地震、南東の方角が鳴動した。居宅は付卸庇《つけおろしひさし》が全壊し、北西から南東方向の土塀は全壊した。土蔵の箪笥や本箱も北西から南東方向に積んでいたものはすべて倒れた。その後も余震が続いたため、家の中で寝ることができず、庭へ敷物を敷いて一夜を明かした」と記録を残した。地震の様子や教訓についても次のように記した。

・地震後は海の潮位が上がり、満潮時は以前と比べて三、四尺も高くなった。

- 地震後しばらくは盗賊が出たという噂があって心配した。
- 地震の用心のためには、瓦屋根ではなく藁葺や板屋根が良い。軒下に避難すると瓦が頭上に落ちてきて危険である。
- 牛川や下条あたりへも津波が来たと騒いでいる。これは怪しく取るに足らない噂であるが、人々の気がたっているので、少々のことでも大騒ぎになる。
- 地震の時は広い場所へ避難すること。強い地震で立っていられなくても、地面に腹ばいになるのは臓腑を痛めるので良くない。複数人で組み合えば立っていることもできるが、一人の場合は立木などにしがみ付けば良い。
- 大きな変事に遭遇した時は平常の思考ができなくなり、眼前で家が崩れる音も全く聞こえなくなるので、後ろにも注意を払う必要がある。
- 大地震の後は必ず津波がくる。先述の通り潮位も高くなるので、海辺の堤防は補強しておかなければならない。
- 津波の用心として、海辺の者は船に乗るのが良いということを伝え聞いていたが、大坂の町人が船で沖合に出たところ、津波で船同士がぶつかり、おびただしい被害が出たという風聞があった。

吉田藩領全体では、田畑五六八〇石余が荒地となり、死者・行方不明者は二八人、全壊・流失した家は六五七軒、今切渡船や漁船の流失・破船は一四〇艘とい

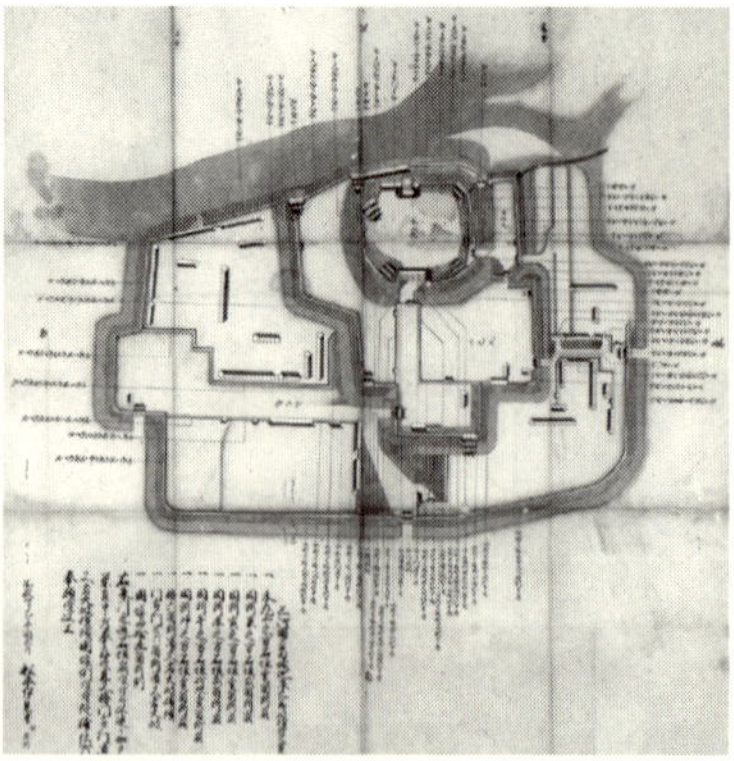

安政東海地震における吉田城の被害状況を記した「地震之節御破損所之覚」（豊橋市美術博物館蔵）

った被害が出た。

吉田城も大きな被害が出て、本丸の辰《たつ》巳《み》櫓《やぐら》が倒壊、鉄《くろがね》櫓《やぐら》が半壊したほか、建物の倒壊、石垣や土塀の崩壊も多数発生した。政庁である二の丸御殿も大きな被害を受けたため、家老たちは地面に敷物を敷いて対応を協議した。

信古の大坂城代就任

文久二年（一八六二）六月、松平信古《のぶひさ》は大坂城代に任命された。実際の大坂赴任は発令から三カ月後であったことから、信古が大老井伊《いい》直弼《なおすけ》の下で京都所司代として尊攘派の志士を弾圧した間部詮勝の実子であったため、この人事に異を唱える者がいて出発が遅れたとする説がある。しかし、これは出発が遅れたわけではない。辞令が出たからといって直ちに大名が単身で赴任するわけではなく、通常の参勤交代よりも大人数の行列を整えるのであるから、それなりの準備期間を要した。なお、松平信順が大坂城代に任命されてから着任するまでも、信古の場合と同様の日数を要している。大坂入りした吉田藩士は、足軽まで含めて二五〇人以上であった。

信古の大坂城代在任期間は約二年半であったが、当時は幕末の混乱期で、政局が上方に移った時期であった。大坂に赴任した信古には、多くの難題が待ち受け

松平信古自画像（個人蔵）

ており、特に鎖港交渉問題と長州藩士問題で頭を悩まされた。

　文久三年に上洛した将軍家茂は、朝廷に対して五月十日を期限として攘夷実行を約束したが、幕府に実行する意思はなかった。老中から信古に対しては、「諸外国と鎖港交渉中であるから、交渉が決裂したという知らせがあるまでは、海岸警備の大名が兵端を開かないように注意せよ」という指示があった。

　八月十八日、朝廷内で影響力を増していた攘夷派の長州藩は、御所警衛の任務を解かれて京都から追放された（八月十八日の政変）。京都で何か大きな動きがあったことを察知した信古であったが、詳細がわからず、鎖港交渉が決裂し攘夷実行が決まったと勘違いし、大坂周辺の海岸を警備する諸藩に対し「異国船を見つけたら二念無く打ち払え」という通達を出してしまった。二十日には、信古のもとに京都守護職の松平容保《かたもり》から政変の知らせが届き、長州藩士が伏見街道を通って帰国するため警戒するよう伝えられた。ここで自身の過ちを理解した信古は、あわてて異国船打ち払いの通達を取り消し、老中へ謹慎を申し出た。幸いにも攘夷を実行した者はいなかったため、お咎めなしで済んだ。

　九月二十三日、幕府は紀州藩主徳川茂承《もちつぐ》に大坂守衛と海岸防御の指揮を命じ、十月七日に茂承が大坂城に入城した。信古にとっては面目を潰される形になったが、事態はすでに一譜代大名である大坂城代の手には負えないところまで来たと判断されたのであった。

禁門の変と信古

八月十八日の政変以降、信古は家臣に「忍廻《しのびまわ》り」を命じ、大坂の町に潜伏する長州藩士の動向に目を光らせ、豊前《ぶぜん》小倉《こくら》からも長州藩の様子を調べた探索書を提出させていた。こうして得た情報は京都の松平容保とも共有していた。

元治元年（一八六四）六月、長州藩士が大坂を経由して京都へ入ることが増えたため、幕府は大坂周辺を警備する諸藩へ警戒するように通達した。七月には、容保らから信古以下大坂警備の責任者に対して、長州藩士の入京を食い止めるように通達があったが、大坂の警備は意味をなさなかった。長州藩士は続々と京都周辺に集結し、七月十九日には挙兵して入京し、御所を守る幕府方と武力衝突した（禁門の変）。この戦闘は一日で終わり、敗れた長州藩は朝敵となった。

後日、信古は容保から「なぜ長州勢の入京を食い止めなかったのか？」と問われた。信古が「こちらは小勢であり、どうすることもできなかった」と答えたところ、さらに「白紙の御朱印は何のために下されたのか。このような事態を想定して下されたのではないか？」と詰問されたため、返答に窮したという。西国で変事が起こった際、大坂城代は江戸からの指示を待たずに独断で対処する権限を与えられており、各所へ命令を出すために将軍の朱印を押した白紙の朱印状を持

松平容保
（国立国会図書館蔵）

っていたとされる。信古は伝家の宝刀である白紙の朱印状を活用することなく、みすみす長州藩の進軍を許したことを咎められたのである。

禁門の変後、朝廷は長州追討の勅命を発し、幕府軍が長州を討伐することになった。信古に対しては、西国筋の動静を探索して迅速に報告するようにと、幕閣から指示があった。幕府軍は十月二十二日に大坂城で軍議を開き、長州へ向けて進軍した（第一次長州戦争）。長州藩は三家老の切腹などを条件に戦わずして降伏し、十二月二十七日に征長軍は解兵した。

まだ長州藩の降伏交渉中であった十一月九日、江戸から信古宛てに老中奉書が届き、常陸笠間藩主牧野貞利《さだとし》（貞直《さだなお》）を大坂城代に任命したので、貞利が大坂に到着したら交代で江戸へ参府するよう指示があった。

翌元治二年（慶応元年）一月二十一日、信古は大坂を発って江戸へ戻った。二月十五日、江戸城へ呼び出された信古は正式に大坂城代を解任され、在職中の功績を賞するとして、幕閣から諮問《しもん》を受ける立場の溜間詰格《たまりのまつめかく》を命じられた。老中を経験していない信古にとっては破格の待遇といえるが、この交代は禁門の変で長州藩の入京を許した責任をとって江戸へ戻されたという意味合いが強い。あるいは、これ以上の職務をまっとうすることは不可能と判断し、信古自ら辞任を申し出たとも考えられるが、いずれにせよ、長州藩士への対応が後手にまわったことが大坂城代交代の引き金であった。

③「ええじゃないか」起こる

幕末期に尊王攘夷運動を支えた平田国学は、羽田野敬雄を中心に三河でも入門者が続出。

国学者のネットワークは各地に広がり、様々な情報が伝達された。

吉田周辺で起きたお札降りによる狂乱は、「ええじゃないか」騒動として東西へ伝播した。

平田国学と羽田野敬雄

古典研究に端を発し、日本固有の精神や文化を明らかにしようとした国学は、江戸時代中期から後期にかけて発展した。吉田における国学は、魚町の熊野社（現安海熊野神社）神主の鈴木梁満《すずきやなまろ》にはじまる。梁満は、宝暦四年（一七五四）に遠州の国学者杉浦国満《すぎうらくにまろ》に入門し、後に賀茂真淵《かものまぶち》★や本居宣長《もとおりのりなが》★にも入門した。

宣長の養子本居大平は、文化二年（一八〇五）に吉田へ招かれて国学の講義をおこない、中山美石を筆頭に入門者が相次いだ。大平の門人帳には東三河だけで四一人の名が掲載され、その中には藩主松平信順の名もあった。吉田藩士の入門者も多く、藩校時習館で国学の講義がおこなわれるなど、藩全体に国学を受容する風潮が生まれた。

▼**賀茂真淵**
遠江浜松出身の国学者。『万葉集』を中心とした古典を研究し、復古主義を提唱。

▼**本居宣長**
伊勢松坂出身の国学者。『古事記伝』などの著作を数多く著した。

宣長の没後門人を称した平田篤胤《ひらたあつたね》は、「儒仏なくとも道は明らかとなる」と主張して儒教や仏教を批判し、神道的要素を強めた。その思想は、幕末期におこった尊王攘夷運動を精神的に支えた。平田国学は、篤胤の私塾「気吹舎《いぶきのや》」における教育・出版活動を通じて全国に広がり、篤胤没後も銕胤《かねたね》・延胤《のぶたね》と受け継がれ、入門者は四〇〇〇人を超えた。当初、門人の多くは神職であったが、異国船来航などの対外問題から「守るべき日本とは何か」という問いが生じ、武士や豪農・豪商といった知識人たちの間で広まっていった。

羽田八幡宮と田町神明社の神主であった羽田野敬雄は、文政八年（一八二五）に大平に入門していたが、同十年に梁満の子鈴木重野《しげの》とともに三河で最初の平田篤胤の入門者になった。敬雄は東三河における平田門人の中心人物となり、平田国学の普及につとめた。三河・遠江で彼の紹介により平田門人になった者は五〇人ほどいたとされる。

敬雄の業績で特筆されるのが、羽田八幡宮文庫の設立である。嘉永元年（一八四八）三月、仲間内の雑談の中で豪商の福谷水竹《ふくたにすいちく》が「文庫をつくり、私が集めた三〇〇〇巻の書物を後世に遺したい」と語ったところ、敬雄が「子孫がみな書物を大切にするとは限らない。三河一宮の砥鹿《とが》神社の境内に文庫を建てれば、末永く伝えられるだろう」と語り、さらに水竹が「砥鹿神社は遠すぎて不便であるから、羽田八幡宮が良いだろう」と提案した。その結果、敬雄が神主を務める渥美

羽田野敬雄
（豊橋市中央図書館提供）

郡羽田村の羽田八幡宮境内に文庫を新設することに決まった。

　同年五月、二〇人が発起世話人となり、文庫設立資金を集めるため「八幡宮御文庫講」を作って賛同者を募り、金一八七両三分が集まった。文庫の建物は翌年春に竣工し、五月に文庫造立記念の歌会が催された。

　蔵書は、文庫設立の発起世話人が持ち寄ったほか、チラシを各方面に配布して寄附を求めた。発起世話人の中では、福谷水竹は手始めに三〇〇冊を奉納したが、嘉永三年（一八五〇）に没したため蔵書三〇〇〇巻の多くは奉納されずに終わった。積極的に協力した佐野蓬宇は、文久元年（一八六一）までに一九〇部一〇〇〇巻を奉納した。藩主松平信古は文庫を訪問するなど関心が強く、書物三七巻を奉納し、文庫永続料として毎年米一〇俵を支給した。それ以外に、公家の三条実万《さんじょうさねつむ》★や前水戸藩主の徳川斉昭《とくがわなりあき》をはじめ、各地の知識人たちが書物を奉納し、慶応三年（一八六七）には蔵書数が一万巻を突破した。

　羽田八幡宮文庫には閲覧室や講義室が設けられ、蔵書の貸出しもおこなう近代的図書館としての機能を備えていた。さらに知識人による講釈、善行者の発掘・表彰といった民衆教化活動、困窮者への米の配布、飢饉対策のために刊行した『ききんのこころえ』の無料配布といった社会福祉活動などを展開した。

　明治十五年（一八八二）に敬雄が八十五歳で亡くなると、文庫の蔵書は売却されてしまった。しかしその多くは買い戻され、現在では大部分が豊橋市中央図書

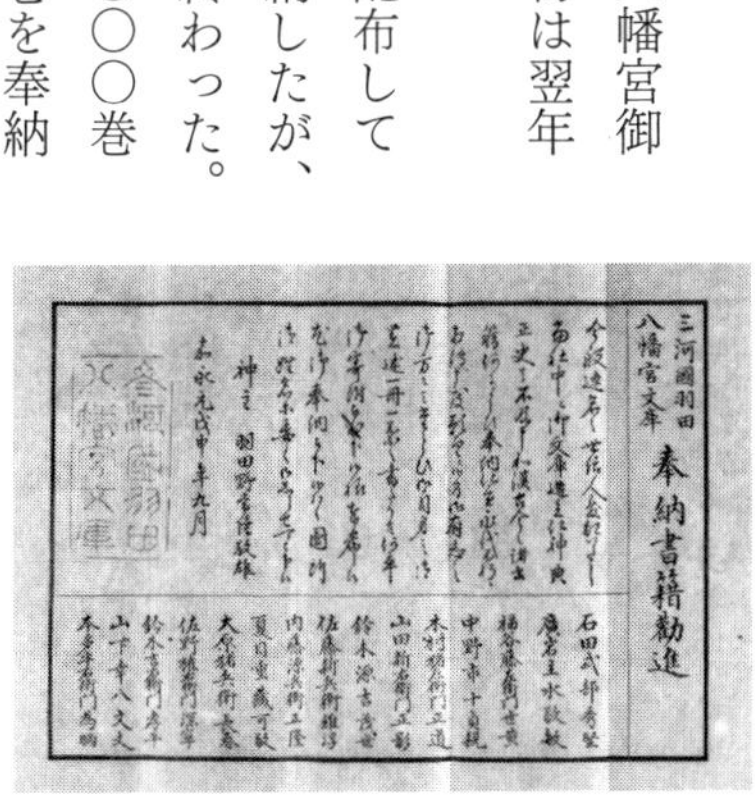
三河國羽田 八幡宮文庫 奉納書籍勧進

書籍などの寄付を募るために配布された「三河国羽田八幡宮文庫奉納書籍勧進」
（豊橋市美術博物館蔵）

▼三条実万
公卿。日米修好通商条約の勅許をめぐり大老井伊直弼と対立した。

館に、一部が西尾市岩瀬文庫に所蔵されている。

国学者たちのネットワーク

文政十年（一八二七）、羽田野敬雄ら九人の神職が集まって日待★が催され、この集まりを身潔講《みそぎこう》と名付けた。この年は敬雄が平田篤胤に入門した年でもある。こうした神職集会はその後もしばしば開催され、国学だけではなく心学道話や軍談・講談などもあり、密接な交流が続けられた。講のほかにも神事や歌会など、頻繁に顔を合わせる機会があった。安政年間（一八五四～一八六〇）には、東三河の神職たちの間で神葬祭の執行を望んで寺の檀家を離れる動きが広がったが、神職間で協力し足並みをそろえて離壇運動を起こした。

羽田野敬雄は東三河だけではなく、西三河や遠江など各地の国学者と頻繁に書状を取り交わすことで、政治情勢や各地の風説、学問に関する情報を収集しており、その状況がうかがえる膨大な書状が残されている。

敬雄が額田郡舞木村（愛知県岡崎市）の山中八幡宮の神主である竹尾《たけお》正寛《まさひろ》・正《まさ》胤《たね》父子とやり取りした書状からは、両者の間で盛んに書物の貸し借りがおこなわれていたことがわかる。互いの蔵書だけではなく、敬雄が竹尾に書物の入手を依頼したり、別の人物の蔵書閲覧を仲介してもらったりもしている。それ以外に、

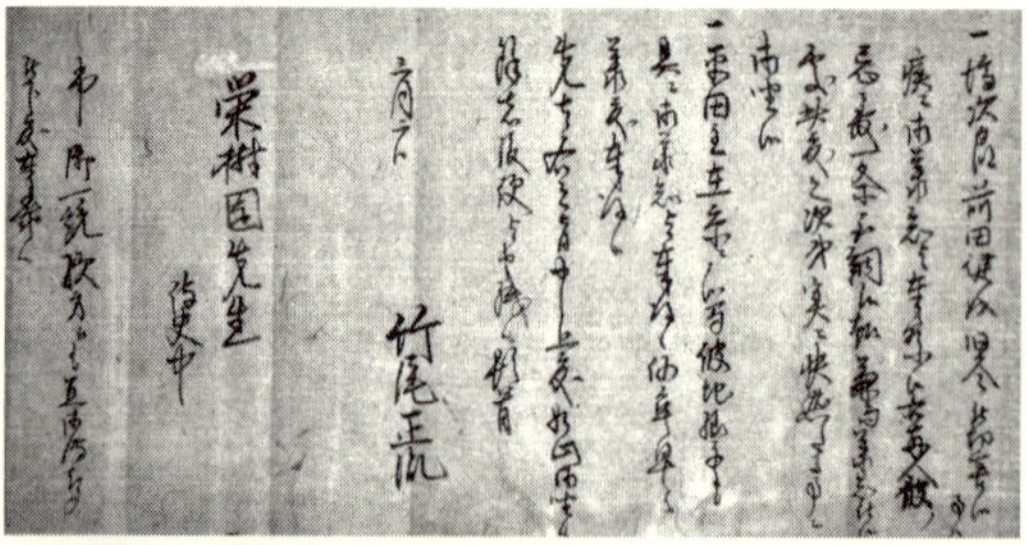
栄樹園先生
竹尾正胤

羽田野敬雄宛て竹尾正胤書状（部分）
（豊橋市美術博物館蔵）

▼日待
特定の日に仲間で集まり、徹夜で過ごす信仰行事。

政治を中心とした風説や世間の評判なども情報交換している。たとえば、幕末期には異国船来航騒ぎや安政の大獄に関する風説、異国との交易により天下が困窮していること、和宮降嫁★が中止されるという風説、長州が幕府に勝利したため三河諸藩が大恐怖し、戦わずして負けた状態になっていることなどが話題にのぼった。不確かな情報については、真偽を確かめてほしいという依頼もしている。

　戊辰戦争がはじまった慶応四年（一八六八）二月、神祇管領長上★の吉田家は配下の神主に上京を呼びかけ、東三河の神主たちもこれに応じて三月に上京した。京都に集められた神主たちは神威隊を結成し、宮中の内侍所《ないしどころ》★を警備した。また、閏四月二十七日には羽田野敬雄宅に近隣の神職四七人が集まり、毎月六度集まって神典講読と武術修練に励むことを決定し、五月に稜威隊《いずたい》と命名した。

　明治維新の功労者たちの精神的な支えになった平田国学であったが、近代化を進める明治政府では居場所を失った。また、明治四年に神職の世襲制が廃止されたことで、三河の国学者ネットワークも解体された。

牟呂村に降ったお札

　慶応三年（一八六七）に全国へ伝播した民衆運動である「ええじゃないか」については、その歴史的意義や定義、発祥地をめぐって多くの研究がなされてきた。

▼和宮降嫁
公武合体の象徴として、孝明天皇の妹和宮が将軍徳川家茂に嫁いだこと。

▼神祇管領長上
吉田神道を継承した吉田家の当主が代々名乗った称号。

▼内侍所
天皇が皇位のしるしとして受け継いだ三種の神器のうち、神鏡を安置した場所。

お札降りをきっかけに人々が熱狂したことから、御蔭参りとの共通点も指摘されている。「ええじゃないか」という名称は、関西以西で民衆が乱舞した際の掛け声からきており、昭和六年（一九三一）に発表された論文で使用されて以降定着し、教科書等でも使用されている。

　発祥地については、「ええじゃないか」という掛け声や世直し願望を要件とすれば畿内ということになるが、お札降りや民衆の狂乱状態が波及していくことを要件とすると東海地方が有力となる。なかでも、「ええじゃないか」につながる最初のお札降りとして注目されているのが、慶応三年七月十四日に渥美郡牟《む》呂《ろ》村（愛知県豊橋市）で発生したお札降りである。

　慶応三年は、明和四年（一七六七）に各地で流行した「御鍬祭《おくわまつり》」から百年目にあたる。御鍬祭とは、志摩の伊雑宮《いざわのみや》★から授与された忌鍬を祀った御鍬社で五穀豊穣を祈る祭礼である。

　牟呂村にある牟呂八幡宮の神主森《もり》田《た》光尋《みつひろ》は、周辺の村々で御鍬社百年祭をおこなうので、牟呂村でも実施しようと考えていた。その矢先の七月十四日、牟呂村字大西にある多治郎《たじろう》屋敷の垣根に伊勢外宮のお札が降った。これを見つけた村人が村役人の所へ持っていったが、両者はこのお札をだれかが落としたか、作為的に置かれたものと考えて疑念を持ち、ほかの村役人に預けることにした。

　すると、十四日のうちにお札の第一発見者の八歳の息子が急死し、翌十五日に

▼伊雑宮
三重県志摩市にある神社。伊勢神宮内宮の別宮の一社。

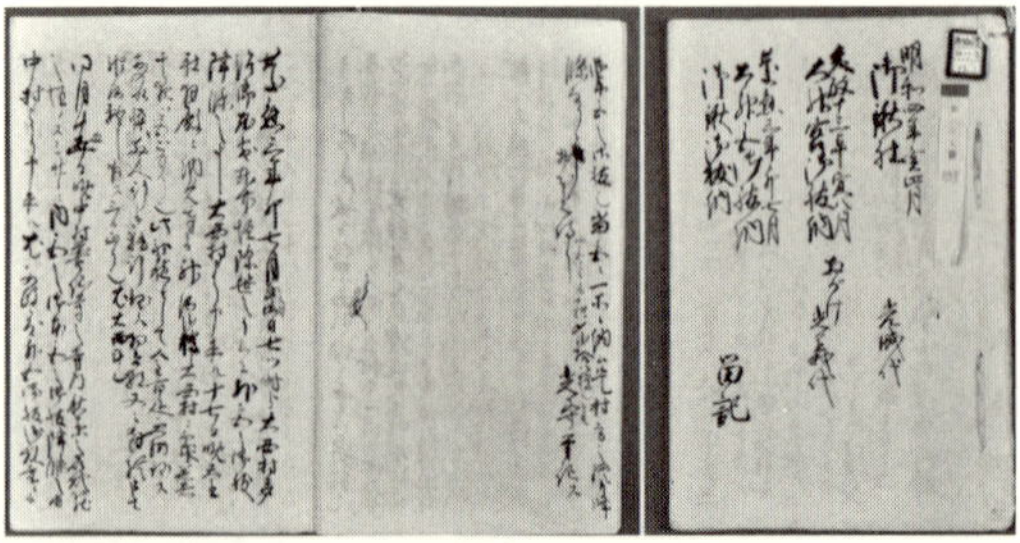
牟呂村におけるお札降りの顛末を記した「留記」
（森田貴郎氏蔵）

はお札についての疑念を話した村人の妻も異常な死に方をした。この現象を見た村人たちは二人がお札を疑った神罰だと考えて恐れをなした。

十五日夕方には二度目のお札降りがあり、伊雑宮のお札が発見された。御鍬社百年祭の開催を検討していた牟呂村にとって、伊雑宮のお札降下は特別な意味を持ち、十八日から二十日を二夜三日正月★として神事をおこなうことを決めた。

さらに同日晩には伊勢内宮のお札が降った。これを聞いた光尋は、文政の御蔭参りが流行した文政十三年（一八三〇）に降った伊勢外宮のお札を牟呂八幡宮の境内社に納めたという話を父から聞いたことを思い出し、神事をおこなった。お札降りが相次いだことで、人々は何者かの作為ではなく神威だと信じるようになった。十六日夜には、最初にお札が降った大西の惣代が光尋を訪ね、神罰を除くための神事を依頼した。

十七日には光尋が大西へ出かけて神事をおこない、夜には若者組が参籠するなどした結果、大西では十七日夜から十九日にかけて二夜三日正月の状態になり、お祭り騒ぎが続いた。十八日には二度目に降った伊雑宮のお札を牟呂八幡宮へ遷すための行列が出発し、村人は明和四年に唄われた「三百年は大豊作」という古歌を唄い、手踊りをしながら行進し、牟呂村全体の二夜三日正月がはじまった。

その後も、牟呂村では十一月三日まで断続的にお札が降り、村人がお札を神社へ納めるため、集団で賑やかに踊りながら参詣するという異質な光景が続いた。

▼二夜三日正月
三日間に及ぶ正月並みの臨時の休日。流行正月や遊び日ともいう。

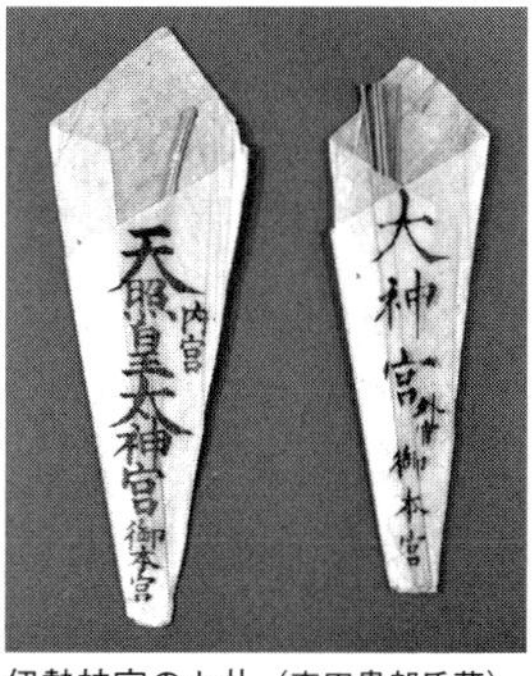

伊勢神宮のお札（森田貴郎氏蔵）

「ええじゃないか」の伝播

牟呂村での最初のお札降りがあって間もなく、周辺の村々や吉田城下でもお札が降り、いずれの町村も地芝居や手踊りがおこなわれて大騒ぎになった。

七月二十二日には羽田野敬雄が神主を務める羽田八幡宮がある羽田村にお札が降った。羽田村でも御鍬社百年祭の準備をおこなっていたので、それに合わせてお札を祀ることにした。二十三日の夕方には、若者組や子供が幟《のぼり》を担ぎ、住吉踊りを踊りながら羽田八幡宮に参詣してお札を納めた。翌日には神楽を奉納し、御鍬社百年祭と合わせて神事がおこなわれた。羽田村も二夜三日正月になったが、松明は七夜連続で灯された。

当時の吉田藩御用達が残した記録には「七月中旬頃、吉田城下の所々にお札が降ったという噂があちらこちらであった。お札が降った町々では大騒ぎしており、怪しいことである。降ってきたお札の種類は定まっておらず、伊勢神宮はもちろん、金毘羅《こんぴら》★・津島《つしま》★・不動・春日社・秋葉山・伊雑宮《いざわのみや》などである。お札が空中から降ってくる場面に遭遇し、扇子で受け止めた者もいるということだ」と記されている。鳥がお札をくわえてきたといった奇談も数多く伝えられている。

吉田曲尺手町《かねんて》の米屋吉左衛門は「日ましに大騒ぎになり、伊勢参詣の男は女装

▼金毘羅
神仏習合の神である金毘羅権現を祀った社。各地にあり、総本宮は象頭山松尾寺金光院（香川県琴平町の金刀比羅宮）。

▼津島
津島牛頭天王社（愛知県津島市の津島神社）。天王祭で有名。

ええじゃないか騒動の様子を描いた「豊饒御蔭参之図」
（豊橋市美術博物館蔵）

し、女は男装し、施行駕籠に乗る。各町では様々な品物を施し、次第に調子に乗っている。御輿休町の天王社では福引があったが、群衆が押し寄せて死亡事故も起きた」と記し、やや批判的な視線を向けている。

なお、吉田船町には六月二十一日から六カ所にお札が降ったため、二夜三日正月とし、若者組による地芝居、投げ餅、投げ銭、通行人への酒・甘酒の提供がおこなわれたため、おびただしい人々が集まったという記録がある。この原資料は戦災で失われてしまい確認することができないが、日付は七月二十一日の誤記ではないかといわれている。日付が正しいとしても、次のお札降りまで間隔があるため、「ええじゃないか」につながるお札降りではないとする考えもある。

こうした一連の騒動に対して、吉田藩は異様な姿での手踊りや酒などの振る舞いを禁止する触れを出して騒動の鎮静化をはかったが、お札が降ったと言っては人々が集団で大騒ぎする狂乱状態はなかなか収まらなかった。

お札降りをともなう「ええじゃないか」の発祥地とされる吉田周辺では、お札降りを契機として、神事・祭礼、集団で踊りながらの参詣、祝宴という過程を経る点が共通してみられた。そして、この騒動が東海道の宿場町でもある吉田町へ波及したことの影響は大きかった。吉田二四町と隣接地では餅や酒の施行、特別な興行を実施し、その内容は刷り物に掲載された。この刷り物には「東海道吉田宿惣町御かげの次第」と表題が付けられており、従来の御蔭参りの延長と認識さ

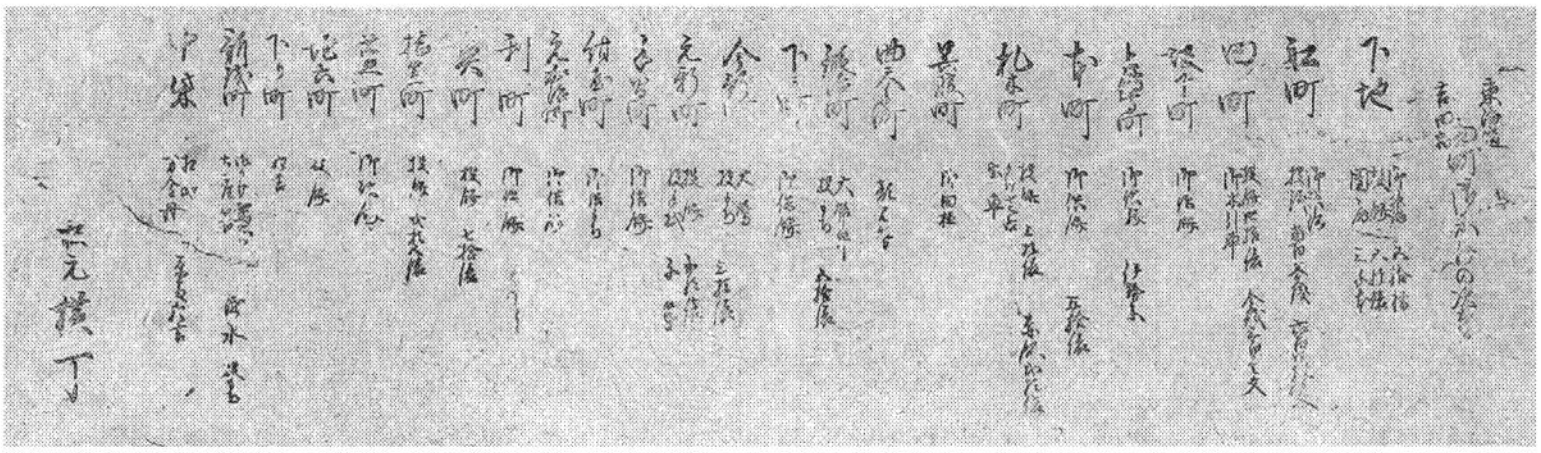

東海道吉田宿惣町御かげの次第
（豊橋市美術博物館蔵）

れていたことがわかる。こうした刷り物や東海道を往来する人々によって、吉田周辺の「ええじゃないか」騒動は東西へと伝播していった。

ところで、実際に空からお札が降ってくるということはありえず、誰か仕掛け人がいたはずであるが、特定することはできない。幕末期の三河における国学者グループのリーダーである羽田野敬雄が仕掛け人ではないかと疑われることもあるが、敬雄自身はお札降りが騒動に発展した段階で無視を決め込んでいる。牟呂の森田光尋もグループの一員であるが、お札降りに関与した形跡はみられない。仮に国学者グループが関与していたならば、彼らのネットワークを駆使して同時多発的なものになったと考えられる。

各町村で祭礼や地芝居を主導していたのは、若者組（若い衆）という年齢集団であった。一般的には十五歳から結婚前の男性が加入した。時には村役人に対して流行正月を要求し、村の休日を増やすこともあった。仲間意識が強く大人に反抗的な若者組は、村役人から見れば村内の秩序を脅かす存在でもあった。

「ええじゃないか」が発生した慶応三年は、政治が混乱し、凶作により物価が暴騰するなど、民衆の不安や不満が充満していた時期である。こうした状況から逃れるため、流行正月の実施によるガス抜きと富裕者に対する富の再分配を要求したのが、吉田周辺で起こった「ええじゃないか」の目的であった。それを強く求める若者組の存在を抜きにして、この騒動を語ることはできない。

④

三河吉田藩の恭順

大坂へ戻った信古は、鳥羽伏見で旧幕府軍が敗れると大坂を脱出して吉田へ帰国。吉田城下が大混乱に陥る中、吉田藩は恭順を決意して新政府軍に加わる。一方、江戸詰の藩士の一部は脱藩して彰義隊に参加した。

信古主従の大坂脱出

慶応三年（一八六七）十月、将軍慶喜が大政奉還に踏み切ると、朝廷から信古《のぶひさ》に上京命令が下った。同様に旧幕府からも上京を求められたが、病気を理由に江戸にとどまった。しかし上京せざるを得ない情勢になったため、信古は十二月十二日に江戸を発ち、翌日品川沖に停泊していた幕府の軍艦翔鶴丸《しょうかくまる》を借用して乗船し、百余名の家臣とともに海路大坂を目指した。しかし冬の航海は容易ではなく、危うく転覆しそうになることが数度あった。遠州灘では荒海を強行突破したため蒸気の釜を破損した。やっとの思いで二十七日に大坂の天保山に着いた。

明けて慶応四年一月三日、新政府軍と旧幕府軍の間で戦争がはじまった。鳥羽伏見の戦いで旧幕府軍が敗走したという知らせは、大坂城にいた慶喜以下、諸大名やその家臣たちを激しく動揺させた。

六日、吉田藩主従は信古の御前で重臣会議を開いた。浦賀奉行与力中島三郎助《なかじまさぶろうすけ》★の甥で、佐幕派の急先鋒であった穂積清軒《ほづみせいけん》（清七郎）は「今こそ徳川家の恩に報いる時である」と主張した。これに対し、村井清は「もはや死に体の幕府に尽くすよりは、朝廷に付くべきである。ついては、表面上は徳川軍の先鋒を志願し、機に乗じて徳川に矛を向けるべし」と意見したが、清が言い終わらないうちに、清軒は刀に手を掛け「再び言えば斬る」と言った。これにより会議は徳川に従軍するという結論になった。信古は明朝おこなう出陣の儀式の準備を清軒に命じ、「今夜は皆よく眠るように」といって散会した。

ところがその夜、慶喜は密かに大坂城を脱出し、天保山から軍艦開陽《かいよう》丸に乗って江戸へ退却してしまった。翌七日朝、信古は朝食の途中で事態を知り、餅一切れを握りしめたまま素足で駆け出したという。大坂城内で現職の大坂城代牧野貞利と出会い、慶喜を連れ戻すために天保山へ向かったが、すでに慶喜は海上の人であった。途方に暮れた信古と貞利は、その足で陸路大坂を脱出した。この時信古に付き従った家臣はわずか四、五人であったという。はじめは慶喜が向かったと思われる紀州を目指したが、追い付けないと判断して大和路から京都へ入ることにした。しかしこれも途中で断念し、伊勢路を進んで神社湊《かみやしろみなと》（三重県伊勢市）から押送船《おしおくりぶね》★に乗って吉田を目指した（出港地は松坂という説もある）。

▼中島三郎助
幕臣。ペリー来航時に折衝にあたった。戊辰戦争では新政府軍と最後まで戦い、箱館戦争で戦死。

穂積清軒
（豊橋市美術博物館蔵）

村井清
（平塚市博物館蔵）

▼押送船
和船の一種。小型で高速の運搬船。

信古一行が乗った船が出帆して間もなく、船頭が「そろそろ酒を出しますか？」と提案した。家臣は「船の中に酒があるものか」と怒ったが、船頭は信古の方を向いて「先ほどあの旦那が茶屋の女に言い付けて酒を一樽入れさせたのです」と言った。信古は「皆々には道中苦労をかけたが、無事船に乗れて安心した。労いのためにと思って酒を入れさせた。一つ給《た》べよ」と酒を勧めたので、家臣はみな涙を流して感激したという。

一方、七日朝に武装して出陣式をおこなう御殿に参上した穂積清軒は、人影が見えないことを不審に思っていた。そこへ、慶喜や信古の大坂脱出を知らせる急報が入った。憤慨した清軒は、出陣式のために用意した三宝を踏み砕いて「自分一人でも大坂城に残り、薩長に一発でも報いてやる」と言ったが、そこへやってきた同僚に説得され、伊勢路から吉田を経て江戸へ戻った。

信古が吉田城にたどり着いたのは十二日の昼過ぎであった。同行していた貞利はそのまま江戸へ向かった。信古も「江戸へ出府し、江戸詰の家臣を引き連れて大坂へ上り、薩摩と一戦交えん」と意気込んだが、家臣が必死に引きとどめた。

翌日、城内では今後の方針を決める重臣会議が開かれたが、佐幕か勤王かの結論は出ず、家老西村次右衛門の「一同は軽挙妄動を慎み、世の中の推移を見極めよう」という言葉で散会した。

大坂城には穂積清軒以外にも多くの吉田藩士が取り残されていたが、順次吉田へ戻ってきた。中には死亡説が流れた藩士や、信古を追って畿内周辺をさまよった挙句に新政府軍に捕らえられ、三月になってようやく生還した藩士もいたが、全員無事に吉田へ帰ることができた。

その頃吉田城下では、江戸へ戻る旧幕府軍の通行があり、物々しい雰囲気に包まれていた。また、吉田藩士に対して「新政府軍が吉田へ攻めてくるので家財道具を片付け、老人や女子供は山間部へ隠れるように」と内々に指示が出たという噂がたち、町中が大騒ぎになった。ほかにも徳川家を裏切った藤堂家が吉田へ攻めてくるといった様々なデマが流れて混乱が続いた。

吉田藩の儒学者大田晴斎は、二川宿の田村善蔵（駒屋）に出した一月十七日付けの書状の中で「私の主人（信古）は大坂から逃げ落ちてきて、現在は吉田に居りますが少しも安心できません。家臣たちはあれこれ話して意見がまとまらず、城下の町人は荷物を運んで逃げ出す事態になっています」と、混乱している状況を伝えている。

恭順と出兵

慶応四年（一八六八）一月、尾張藩の前藩主徳川慶勝《よしかつ》は、朝廷の命を受けて伊勢・三河・遠江など八カ国に所領を持つ大名・旗本・寺社を新政府側に服属させる「勤王誘引」活動に乗り出した。吉田藩にも尾張藩から誘いがあり、三河諸藩と同様に新政府への恭順を表明した。

鳥羽伏見での勝利から間もなく、新政府は東征軍を派遣することになった。一月十七日、東征軍から吉田藩に対して大津まで出頭するよう命令が出た。直ちに京都留守居役の宮脇忠《みやわきちゅう》右《え》衛門《もん》が急行したところ、桑名城を攻略するため四日市へ出兵するよう要請を受けた。これを受け、二十六日に吉田藩兵五二人が四日市へ着任し、二十八日には桑名へ転じた。

二月十二日、東征軍から信古に対して兵粮《ひょうろう》★を差し出すように命令があった。同時に駿河方面の敵情偵察と、今切関所を破却して旧幕府軍に対する防御設備を築造することを命じられた。これを受けた信古は、旧幕府に対して「関所を破却することになったが、謹慎するべきでしょうか」とお伺いをたてた。旧幕府へ義理立てしたもので、信古の苦しい心境が垣間見える。結局関所の破却は免れ、そのまま吉田藩が守備することになった。

二十六日には大総督の有《あり》栖《す》川宮《がわのみや》熾仁《たるひと》親王《しんのう》が吉田に逗留した。吉田藩兵も東征軍に随行し、先鋒軍には遊佐十郎左衛門を隊長とする四二人、本隊には深井静馬（清華）を隊長とする五五人が加わった。その後人数の増減があったが、常時一〇〇人程度が従軍していた。

これより先の一月二十七日、新政府は朝敵となった徳川家から松平姓を賜った

▼**兵粮**
戦時に兵士たちへ供給する食糧。

家は本来の苗字に戻すように布告しており、信古は二月下旬に苗字を「松平」から「大河内」に戻した。

大河内信古は、新政府からたびたび上京するように要請されていたが、病気を理由に断っていた。しかし、二月晦日付けで「天皇が大坂へ行幸するので速やかに上京せよ」という命令を受け、三月十一日に吉田を発ち、十七日に三条丸太町の藩邸に入った。閏四月には会津軍が信濃へ侵攻したため領内を鎮撫したいという名目で近隣の藩主たちと同様に帰国を許され、十一日に吉田城へ戻った。

閏四月十六日、上総へ出兵中の吉田藩兵は、同じ大河内一族で信古の実弟である松平正質《まさただ》が藩主を務める大多喜《おおたき》藩の城や藩士、領地領民を預けられた。十月三日には、信古の実父間部詮勝が江戸から追放され、吉田藩に「国元の越前鯖江へ護送せよ」という命令が下った。この二件は信古の親兄弟であったことから命じられたもので、吉田藩にとっては心苦しい務めであった。

このように、戊辰戦争における吉田藩兵は大規模な戦闘に加わることはなかったが、兵粮の確保と輸送に尽力したことで新政府から表彰された。

彰義隊に加わった脱藩者たち

国元の吉田が新政府軍に恭順の意を示した後、江戸詰の吉田藩士たちは呉服橋

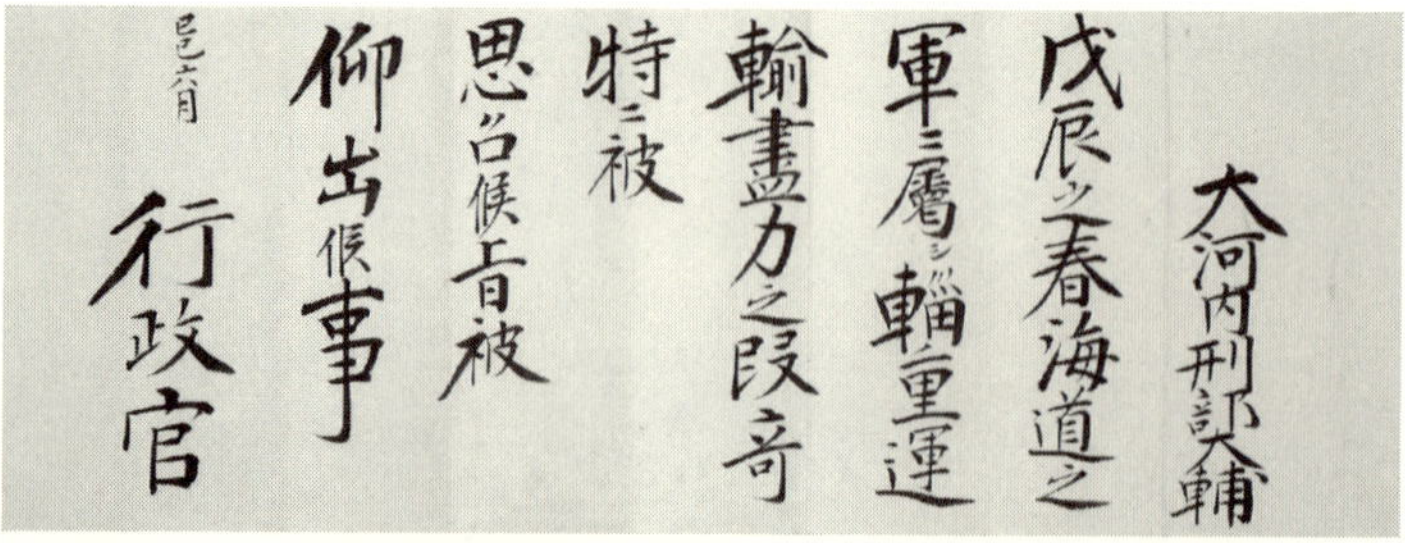

戊辰戦争において吉田藩が輜重運輸に尽力したことを褒めた賞状
（個人蔵）

の上屋敷を引き払って谷中下屋敷に身を寄せていた。しかし、谷中は抗戦派の旧幕臣らで結成された彰義隊が集結していた上野寛永寺から目と鼻の先の距離であった。そのため彰義隊の幹部から「軍事上の要地であるこの屋敷を明け渡すか、誠意の証として兵を出して加勢するか、どちらか選ばれよ」と迫られた。屋敷には藩主の家族も住んでいたため、信古が恭順したことを知りながら、やむなく兵を出すという密約を交わしたという。一方で、この時応対したのは佐幕派の穂積清軒であり、自ら進んで救援を約束したという話も伝わる。

慶応四年（一八六八）五月、新政府軍による上野攻撃の噂が広まると、彰義隊から出兵の催促があった。約束を反故にするわけにもいかず、出兵することに決したが、信古に迷惑が及ぶことを避けるため、有志の藩士が脱藩した上で彰義隊に加わることになった。この時の脱藩者数は二十数人から八〇人まで諸説あってはっきりしないが、藩の重臣の了解を得た者で結成した「三陽隊《さんようたい》」として参加した者と、無断で脱藩して彰義隊に加わった者がいたという。

十五日朝、新政府軍による上野の彰義隊への攻撃がはじまった。両者に挟まれる形になった谷中下屋敷には、弾丸が雨のように降り注いだ。三陽隊は善光寺坂で根津方面から押し寄せる新政府軍と交戦した。この地は守りやすく攻めにくい地形であったため最後まで善戦したが、火力で勝る新政府軍の前に彰義隊は壊滅し、夕方には戦闘が終結した（上野戦争）。

上野戦争を描いた錦絵「本能寺合戦之図」（国立国会図書館蔵蔵）

翌日、新政府軍が谷中下屋敷を攻撃するという噂がたった。幸い攻撃されることはなかったものの、新政府軍からは速やかに吉田へ帰るように命じられた。五月中旬、江戸詰の吉田藩士とその家族は海路吉田へと帰国した。清軒はもちろん、中老水野《みずの》勇《いさみ》ら重臣の多くは吉田城に入ることを許されず、城下の龍拈寺《りゅうねんじ》に留め置かれた。後日、彼らは家老倉垣主鈴宅で尋問を受け、彰義隊に関与した責任を問われて揚屋《あがりや》★に投獄された。この一連の出来事を「谷中事件」と呼ぶ。

彰義隊に加わった脱藩者のうち、生存者五人は明治元年（一八六八）十二月から翌年正月にかけて自首した。彼らの身柄は吉田藩に預けられ、罪人として吉田へ護送された。そのほか、生存者の中には奥州から箱館（函館）まで各地を転戦した者もいた。

▼揚屋
武士などの身分が高い者を収容した牢屋。

⑤

吉田から豊橋へ

明治二年、吉田藩は豊橋藩と改称され、「豊橋」という地名が誕生した。
廃藩置県後、旧藩士たちは実業界や豊橋の政財界に活躍の場を移す。
近代の豊橋は、「蚕都」と「軍都」という二つ顔を持って発展を遂げる。

豊橋藩への改称と廃藩置県

江戸幕府が滅亡すると、徳川宗家は駿河・遠江など七十万石を領する大名となり、静岡藩が立藩した。これにともない、慶応四年（一八六八）五月に遠江国内の吉田藩領は上総《かずさ》国内に領知替えとなり、今切関所も吉田藩の手を離れた。

明治二年（一八六九）二月、大河内信古は土地と人民を朝廷に返上する版籍奉還を願い出た。六月十七日には全国の藩の版籍奉還が実施され、これまでの藩主は藩知事（知藩事）に任命されることになった。

これに先立つ五月二十日、吉田藩の公用人が明治政府に呼び出され「今回吉田藩を改称するので、旧名などを調べて二、三の案を早々に申し出よ」と命令された。当時は全国に同じ名前の藩がいくつか存在していたため、藩知事の任命に際

大河内信古（個人蔵）

して同じ藩名は避けようという動きがあった。「吉田藩」は三河と伊予の二つがあり、三河吉田藩を改名することになったのである。三河の方を改名させた理由は定かではないが、三河吉田藩が譜代大名であったため、あるいは戊辰戦争の際に優柔不断であったためであるといわれている。

吉田藩では「豊橋」「関屋」「今橋」という三つの案を考えて提出した。「豊橋」は、俳諧師の古市木朶が「豊橋や城にのこれる夕かすみ」と詠んだように、吉田のシンボル吉田大橋の通称である。「関屋」は吉田城西側の地名で、戦国時代に酒井忠次が橋を架けた場所である。「今橋」は戦国時代の吉田の旧名である。

六月十九日、政府役人から口頭で「これまで吉田藩と呼んできたが、今日より藩名を豊橋藩に変更する」と結果が通達され、ここに「豊橋」という地名が誕生した。同日、全国の藩知事へ辞令が交付され、信古は豊橋藩知事に就任した。藩名が変わったことにともない、吉田城は豊橋城に、吉田駅（吉田宿）は豊橋駅（豊橋宿）に改称された。

版籍奉還を実施したものの、依然として従来の藩主が藩知事として統治していたため、実態は江戸時代と変わらなかった。そこで現状を抜本的に改革して地方の統治を府と県に一元化するため、明治四年七月に廃藩置県が実施された。これにより信古は藩知事を免職され、豊橋藩は豊橋県となった。続けざまに三河国のほぼ全域は額田《ぬかた》県に統一され、翌五年には愛知県に合併された。豊橋藩の旧領で

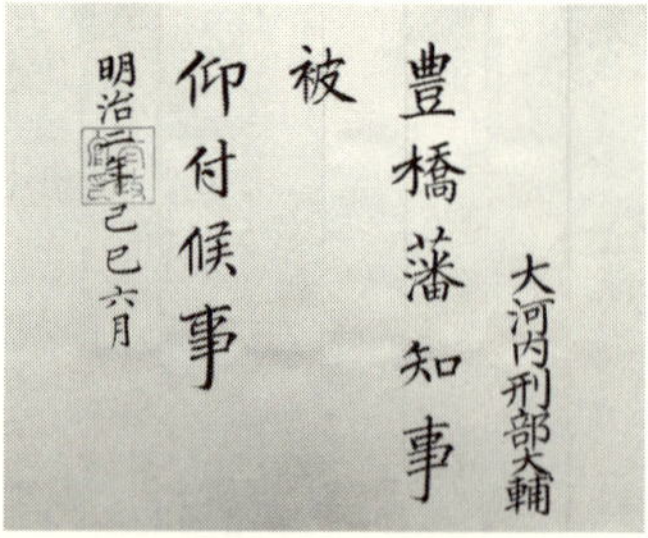

豊橋藩知事の任命書（個人蔵）

ある近江と上総の飛び地は、それぞれ最寄りの県に編入された。

実業家になった旧藩士

廃藩置県後の旧豊橋藩士たちは、それぞれ新しい人生を歩むことになった。その中には、福沢諭吉と深い関わりを持った者もいた。

谷中事件で処分を受けた穂積清軒《せいけん》（一八三六～一八七四）は、廃藩置県後に吉田城二の丸跡に好問社《こうもんしゃ》という英学塾を開いた。英語のほか数学や理学などを教授したほか、女子教育にも力を入れた。しかし、この先進的な塾は明治七年に清軒が亡くなったためわずか三年で閉校した。

下級藩士の家に生まれた中村道太《なかむらみちた》（一八三六～一九二一）は、幼少期から秀才として知られ、小野湖山に漢学、羽田野敬雄に国学、穂積清軒に洋学を学んだ。福沢諭吉の『西洋事情』を読んで感激した道太は、慶応二年（一八六六）に福沢のもとを訪れて意気投合し、指導を受けるようになった。

廃藩置県後に東京で洋品店中村屋を開いていた道太は、明治五年（一八七二）に福沢の推挙により丸屋商社（明治六年に丸善と改称）に入社した。丸屋は明治二年に同じ福沢門下の早矢仕有的《はやしゆうてき》が創業し、洋書などの輸入販売を手掛けていた。道太は福沢が翻訳した『帳合之法《ちょうあいのほう》』をもとに複式簿記を研究し、経営に応用した。

中村道太

好問社教育所　習字之図
（豊橋市美術博物館蔵）

丸善には道太を慕って豊橋出身者が多く入社し、ある時期には社員八六人中一七人が豊橋出身であったという。後に二代目社長として丸善の再建に尽力した松下鉄三郎（一八五三～一九〇〇）もその一人である。穂積清軒の弟寅九郎（一八五四～一九二四）は、慶応義塾で学んだ後に丸善で働き、後に鉱山開発を手掛ける実業家になった。戦後に丸善社長を務めた司《つかさ》忠《ただし》（一八九三～一九八六）も旧藩士ではないが豊橋出身であり、同社と豊橋の関係は非常に深いものがある。

丸善入社後も東京と豊橋を頻繁に往復していた道太は、明治十年に豊橋本町に第八国立銀行を設立した。初代頭取には、道太の友人で丸善の事務員をしていた関根《せきね》痴堂《ちどう》（一八四〇～一八九〇）が就任した。全国で八番目という早い設立であったが、経営が悪化し、同十九年に名古屋の第百三十四国立銀行に吸収合併された。

人望が厚かった道太は、明治十一年に初代渥美郡長に任命されたが、翌年には辞任して横浜正金《しょうきん》銀行の頭取に就任した。同行は貿易で使用する正貨を安定供給するため、大隈重信や福沢諭吉が協議して計画を進めたもので、道太を頭取に推挙したのは福沢であった。しかし、明治十四年の政変で後ろ盾であった大隈が下野し、大蔵卿松方正義がデフレ政策を進めて取引先の倒産が相次いだことにより、横浜正金銀行も経営難に陥った。道太は業績悪化の責任をとり、明治十五年に頭取を辞任した。同二十一年には東京米商会所の頭取に就任したが、同二十四年に政争に巻き込まれ、公金流用の罪で投獄されて失脚した。その後は実業界に

穂積寅九郎
（豊橋市美術博物館蔵）

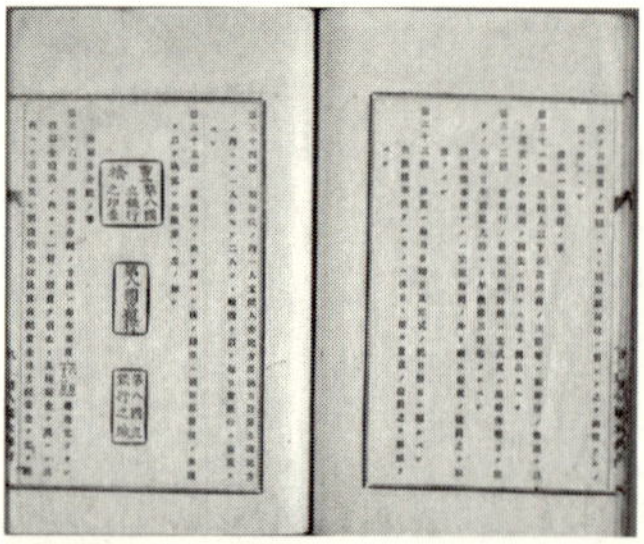
第八国立銀行定款
（豊橋市美術博物館蔵）

関わることなく、茶道などの趣味に専念して悠々自適な晩年を過ごした。

八名郡下吉田村（愛知県新城市）に生まれ、吉田藩医の養子となった阿部泰蔵《あべたいぞう》（一八四九〜一九二四）も福沢諭吉の門下であり、明治八年には慶応義塾の教師となった。翌年に文部省に出仕し、北米を視察したことで生命保険の必要性を実感した。同十四年に日本で最初の生命保険会社である明治生命保険を設立して頭取に就任し、生命保険事業の発展に尽力した。

山本恕軒の三男で、旧豊橋藩士中村清行の養子となった貞吉（一八五八〜一八九五）は、福沢諭吉の娘里子と結婚し、工手学校（工学院大学の前身）の初代校長を務めた。

中村道太の弟で平山家を継いだ平山甚太《ひらやまじんた》（一八四〇〜一九〇〇）は、横浜で煙火製造所を設立し、花火をアメリカへ輸出する貿易商として活躍した。明治二十六年には豊川稲荷への参拝客を見込んで豊川鉄道（現在のＪＲ東海・飯田線）を設立し、取締役になった。設立の発起人には、豊橋銀行取締役の加治千万人《かじちまと》（一八五三〜一九二九）ら旧藩士が含まれていた。

豊橋の政治・経済と旧藩士

旧藩士の中には、藩政時代の経験を活かして豊橋の政治に関わる者もいた。

阿部泰蔵

松井譲《ゆずる》（一八三九～一九一二）は、家老を輩出した重臣の家に生まれ、自身も者頭、用人並《ようにんなみ》、中老之通《ちゅうろうのとおり》という要職を歴任した。廃藩置県後には額田県に出仕し、明治十一年に初代八名郡長に任命された。翌年には中村道太の辞任にともない渥美郡長に転任し、以後二十一年間にわたって渥美郡のために尽力した。

地方役人の家に生まれた三浦碧水《へきすい》（一八四一～一九一五）も、明治五年に額田県に出仕した。中村道太とも親交があり、第八国立銀行の二代頭取も務めた。明治二十二年（一八八九）に豊橋が町制を施行すると、初代豊橋町長に選ばれた。愛知県会議員と衆議院議員にも当選している。政界における地位を大口喜六★に譲ったあとは経済界で活躍し、豊橋商業会議所の会頭、米麦取引所の理事長などを歴任し、豊橋電燈株式会社、豊橋製糸株式会社、三遠銀行の設立にも関わった。

明治十年代に盛んであった自由民権運動に加わった旧藩士もいた。明治十三年に旧田原藩士の村松愛蔵が民権政社の恒心社を設立すると、東三河でも運動が盛んになり、旧豊橋藩士からは村雨案山子《むらさめかかし》（一八四九～一九一九）、遊佐発《ゆさひらく》（一八五五～一九二八）が参加した。

明治十五年に自由党総理の板垣退助が地方遊説のため東海地方を訪れた際、村雨・遊佐らが発起人となり、豊橋関屋町の百花園で板垣を囲む懇親会を開いた。その後板垣は岐阜で暴漢に襲われて負傷した。「板垣死すとも自由は死せず」と宣伝された事件である。負傷した板垣に付き添った村雨は、病室の隣で二昼夜に

松井譲
（松井孝介氏蔵）

三浦碧水

▼大口喜六
初代豊橋市長。124ページ参照。

わたって警護した。後日傷が治った板垣は、負傷した際に着ていた血染めのシャツを分け与えようとしたが、このシャツをめぐって暴漢を投げ飛ばした内藤魯一《ないとうろいち》と村雨の争いになった。二人は相撲をとり、勝った村雨がシャツを獲得した。

自由民権運動に対する政府の弾圧強化は、自由党急進派の激化を招き、各地で激化事件が発生した。明治十七年に起こった飯田事件では村松愛蔵が中心人物として逮捕され、関係のあった村雨・遊佐らも逮捕された。

自由民権運動沈静化後の遊佐発は、豊橋町会議員、愛知県会議員、豊橋町助役を務め、明治三十二年には豊橋初の日刊新聞「参陽新報」の発起人となった。

蚕都・軍都

近代の豊橋は「蚕都《さんと》」と「軍都」という二つの顔を持っていた。

維新後に俸禄を失った士族の生活を救済するための士族授産事業がおこなわれたが、その一つが養蚕製糸業であった。

柴田善伸の孫である柴田豊水《とよみ》（一八五四～一九二二）は、羽田野敬雄の著書『参河国養蚕由来記』を読んで啓発され、明治六年（一八七三）に養蚕製糸業の先進地である長野県で養蚕技術を学び、翌年には自宅で養蚕をはじめた。同九年には朝《あさ》倉《くら》仁《に》右《え》衛門《もん》・小久保彦十郎・小柳津忠民《おやいづただたみ》・朝倉佐野四郎らと協力して、豊橋本町

柴田豊水と妻ちつか（柴田周治氏蔵）

百花園（豊橋市美術博物館蔵）

で本格的な座繰製糸を操業した。本町製糸場では、先進地である福島県の二本松製糸から教師を招き、豊橋の女性一二人に技術を習得させた。そのうちの一人が、旧家老和田稲城《いなぎ》の長女ちつかであり、後に豊水の妻となった。

　仁右衛門や豊水らによる座繰製糸は失敗や挫折を繰り返した。悩んだ仁右衛門は製糸業先進地の視察旅行に出かけ、座繰製糸では生産能力や製品の品質に限界があり、器械製糸でなければならないと悟った。そこで同十二年に群馬県の富岡製糸場へ伝習生を派遣した。その中には柴田ちつかも含まれていた。同十三年には二本松製糸などへ研修生を派遣し、蚕糸経営を学ばせた。こうして先進地で学んだ人々の帰郷を待って、明治十五年に豊橋初の本格的器械製糸工場である細谷《ほそや》製糸工場が創設され、明治二十年代には軌道に乗って生産額を増加させた。

　豊橋地方の製糸業の大きな特色は、玉糸製糸である。通常は一匹の蚕がつくる繭の繊維を糸にしており、二匹の蚕がつくって一つの繭になった玉繭は、糸が取れないことから廃棄していた。群馬県出身で二川に移住した小渕《おぶち》志《し》ちはこの玉繭に目を付け、糸を取る方法を発見して玉糸製糸をはじめた。志ちの糸徳製糸場は、明治二十五年から玉糸専業になった。寺沢村庄屋の家に生まれた大林宇吉も玉糸に着目し、同二十八年に蒸気機関を利用した玉糸器械製糸に成功した。

　その後の豊橋は製糸工場が立ち並ぶ「蚕都」となり、昭和の初め頃には玉糸製糸の全国シェアの四〇～五〇パーセントを占め、全国にその名が知られた。

小渕志ち
（『東三河産業功労者伝』より）

糸徳製糸場（豊橋市美術博物館蔵）

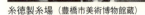

明治十七年に名古屋で新設された陸軍歩兵第十八連隊は、同十八年から翌年にかけて旧吉田城内に新設された兵営に移転した。同二十七年に日清戦争がはじまると、十八連隊も朝鮮半島へ動員された。

日露戦争後の明治三十九年、陸軍から四個師団増設の方針が発表され、うち一個師団は東海道筋に設置されることになった。当時製糸業の不況で経済が停滞していた豊橋にとって、師団設置による消費人口の増加や関連企業の進出は大きな魅力であった。沼津・浜松・岐阜といった各都市と師団誘致運動を繰り広げ、明治四〇年に第十五師団の豊橋設置が決まった。設置場所は渥美郡高師《たかし》村（愛知県豊橋市）で、南側には高師原・天伯原《てんぱくはら》という広大な演習地を持っていた。

明治四十一年に正式に発足した第十五師団は、豊橋に大きな影響を与えた。当時人口四万人ほどであった豊橋に、突如として一万人以上の消費人口が増えたことで、市街地の変化や陸軍関連施設、企業の増加をもたらし、豊橋の経済は不況を脱した。人々の生活も陸軍と密接に関わり、豊橋は「軍都」として発展した。

大河内正敏と理化学研究所

最後に、吉田藩主大河内松平氏のその後について触れておく。

廃藩置県後に下屋敷があった東京谷中へ移住した大河内信古は、明治十七年

吉田城址に建てられた陸軍歩兵第十八連隊の兵営
（豊橋市美術博物館蔵）

（一八八四）に子爵に叙された。趣味の絵画に精を出し、松峯《しょうほう》という号で多くの作品を描いた。

同二十一年十一月に信古が六十歳で死去すると、嫡男の信好《のぶよし》が跡を継いで子爵となった。信好は暴落した東京の土地を買い集めて豊富な資産を築いたが、体が弱かったようで、跡継ぎがいなかった。そのため信好の妹一子《かずこ》に婿養子を迎えることになり、信古の実弟で上総大多喜藩主であった大河内正質《まさただ》子爵の長男正敏《まさとし》が選ばれた。正敏が満二十歳になった明治三十一年十二月に一子との結婚式が執り行われ、同四十年に四十三歳で亡くなった信好の跡を継いで当主となった。

正敏は東京帝大を首席で卒業し、東京帝大教授や貴族院議員を務めた。大正十年（一九二一）に理化学研究所の三代目所長に就任し、主任研究員制度の導入や発明発見を工業化して研究費を得る科学主義工業の提唱により、理研産業団（理研グループ）の発展に寄与した。さらに農村工業構想をまとめ、新潟県柏崎市に理化学興業の本社工場を建設した。後に内閣総理大臣となる田中角栄は、正敏の知遇を得て理研の仕事を請け負うことで力を蓄えていった。

戦後、正敏はA級戦犯に指名されて巣鴨拘置所に収監され（後に釈放）、理研産業団も財閥解体の指定を受けた。昭和二十七年（一九五二）、正敏は七十三歳で亡くなった。物理学者や実業家であった一方で、焼き物の収集・研究に力を注いだ文化人でもあった。

大河内信古筆　雪中南天鴨図（個人蔵）

大河内正敏
（国立国会図書館蔵）

これも吉田

吉田城を撮った家老

三河吉田藩主松平伊豆守家の家臣である深井家は、松平信綱の母の実家であったことから、代々家老などの重役を務めた。

深井家七代当主の清華（通称は静馬、実名は資生・資貴）は、文政十年（一八二七）に六代当主で家老を務めていた資敬（通称は藤右衛門）の三男として生まれた。二人の兄が亡くなったため深井家を相続し、使番、用人、小姓頭などを経て、文久二年（一八六二）に三十六歳で家老に就任した。幕末の困難な時期に西村為周・和田元亨とともに国家老として藩のかじ取りを担い、戊辰戦争時には隊長として東征軍に従う吉田藩兵を率いた。

一方で、多趣味な文化人という面も持っており、能の鼓の名手であった。絵を描くことも好きで、雅鴻と号して作品を残した。明治維新後には田原藩の渡辺小華に弟子入りし、清華と名乗った。小華が明治七年（一八七四）に豊橋へ移住した直後は、清華邸の一画に居を構えていた。

また、日本で最初期の写真家である下岡蓮杖に写真術を学んだと伝えられている。廃藩置県後は写真家になる道を選び、大手通りに豊橋初となる深井写真館を開業した。この写真館は大変大きく、七十人ほどの集合写真はスタジオ内で撮影できたという。豊川の対岸から見た吉田城や大手門、吉田大橋を撮影しており、当時の城や橋の姿を知ることができる貴重な資料となっている。

深井清華（池戸清子氏蔵）

深井清華が撮影した吉田城（豊橋市美術博物館蔵）

これも吉田

旧吉田藩士の集合写真

明治十六年（一八八三）六月十八日に撮影された、一枚の集合写真がある。写っているのは、二四人の旧吉田藩士たちであり、藩政時代に重役を務めた人物も多い。

上段左から

大島豊治（五十五歳八月）

通称は潤一郎。維新後に家督を継ぎ、社寺大録事と戸籍掛を兼務。廃藩後は旧藩主大河内子爵家の家扶を長く務めた。

田村耕吾（五十八歳八月）

通称は力五郎、実名は政愛。目付。維新後は権大監察と政庁大録事を兼務。知行五十石。

奥村閑水（六十四歳）

通称は権之丞、実名は久忠。使蕃・者頭。知行百三十石。代々弓術の日置流印西派の指南役を務め、後に大日本武徳会から範士の称号を授与された。

安松八郎（五十三歳十月）

通称は八郎右衛門、実名は安行。公用人・勘定奉行・奥年寄。知行七十石。維新後は藩主家の家従を務め、廃藩後も大河内子爵家に仕えた。

増井淵（六十四歳一月）

通称は皆之進、実名は久成。部屋住で目付。維新後は権大属。知行八十石。

遊佐応（四十五歳六月）

通称は東馬、実名は高円。使番・者頭・用人並。維新後は少参事。知行百九十石。

神山注連（五十五歳五月）

通称は伝右衛門、実名は教長。刈谷藩士宍戸家に生まれる。天誅組の宍戸弥四郎は実弟。目付・郡奉行。維新後は民政大録事・権大属。知行百五十石。

杉本良貴（六十三歳八月）

通称は定之進・四郎兵衛。目付・町郡奉行・勝手掛・奏者番。維新後は少参事。知行百四十石。

旧吉田藩士集合写真（半谷健司氏蔵）

中段左から

高木英吉（五十九歳八月）
通称は勢之進。新居中小姓。維新後は倉廩方大録事補、権少属。月俸九人扶持。

児島閑窓（五十四歳十一月）
通称は七五郎、実名は義和。時習館教授。知行五十石。132ページ参照。

田中一里（五十三歳八月）
通称は直人。維新後に家督を継ぎ、銃兵隊長や小銃教授試補。知行三百石。

松井譲（四十三歳七月）
通称は郷左衛門、実名は興譲。者頭・用人並・中老之通。維新後は権大参事。知行五百五十石。194ページ参照。

深井清華（五十六歳六月）
通称は静馬、実名は資貴・資生。小姓頭・中老之通・家老。維新後は権大参事。知行七百石。199ページ参照。

和田稲城（五十六歳）
通称は直衛・理兵衛、実名は元亨。小姓頭・中老・家老。維新後は大参事。知行七百五十石。

松井正柱（四十三歳六月）
通称は隼之進、実名は興観。部屋住で目付。維新後は藩主家の家令、皇学寮教授試補。知行二百二十石。

羽山寿（五十歳八月）
通称は政之進・初太郎。維新後に家督を継ぎ、政庁大録事・権大属。知行七十石。刀工の羽山円真は実弟。

倉垣恒雄（七十歳十月）
通称は恒之進、実名は長裕・長則。部屋住で使番。維新後は錬武方教授と大砲教授を兼務。知行二百三十石。代々荻野流砲術師範を務めた。

下段左から

甲崎善四郎（五十二歳七月）
勘定人。維新後は藩主家の奥監察。蔵米三十俵。

船津雅次郎（五十一歳二月）
維新後に家督を継ぎ、銃士。知行六十石。

庄司静雄（五十八歳十一月）
通称は数衛・助右衛門。剣術の腕前を買われ分家。近習・小納戸。維新後は銃士隊補長。月俸八人扶持。

坂部大作（四十八歳八月）
実名は正完。中小姓。維新後は錬武方教授。月俸十人扶持。鏡新明智流桃井春蔵に師事して剣術を極め、後に大日本武徳会から範士の称号を授与された。

岩上俊選（四十七歳十月）
通称は六蔵・九兵衛。者頭・用役・奏者番・留守居。維新後は民政大録事。知行百五十石。女流歌人岩上登波子の孫にあたるが血縁はない。

安松青牛（七十二歳十一月）
通称は金右衛門、実名は安民。者頭・奏者番・用人並・小姓頭。知行百八十石。八郎の本家筋で、代々稲富流砲術師範を務めた。

柳本敬重（五十三歳十一月）
通称は杢之丞。部屋住で目付。維新後は小隊司令と小銃教授試補を兼務。知行二百五十石。

エピローグ

「ちぎりマーク」とともに

「吉田」という地名が「豊橋」に変わってから百五十年という時が流れた。その間、豊橋という街には様々な変化が訪れた。特に昭和二十年（一九四五）六月十九日の豊橋空襲では、市街地の約七〇パーセントが焼失し、六二四人の尊い命が奪われた。江戸時代の面影を残す建物や、歴史を伝える史料の多くも灰燼に帰した。

戦後復興を遂げた豊橋は、道路網の整備などで中心部の街区が変化し、吉田宿の中心であった札木町は国道二五九号線によって東西に二分された。街中を歩いても、ここがかつて城下町や宿場町であったのだと偲べるものは、吉田城址である豊橋公園、江戸時代から残っている町名や東海道の表示、昔そこにあったものを説明する標柱くらいであろうか。

旧吉田藩士である士族は、吉田城址が陸軍用地となったため屋敷地を接収されたこともあり、豊橋を離れた家が多い。途絶えてしまった家や、お墓を整理された家もあると聞く。そうした状況でも、近年になって藩士の末裔の方から豊橋市美術博物館へ史料を預けていただく機会が増えたのは明るい話題である。

こうして「吉田」色が薄れていく中でも、吉田藩時代から現代まで脈々と受け継がれているものがある。「ちぎりマーク」である。「ちぎり（千切り・契り）」とは織機に取り付けた糸を巻く工具のことで、鼓を立てた形に似ていることから「立鼓」という場合もある。木材の接合に使う板片も形が似ていることから「ちぎり」と呼び、転じて二つのものをつなぎ合わせるという意味も込められている。

松平伊豆守家では「ちぎり」を馬印として用いていた。馬印は立体であるが、これを真横からみて図案化したものが「ちぎりマーク」である。伊豆守家が下総古河藩主であった宝永五年（一七〇八）に、幕府から宝永地震で被災した駿府城（静岡市）の修復を命じられ、その際に「ちぎりマーク」を同家の合印（もともと戦場で敵味方を区別するためにつけたそろいの印）に指定した。合印は三河吉田藩へ移ってからも使用され続け、足軽が着る法被や大名行列で持ち運ぶ荷物、提灯などにも付けていた。まさに、「ちぎりマーク」は三河吉田藩の絆を示すシンボルであった。

かつて城下町や陣屋町であった自治体で、江戸時代の藩や領主に由来を持つ市章を制定しているところは少なくない。愛知県内では名古屋市、西尾市、蒲郡市、犬山市が挙げられ、豊橋市もその一つである。豊橋が市制施行してから三年後の明治四十二年（一九〇九）、豊橋市は結合・団結の意を象徴する「ちぎりマーク」を徽章（市章）として制定した。吉田藩時代のシンボルを豊橋市のシンボルとしても受け継ぐことにしたのである。

「ちぎりマーク」は、これからも豊橋市民の絆を示すシンボルとして輝き続ける。

あとがき

「豊橋」という地名が誕生してから一五〇年という節目の年に、こうして三河吉田藩の歴史をたどる本を著すことができたのは光栄の一言に尽きる。本書が、若い世代をはじめとして豊橋にゆかりのある多くの人々の目に触れ、豊橋の歴史に思いを馳せ、ふるさとに愛着を持つための一助になれば幸いである。

新潟で生まれ、岡山で学生時代を過ごした私が、縁あって豊橋に移り住んでから十年が経とうとしている。一見何の関係もなさそうな三つの土地だが、実はそれぞれ深い関係がある。秀吉の天下統一後から関ヶ原の戦い後まで吉田を拠点に東三河を統治した池田輝政の直系子孫は、備前岡山藩を治めた。また、吉田藩主大河内松平氏と、私が高校時代まで過ごした土地を治めていた越後新発田藩主溝口氏は縁戚関係である。溝口氏には松平信祝の娘が嫁入りしており、幕末期に彼女の血を引くお姫様が養子藩主松平信古に嫁いだことで、藩祖松平信綱の血統が維持されることになったのである。

以上はこじつけではあるが、こうした関係もあって豊橋にははじめから親近感を持っていた。今ではすっかり豊橋に根を下ろしている。

ところで、豊橋市民で吉田城を知っている人はいても、吉田藩と聞いて何かをイメージできる人は少ないのではないか。周辺にあった譜代藩と同じく藩主家の転封が多いことに加え、藩主が国元不在の時期が長いこと、最も長く吉田藩を治めた大河内松平氏の菩提寺が国元にないことなど、「おらが殿様」の印象が薄いことが要因であろう。

一方で、豊橋は昔から郷土史研究が盛んな土地である。初代市長の大口喜六からして大部の郷土史書を著したほどであるし、近藤恒次をはじめとする優れた郷土史家も多く輩出している。各地区で地元の郷土史をまとめた本も作成しており、中には辞書のように分厚いものもある。陸軍第十五師団の跡地にキャンパスを置く愛知大学には、東海地方の地域研究機関として綜合郷土研究所が設置され、所員の研究成果が毎年発表されている。本書の執筆にあたっては、こうした先達の学究を参考にさせていただいた。また、私の力量不足や紙数の都合で取り上げきれなかった先行研究も多々ある。

三河吉田藩については、戦災で多くの史料が失われたとはいえ、まだ十分に調査研究されていない史料が数多く存在している。新出史料が発見される機会もまだまだある。本書をきっかけに、今後ますます三河吉田藩の研究が進展することを願う。

最後に、図版掲載や調査にご協力いただいた方々、本書の執筆を推薦してくれた豊橋市二川宿本陣資料館の高橋洋充学芸専門員をはじめとする職場の上司・先輩、原稿を気長にお待ちいただき形にしていただいた現代書館社長の菊地泰博様、タイトなスケジュールの中で校正の労をとっていただいた編集の加唐亜紀様に感謝申し上げる。

参考文献

新居町史編さん委員会『新居町史　第一巻　通史編上』一九八九
岩原剛編『三河吉田城』戎光祥出版　二〇一八
遠藤里恵「吉田藩の在中教諭について」『三河地域史研究』第十七号　一九九九
大口喜六『國史上より觀たる豊橋地方』一九三七
蒲郡市教育委員会『竹谷松平氏―西ノ郡の殿様―』一九九〇
岸野俊彦「吉田藩地方役人柴田善伸の交友と思想（上・下）」『名古屋自由学院短期大学研究紀要十四・十六』一九八二・一九八四
郷土豊橋を築いた先覚者たち編集委員会『郷土豊橋を築いた先覚者たち』豊橋市教育委員会　一九八六
近藤恒次編『三河文献集成　近世編上』愛知県宝飯地方史編纂委員会　一九六三
近藤恒次『時習館史―その教育と伝統―』愛知県立時習館高等学校創立八十周年記念事業実行委員会　一九七九
佐々木忠夫「史料紹介　長谷川武治著『過去の夢』」『愛知大学綜合郷土研究所紀要』第二十六輯　一九八一
佐藤又八『三州吉田　船町史稿』一九七一
高澤憲治『松平定信政権と寛政改革』清文堂出版　二〇〇八
竹内孝一編『増補改訂　東三画人伝～近世以降東三河日本画家列伝～』一九八九
田崎哲郎『在村の蘭学』名著出版　一九八五
橘敏夫「文政・天保年間における三河吉田藩政の動向」『愛知県史研究』第十一号　二〇〇七
橘敏夫「三河吉田の『ええじゃないか』騒動」『愛知大学綜合郷土研究所紀要』第六三輯　二〇一八
豊橋市『豊橋百科事典』二〇〇六
豊橋市教育委員会『豊橋の史跡と文化財　第三版』一九九八
豊橋市古文書火曜会「史料紹介　松坂賚『大地震高潮略記』」『三河地域史研究』第二十六号　二〇〇八
豊橋市史編集委員会『豊橋市史　第二・六・七巻』一九七五～一九七八
羽田野敬雄研究会編『幕末三河国神主記録』清文堂　一九九四
東三河文化人名事典編輯委員会編『近世近代　東三河文化人名事典』未刊国文資料刊行会　二〇一五
藤井隆「中山美石年譜考証」『文莫』第十二号　一九八七
丸善株式会社『丸善百年史　上巻』一九八〇
村松裕一著・羽田野敬雄研究会編『羽田野敬雄と羽田八幡宮文庫』二〇〇四
山田邦明『戦国時代の東三河―牧野氏と戸田氏―』あるむ　二〇一四
山田誠二ほか編『郷土豊橋　札木町四百年史』一九八九
山田久次『国学者鈴木梁満』日本図書刊行会　一九九七
和田実『城下町の賑わい―三河国吉田―』あるむ　二〇〇七
渡辺和敏『ええじゃないか』あるむ　二〇〇一
渡辺和敏『東海道交通施設と幕藩制社会』岩田書院　二〇〇五

協力者

池戸清子、大河内元冬、大嶋豊信、加藤隆章、柴田周治、戸澤隆吉、半谷健司、松井孝介、森田貴郎
安久美神戸神明社、新居関所史料館、一般財団法人古橋会、大館市立栗盛記念図書館、岡山大学附属図書館、笠間稲荷神社、蒲郡市博物館、幸田町教育委員会、国立国会図書館、悟真寺、鯖江市まなべの館、浄慈院、清源院、田原市博物館、天桂院、東観音寺、東京大学史料編纂所、豊橋市中央図書館、豊橋市美術博物館、豊橋市文化財センター、豊橋市二川宿本陣資料館、豊橋筆振興協同組合、東浦町郷土資料館、平塚市博物館、本光寺、前芝町自治会、吉田神社、臨済寺

久住祐一郎（くすみ・ゆういちろう）
一九八四年、新潟県生まれ。岡山大学大学院社会文化科学研究科博士前期課程修了。豊橋市二川宿本陣資料館学芸員を経て、現在は豊橋市美術博物館学芸員。
交通史学会常任委員。著書は『三河吉田藩・お国入り道中記』（集英社インターナショナル）。

シリーズ藩《はん》物《もの》語《がたり》 **三《み》河《かわ》吉《よし》田《だ》藩《はん》**

二〇一九年七月十五日　第一版第一刷発行

著者――久住祐一郎
発行者――菊地泰博
発行所――株式会社　現代書館
東京都千代田区飯田橋三―二―五　郵便番号１０２―００７２　http://www.gendaishokan.co.jp/
電話０３―３２２１―１３２１　ＦＡＸ０３―３２６２―５９０６　振替００１２０―３―８３７２５
組版――デザイン・編集室 エディット
装丁基本デザイン――伊藤滋章（基本デザイン・中山銀士）
装丁――伊藤滋章
印刷――平河工業社（本文）東光印刷所（カバー・表紙・見返し・帯）
製本――積信堂
編集――加唐亜紀
編集協力――黒澤　務
校正協力――高梨恵一

 ISBN978-4-7684-7153-1

江戸末期の各藩

松前、**八戸**、七戸、黒石、**弘前**、**盛岡**、**一関**、秋田、亀田、本荘、秋田新田、仙台、松山、**新庄**、**庄内**、天童、長瀞、**山形**、上山、**米沢**、米沢新田、相馬、福島、**二本松**、三春、**会津**、**守山**、棚倉、平、湯長谷、泉、**村上**、黒川、三日市、**新発田**、村松、三根山、与板、**長岡**、椎谷、**高田**、糸魚川、松岡、笠間、宍戸、**水戸**、下館、結城、**古河**、下妻、府中、土浦、麻生、谷田部、牛久、大田原、黒羽、烏山、喜連川、**宇都宮・高徳**、**壬生**、吹上、**足利**、佐野、関宿、高岡、佐倉、小見川、多古、一宮、**生実**、鶴牧、久留里、大多喜、請西、飯野、佐貫、勝山、館山、岩槻、忍、岡部、**川越**、沼田、前橋、**伊勢崎**、館林、高崎、吉井、小幡、安中、七日市、飯山、須坂、**松代**、**上田**、**小諸**、岩村田、田野口、**松本**、諏訪、**高遠**、飯田、金沢、荻野山中、**小田原**、**沼津**、小島、田中、掛川、**相良**、横須賀、浜松、富山、加賀、大聖寺、郡上、高富、苗木、岩村、加納、大垣、高須、今尾、犬山、挙母、岡崎、西大平、西尾、**三河吉田**、田原、大垣新田、尾張、**刈谷**、西端、長島、**桑名**、神戸、菰野、亀山、津、久居、鳥羽、宮川、彦根、大溝、山上、西大路、三上、膳所、水口、丸岡、勝山、大野、**福井**、鯖江、敦賀、小浜、**淀**、新宮、田辺、紀州、峯山、宮津、田辺、綾部、山家、園部、亀山、福知山、柳生、柳本、芝村、郡山、小泉、櫛羅、高取、高槻、麻田、丹南、狭山、岸和田、伯太、豊岡、出石、柏原、篠山、尼崎、三田、三草、明石、小野、姫路、林田、安志、龍野、山崎、三日月、赤穂、鳥取、若桜、鹿野、**津山**、勝山、新見、岡山、庭瀬、足守、岡田、岡山新田、浅尾、松山、鴨方、福山、広島、広島新田、高松、丸亀、多度津、西条、小松、今治、松山、**大洲・新谷**、**伊予吉田**、**宇和島**、徳島、**土佐**、土佐新田、**松江**、広瀬、母里、浜田、津和野、岩国、徳山、長州、長府、清末、小倉、小倉新田、**福岡**、**秋月**、**久留米**、柳河、**三池**、蓮池、唐津、**佐賀**、**小城**、鹿島、大村、島原、平戸、平戸新田、**中津**、杵築、日出、**府内**、臼杵、**佐伯**、森、**岡**、熊本、熊本新田、宇土、人吉、延岡、高鍋、佐土原、飫肥、薩摩、対馬、五島（各藩名は版籍奉還時を基準とし、藩主家名ではなく、地名で統一した）

★太字は既刊

シリーズ藩物語・別冊『それぞれの戊辰戦争』（佐藤竜一著、一六〇〇円＋税）